MOEWIG HEUTE

Zum Autor

Helmut Ortner arbeitet als freier Journalist für zahlreiche Zeitungen und Zeitschriften (Nürnberger Nachrichten, Stuttgarter Zeitung, Playboy, Penthouse, Scala, Cover u. a.) und hat als Jugendbuchautor bislang mehr als ein Dutzend Bücher geschrieben bzw. herausgegeben. 1986 erhielt er als erster Sachbuchautor den Kelsterbacher Stadtschreiber-Preis.

Helmut Ortner

Das Geschäft mit dem SPORT

MOEWIG HEUTE

MOEWIG Band Nr. 3262
Verlag Arthur Moewig GmbH, Rastatt

Umschlagentwurf und -gestaltung:
Werbeagentur Zeuner, Ettlingen
Verkaufspreis inkl. gesetzl. Mehrwertsteuer
Auslieferung in Österreich:
Pressegroßvertrieb Salzburg, Niederalm 300, A-5081 Anif
Printed in Germany 1987
Druck und Bindung: Ebner Ulm
ISBN 3-8118-3262-X

Inhalt

Vorwort

Wir sind ein Sportvolk, schon immer gewesen. Der 4. Juli 1954 – das 3:2 von Bern – war für viele das Datum, an dem die Schmach des 8. Mai 1945 endlich getilgt war.

Wir sind ein Sportvolk, schon immer, und in diesen Zeiten besonders. Die Wiedergeburt der Fußballnationalmannschaft, der blonde Golfprinz, der stolze Albatros, und natürlich Boris, der Idealtyp des sauberen deutschen Sportsmannes, der Held der Nation. Boris – eine nordische Heldensage. Im Sport erzählt das Leben lauter Märchen.

Das Spektakel Sport zieht heute mehr Menschen in seinen Bann als jedes andere Ereignis. Es bietet den Zuschauern das, was sie im Alltag vermissen: Spannung, Theatralik, harten körperlichen Kampf und vor allem glorreiche Siege. Kein Wunder, daß sich unser Jahrhundert, das durch Kriege und Katastrophen taumelt, mit dem Sport eine globale Phantasiewelt aufgebaut hat, in der die Menschen schön und jung und erfolgreich sind, in der Gute gegen Böse kämpfen und Außenseiter manchmal Favoriten besiegen. Fast wie im richtigen Leben.

„Sport", so definiert Herders Volkslexikon, ist eine „Form der Leibesübungen, wie sie sich im 19. Jahrhundert zuerst in England entwickelt und von dort aus schnell die ganze Welt erobert hat; meist in freier Luft in spielerischer, lustbetonter Form unter freiwilliger Anerkennung der Regeln betrieben." Und weiter heißt es dort: „Der Sport mit seinem hohen gesundheitlichen und erzieherischen Wert beeinflußt die schulische Leibeserziehung. Durch seinen internationalen Charakter ist der Sport ein geeignetes Mittel der Völkerverständigung ..."

Sport, so tönt es noch immer, versöhne Klassen und Völker, sei gesund und mache Spaß. Sport ist für die einen die letzte Oase, wo es „frisch, fromm, fröhlich und frei" zugeht. Für andere ist der Sport schlicht „die schönste Nebensache der Welt".

Ja, der Sport ist tatsächlich eine gesellschaftliche Angelegenheit, ein Gesellschaftsspiel. Doch die soziale Wirklichkeit hat sich geändert, und die Spiele dieser Gesellschaft sind die heitersten nicht. Heute wird der Sport in einem Drei-Stufen-System betrieben, organisiert, verwaltet und vermarktet. Auf der unteren Ebene – offiziell als Breitensport bezeichnet – wird der sogenannte „Freizeitsport" propagiert. Gedacht für uns alle, als Ausgleich für alltägliches gesundheitsschädliches Essen, zu wenig Bewegung, zu viel Streß – als Allheilmittel für die alltägliche Misere.

Alle machen wir mit; denn Sport macht schließlich jung und schön, lebenslustig und fit. Jedermann und jede Frau zieht sich zum fitneßsteigernden Treiben das modische Sweatshirt über und bringt die roten Blutkörperchen auf Trab. Joggen, Tennis, Radfahren sind die neuen Wundermittel gegen Bauch und „Rettungsringe". Daneben gibt es dann – in funktionärsüberwachter Abgrenzung – den „Leistungssport". Dort geht es um Punkte und Medaillen, Geld und Ehre – um des persönlichen, lokalen oder nationalen Prestiges willen. Die dritte Stufe, der „Berufssport", bringt dann ganz neue Motive ins Spiel. Letztlich die jeder Berufswahl, wie Hoffen auf Geld und Sozialprestige. Dies gilt für den Sportler, den „Profi". Hinter und neben ihm – vor allem vor ihm – aber stehen die Veranstalter und Manager, die Sponsoren aus Industrie und Wirtschaft, die Medien. Alle, die den gesamten Sportbetrieb organisieren, kurz: die der Sport sind.

Tatsache ist: Der Sport ist längst zur gigantischen Wirtschaftsbranche geworden. Die Grenzen zwischen Freizeit-, Leistungs- und Berufssport sind – zumindest kommerziell gesehen – dabei fließend. Kein Bereich ist vom anderen abzukoppeln, alle sind ineinander verwoben. Der Sport gleicht einem riesigen Konzern mit verschiedenen Firmen, samt Unterabteilungen. Alle ziehen an einem Strang, sind nach den gleichen Gesetzen ausgerichtet, den Gesetzen des Profits. Die professionellen Sportverwalter und ihre willfährigen Amateurhelfer haben den Sport perfektioniert, ihn bedenkenlos manipuliert. Sport ist geplante Show, Unterhaltung zum Zweck der Absatzförderung von Produkten, das faszinierende Spektakel gehorcht nur noch der Dramaturgie des Profits.

Was hat also Zukunft? Der Sport oder die Geschäfte, die man

mit ihm macht? Für wen ist der Sport gesünder: für die Menschen oder für die Wirtschaft?

Keine Frage: Erst kommt der Kommerz, dann der Sport. Oder das, was stellenweise noch davon übriggeblieben ist. Nahe am Rande des Kollapses, oft nur noch am Leben erhalten durch Doping und Sponsorengeld, ist der Sport nur mehr eine Ware.

In diesem weltweiten Geschäft wäscht eine Hand die andere. Vereinsbosse und Veranstalter, Funktionäre und Manager, Wirtschaft und Medien, Sportler und Trainer – und Politiker, alle beteiligen sich daran. Sport und Politik: ein Thema mit vielen Variationen, bei dem sich merkwürdigerweise – und trotz besserem Wissen dank einschlägiger Erfahrungen – hartnäckig die Meinung hält, Sport und Politik hätten miteinander nichts zu tun. Oft genug wurde und wird der Sport als Täuschungsmanöver mißbraucht, um von Problemen abzulenken, gleich ob Olympische Spiele in Berlin 1936 oder König Fußball in Mexiko 1986. Die Ereignisse sind Balsam für die Alltagswunden, Publicity für Politiker, die sich im Medaillenglanz eines Siegers sonnen. Das ist es, was Politiker mit dem Sport im Sinn haben.

Bert Brecht hat schon 1928 in seinem Essay „Sport in der Krise“ Zweifel formuliert: „Ich bin gegen alle Bemühungen, den Sport zu einem Kulturgut zu machen, schon darum, weil ich weiß, was diese Gesellschaft mit Kulturgütern so alles treibt, und der Sport dazu wirklich zu schade ist.“

Und heute? Der Sport ist längst kein Kulturgut mehr, er ist ein Wirtschaftsgut, nichts sonst. In diesem Buch wird eine vorläufige Bestandsaufnahme vorgenommen. Aus der Sicht der Vermarkter, der Sportler, der Fans. Informationen, Geschichten und Berichte aus der Branche, keine moralischen Plädoyers mit Slogans, wie „Unser Sport soll wieder sauber werden“.

Werner Schneyder, treffsicherer Kritiker und Kenner, auch Anhänger des Sports, hat einmal geschrieben: „Wer den Sport beschimpft, beschimpft die Gesellschaft an einem Beispiel. An einem sehr guten Beispiel. Denn es gibt nur wenige Beispiele, wo das positive Angebot und der negative Ist-Zustand so nahe, so klar, so schön ablesbar nebeneinander stehen ...“

Ob in der Arena oder am Bildschirm: Sport fasziniert die Massen und zieht mehr Menschen in seinen Bann als jedes andere Ereignis.
Sport ist ein weltweites Gesellschaftsspiel – ein Spiel für Millionen um Millionen . . .

Das Millionen-spiel

„Die Tore auf dem Fußballfeld sind die Eigentore der Beherrschten."

Gerhard Vinnai, Soziologe

Viva Mexiko oder: Die Show der Reichen und des Kommerzes

Am 31. Mai 1986, Punkt 11.47 Uhr Ortszeit – in Europa ist es schon Abend, man ist dort 8 Stunden weiter –, erhebt sich der mexikanische Staatspräsident Miguel de la Madrid im Azteken-Stadion von Mexiko-City zum Mikrophon und gibt die wichtigste Erklärung des Tages ab: „Mexiko heißt die Welt des Fußballs herzlich willkommen. Wir wollen ein perfekter Gastgeber sein."

Die 13. Fußballweltmeisterschaft ist eröffnet. Danach wird die Zeremonie zur *Fiesta mexicana.* Die Galerie läßt sich berieseln von einem in den Landesfarben gehaltenen rot-grün-weißen Konfettiregen, Sombreros flattern über die Tribünen, fast einhunderttausend Mexikaner im Stadion dokumentieren ihre Freude und ihren Stolz mit einem landesüblichen Schauspiel: Die Menschen stehen auf, werfen die Arme hinter den Kopf, setzen sich dann wieder, so geht das von Block zu Block, und durch das weite Rund der Arena schiebt sich, im wahrsten Sinne des Wortes, eine Welle der Begeisterung.

Das Eröffnungsspektakel wird in 142 Ländern übertragen, und die FIFA, der Weltverband des Fußballs, schätzt die Zahl der Zuschauer weltweit auf über eine Milliarde.

„Mexiko! Mexiko! Bienvenidos!"

Willkommen! Mexiko grüßt die Welt. Das große Fest des Fußballs kann beginnen – mit Farben, mit Fahnen, mit Folklore. Die Menschen am Bildschirm sehen mehr als die Zuschauer im Stadion. „Wir wollen der Welt das mexikanische Land und die Leute nahebringen", sagt WM-Pressechef Sergio Pelaez Farell – deshalb blenden die Veranstalter Videos ein, stellen die alten Kulturen vor, streuen Bilder vom Stierkampf ein, präsentieren Gauchos und Glasbläser. Mexiko gibt seine Visitenkarte ab, spannt den Bogen von den alten Azteken bis zur Technik der Zukunft.

Mexiko – wie auf der Ansichtskarte. Farbig, romantisch, für den Touristen retuschiert. Die Spiele sollen ein Festival des Vergessens werden. Nicht gezeigt werden Armee und Polizei, die alle WM-Arenen mit Panzern und Maschinengewehren sichern; nicht gezeigt wird die Rückseite des farbenprächtigen Aztekenstadions, das während der Eröffnungsfeier einer belagerten Festung gleicht. Der Aufmarsch von Militär und Polizei soll nicht nur Terroristen, sondern vor allem unzufriedene Bauern, Arbeiter und noch immer obdachlose Erdbebenopfer abschrecken, das Jubelfest von „König Fußball“ zu stören. Auf dem Bildschirm fliegen bunte Luftballons in den blauen Himmel. Die Wirklichkeit hinter den Kulissen wird von keiner Kamera eingefangen. Die Regie will es so.

Dennoch: Das begeisterte Volk auf den Rängen vergißt auch im Augenblick der Freude den tristen Alltag nicht. Es vergißt den Alltag schon deshalb nicht, weil es durch die Anwesenheit des Staatspräsidenten daran erinnert wird. Die Menschen werden erinnert an die miserable wirtschaftliche Lage, die Inflation, die unbewältigten Folgen des Erdbebens, die vielen Krisen und Regierungsskandale. Miguel de la Madrid steht als erster Mann im Staat stellvertretend für alle Sündenböcke. Er verkörpert die Misere. Doch er, der Politprofi, nutzt auch dieses Eröffnungszeremoniell, um von den Problemen des Landes abzulenken. Stocksteif und dutzendfach abgeschirmt, spreizt er in seiner Ehrenloge die Finger zum Victory-Zeichen, spricht – hörbar über die Stadionlautsprecher – via Direktleitung mit dem mexikanischen Mannschaftskapitän Hugo Sanchez in der Mannschaftskabine und läßt alle Landsleute wissen: „Wir werden Weltmeister.“ Alles wohlüberlegt in einem Land, in dem Spiele das Brot ersetzen.

Der Präsident wird vom Volk trotz seiner Gesten und Sprüche gnadenlos ausgepfiffen. Es ist eine Demonstration, und er hat Glück; denn sie könnte noch lauter ausfallen, wenn sämtliche 112 500 Plätze im Stadion nicht nur verkauft, sondern auch besetzt wären. Aber Tausende stecken noch im Verkehrschaos im

Zentrum der Hauptstadt und auf den Zufahrtsstraßen. Auf den Rängen zeigen sich gewaltige Lücken.

Der andere, dem das Pfeifkonzert gilt und der sich jetzt verschämt in der Ehrenloge versteckt, ist der eigentliche Chef dieser Weltmeisterschaft: Guillermo Canedo. Ohne ihn würden die Spiele nicht stattfinden; er hat das Kickerspektakel im Schulterschluß mit dem Präsidenten nach Mexiko geholt.

„Wir werden, wie schon 1970, eine Weltmeisterschaft mit Herz durchführen", hat Canedo immer wieder gesagt; aber es gibt, wenn man nach den Pfiffen im Stadion, nach diesem Volkszorn urteilt, in Mexiko offenbar eine Menge Leute, die dem WM-Macher vor allem selbstsüchtige Motive unterstellen, etwa jenes, daß er nicht mit und für das Herz, sondern besonders für den eigenen Geldbeutel und den seiner Freunde die Weltmeisterschaft nach Mexiko geholt hat.

Seine Schaltzentrale hat sich der geschäftstüchtige Canedo in einer Villa an der *Reforma,* der Prachtstraße von Mexiko-City, eingerichtet. Dort ist er ein vielbeschäftigter Mann; denn neben seinem Amt als FIFA-Vizepräsident ist er auch Chef des Organisationskomitees der Weltmeisterschaft und Direktor des Mediengiganten *Televisa,* dem – neben zahlreichen anderen Beteiligungen – vier Fußballclubs gehören und der die gesamte Weltmeisterschaft in privater Regie finanziert und durchführt.

„El Mundial ist in Televisa." Nach jeder Halbzeit wiederholen während der viereinhalb Wochen die Kommentatoren des Fernsehriesen diesen Satz für alle, die immer noch nicht wissen, wer mit dieser Fußballweltmeisterschaft Geschäfte macht.

Von Canedo wird behauptet, daß er, selbst gegen den Wind, jeden Dollar riecht; und lange vor dem Beginn der Kickerspiele stand deshalb bereits fest, daß dieses weltweite TV-Spektakel ein Milliardengeschäft sein würde. Die FIFA kam bei ihrer Einnahmenkalkulation auf stolze 150 Millionen Schweizer Franken. Die Herren der FIFA und der Canedo-Clan versicherten denn auch die Weltmeisterschaft gegen eine mögliche Absage genau mit dieser Summe. Man mußte in Mexiko schließlich mit allem rechnen, besonders nach dem 19. September 1985.

An diesem Tag verfinsterte sich der Himmel über der Hauptstadt, der selbst an klaren Tagen nur so verschwommen zu sehen ist über der stets präsenten Smog- und Schmutzglocke, als wäre es Nacht. Aus Tausenden von Löchern, Trichtern und Ruinen erhob sich, einem riesigen Pilz gleich, begleitet von infernalischem Getöse, eine schwarze Wolke. Es war 7.18 Uhr in der Frühe, aber über Mexiko-City wurde es Nacht.

Sekunden später züngelten, erst hier und da, dann überall, Flammen empor, vermengten sich Detonationen, Schreie verängstigter Menschen, krachende Stein- und Betonlawinen zu einer gigantischen Schreckensszene. Und immer noch bebte die Erde, taten sich Abgründe auf; wo eben noch Autos fuhren, stürzten imposante, scheinbar grundsolide Gebäude wie Kartenhäuser in sich zusammen. 50 Sekunden erschütterte an diesem Tag ein gewaltiges Erdbeben die Stadt; danach war die größte Metropole der Erde für Stunden vom Rest der Welt abgeschnitten. Es sah aus wie nach einem Bombenangriff, es gab Tausende von Toten, Zehntausende von Verletzten, Hunderttausende von Obdachlosen.

Damals, nach der Katastrophe, sagte der Geschäftsmann Canedo: „Es gibt ein Sprichwort, das auf die alten Kulturen unseres Landes zurückgeht: Wenn man den Mexikaner sticht, wird er erst recht lebendig."

Canedos Zitat wirkte damals mehr als zynisch, angesichts des Leids, das über das Land und seine Menschen gekommen war. Doch es ist eine Tatsache, daß dieser Trotz des Volkes, dem Schicksal Widerstand zu leisten und mit so etwas routiniert fertig zu werden, die Mexikaner auszeichnet. An Gelegenheiten fehlt es nicht: Dieses Land der krassen sozialen Gegensätze, das 15 Millionen Analphabeten beheimatet und dem die Mittelschicht abhanden gekommen ist, steht wirtschaftlich vor dem Ruin. Die Inflation pendelt sich auf kaum vorstellbaren 70 Prozent ein, die Arbeitslosenqote auf mehr als 30 Prozent, und die Auslandsschulden werden auf annähernd 100 Milliarden Dollar taxiert. Das war der Stand vor der Weltmeisterschaft. Ist das ein Land, das ein solches Spektakel benötigt?

Ein paar Tage vor der Eröffnung war auch hierzulande die Nachricht zu lesen: „Die Fußballweltmeisterschaft nutzen zahlreiche Organisationen, um Gehalts- und Lohnforderungen zu stellen. Wenn die Spiele beginnen, wird mit Demonstrationen und Streiks gerechnet."

In den Armenvierteln, den *Colonias peridas,* kämpfte die festliche WM-Stimmung mit ernsthaften Anlaufschwierigkeiten. Man sah allerorten Transparente, auf denen stand. „No queremos goles, queremos frijoles." Sie wollten Bohnen, keine Tore. Und sie schrieben diesen und ähnliche Sprüche an Mauern und Wände.

Doch die Herren aus der Geschäftswelt und ihre geschäftstüchtigen Funktionäre ließen sich nicht von der Stimme des Volkes beirren. João Havelange, der brasilianische Präsident der FIFA, erklärte mit Überzeugung in der Stimme: „Der Fußball wird Mexiko helfen, über sein Mißgeschick hinwegzukommen." Er empfahl den Armen, sich die Spiele im Fernsehen anzuschauen, falls sie das Geld für das Stadion nicht haben . . .

Noch bei keiner Weltmeisterschaft wurde die Ideologie des Fußballs als Volkssport derart gründlich mit den Füßen getreten wie in Mexiko. Wenn selbst der ARD-Teamchef Rudi Michel, der beileibe kein Systemveränderer ist, von einer „Show der Reichen und des Kommerzes" sprach, kann man die Dimensionen des Millionen-Deals zwischen der FIFA, Herrn Canedos *Televisa* und den Sponsoren von Coca Cola bis Philips erahnen. Sie alle machten große Kasse. Die Gewinne strichen die Sportvermarkter ein. Und in Mexiko, diesem gebeutelten Land, hatten nur die Reichen ihren Spaß an dem Spektakel.

Dafür sorgte schon das Drei-Klassen-System vor Ort: das Stadion für die Wohlhabenden, der Fernseher zu Hause für die Arbeitsplatzbesitzer und die Riesenleinwände im Freien für die Armen.

Mexikos höchste Stände gaben sich dem Fußball in der gediegenen Atmosphäre ihrer *palcos* hin. Für diese weiträumigen Logen im Zwischenstock der Stadionränge zahlten sie rund 150 000 Mark.

Dafür gab es dann bequeme Stühle, Drinks aus der Bar sowie die Möglichkeit, die Flüssigkeit in der eigenen Toilette neben der Loge wieder loszuwerden. Den Vorwurf vieler ausländischer Kritiker, daß diese *Copa Mundial* eine Fiesta der dünnen mexikanischen Oberklasse sei, versuchte Canedos allgegenwärtige *Televisa* abzuwehren. Ihre Idee, unterstützt von den Herren von der FIFA: In drei Sportparks stellten die Fernseh-Manager gigantische Leinwände auf, um die Besitzlosen an dem Fußballfest teilhaben zu lassen. Ein miserables Bild: Während in den Stadien ganze Blöcke leer standen, campierten die Armen unter brütender Hitze auf Betonfeldern vor den Leinwänden. Sie konnten sich eine Eintrittskarte nicht leisten.

„Die Lebensfreude", kommentierte damals WM-Pressechef Sergio Pelaez Farell, „läßt sich ein Mexikaner nicht nehmen." Blanker Zynismus, doch er verfehlte seine Wirkung nicht. Auch hierzulande zeigten die Medien ein verzerrtes Bild mexikanischer Wirklichkeit, wurden Klischees am Bande geliefert, ganz im Stile, wie sie bereits Wochen zuvor die Nationalkicker mit ihrem Oberkehlkopf Peter Alexander als Werkschor des Deutschen Fußballbundes auf Platte gepreßt hatten: *Mexiko, Bienvenidos!* Gauchos, Sonne, Romantik...

Doch obschon Politiker und WM-Macher die WM förmlich in das Bewußtsein der mexikanischen Bevölkerung zu trommeln versuchten, trat, je länger die Fußballfete andauerte, immer deutlicher Mexikos Wirklichkeit ungeschminkt hervor. Auf dem *Zocalo,* dem größten Platz der Hauptstadt, hielten Demonstranten Schilder in die Kameras ausländischer TV-Reporter: „Die Fußballweltmeisterschaft ist Opium fürs Volk!" Sie taten es, solange sie es konnten, solange keine Polizei in der Nähe war. Doch dies war in den Tagen der Spiele selten. Mehr als 12 Millionen Dollar hatte der Staat in seinem Haushalt für Sicherheitsapparate vorgesehen, mehr als je zuvor. Die Welt sollte bunte Trikots, flatternde Fahnen und Tore sehen – keine Demonstranten, keine Proteste, keine Armut. Und vor allem keine Hinweise auf den rabiaten Umgang mit Oppositionellen im Lande. *Amnesty International,* eine Menschenrechtsorganisation, die sich weltweit gegen Unterdrückung und staatliche Willkür wendet, wies zu Beginn der Weltmeisterschaft darauf hin, daß in Mexiko über 500 Menschen in den letzten Jahren spurlos verschwunden, Tausende gefoltert worden waren. Für politische Beobachter war diese Nachricht nicht neu; doch sie zwang mexikanische Politiker dazu, Stellung zu beziehen. Senator Gonzalo Martinez Corbalá sprach aus, was bislang offiziell immer geleugnet worden war: Die mexikanische Polizei hat Oppositionelle gefoltert und damit gewaltsam Geständnisse erzwungen. Aber – so der Herr Senator – wer will denn wegen einiger übereifriger und brutaler Polizeibeamter gleich die ganze festliche Weltmeisterschaftsstimmung in Verruf bringen? Und überhaupt, was hat Fußball mit Folter zu tun?

Da paßt es ins Bild, daß die arroganten FIFA-Herren, auch der deutsche Oberfunktionär Neuberger, nichts Anstößiges daran fanden, ein Ex-Mitglied der einst folternden und mordenden argentinischen Militärregierung als Ehrengast zu begrüßen.

Plaudernd und freundschaftlich untergehakt, erschien als Organisationschef Canedo, den die Mexikaner alsbald schon nur noch *Señor Mundial* nannten, im Internationalen Pressezentrum und stellte einen alten Kameraden vor: Ex-Vizeadmiral Carlos Alberto Lacoste, einst Spitzenmann der Militärregierung in Buenos Aires.

„Einen guten Freund", nannte Canedo den Gast aus Argentinien, den er persönlich eingeladen habe und dessen Besuch ihn mit „ausgesprochener Genugtuung" erfülle. Schließlich habe Lacoste doch die Weltmeisterschaft 1978 vorzüglich organisiert, und, was er womöglich politisch auf dem Kerbholz habe, interessiere ihn und auch die apolitischen FIFA-Funktionäre überhaupt nicht. Auch nicht, daß noch immer Ermittlungen gegen Lacoste laufen, wegen „illegaler Bereicherung". Es geht dabei um verschobene Eintrittskarten bei der Weltmeisterschaft in Argentinien.

„Diese Einladung ist eine Ohrfeige für das argentinische Volk", schrieben argentinische Zeitungen, „sie zeigt, daß die Herren der FIFA seit 1978 nichts gelernt haben."

Damals, 1978, hatten sich beim pompösen Abschlußbankett nach dem WM-Finale die Generäle der Junta und die FIFA-Funktionäre, allen voran Präsident Havelange und der Deutsche Neuberger, in herzlicher Umarmung ihre gegenseitige Hochachtung versichert. Havelange, der schon zwei Jahre zuvor und damit unmittelbar nach dem Staatsstreich der Militärs erklärt hatte: „Jetzt ist Argentinien in der Lage, die Weltmeisterschaft auszurichten", verkündete nach dem glatten, auch für ihn vorteilhaften Turnierverlauf, nun habe die Welt „das wahre Gesicht Argentiniens" gesehen.

Acht Jahre später: João Havelange, noch immer FIFA-Präsident, geht ans Mikrophon und sagt: „Das Land, das uns so große Kulturen wie die der Azteken und Maya gegeben hat, schenkt uns zum zweitenmal in diesem Jahrhundert eine Fußballweltmeisterschaft. Die Welt und die FIFA danken Mexiko für diesen Tag."

Tatsächlich dankte er Mexiko, diesem verschuldeten, ruinierten Land, für das Geschäft, das er bereits ahnte.

Und er behielt recht. Nach dem Schlußpfiff wurde Kassensturz gemacht: Mit Einnahmen von 144 Millionen und einem Gewinn von 71,5 Millionen Schweizer Franken hielt Mexiko, was sich die Geschäftemacher von dem Spektakel versprochen hatten. „Ich bin vollends zufrieden, alles ist erreicht worden", lautete der Kommentar von Mitorganisator und DFB-Chef Hermann Neuberger zur wirtschaftlichen Bilanz. Und FIFA-Präsident Havelange nutzte die Gelegenheit, um zu dokumentieren, daß der reiche Weltverband auch an die Opfer und Hinterbliebenen des Erdbebens in Mexiko-City gedacht hatten: „Die FIFA hat 1,3 Millionen Dollar zur Verfügung gestellt", verkündete er stolz. Eine lächerliche Summe. Allein Endspielgegner Deutschland durfte 4 Millionen Schweizer Franken kassieren, alle 24 Teilnehmer konnten mindestens jeweils 1,4 Millionen Schweizer Franken mit nach Hause nehmen.

Das größte Geschäft aber machten die FIFA, die Sponsoren, für deren Produkte vier Wochen lang via Fernsehschirm weltweit Reklame gemacht wurde, und vor allem Canedos *Televisa*. Nach dem Riesen-WM-Deal hielten sich Gerüchte, wonach der Canedo-Clan das Geld in Nordamerika deponierte. Damit hätten sie nur das praktiziert, was in Mexikos Oberschicht längst die Regel ist. Das Nachrichtenmagazin *Der Spiegel* errechnete, daß ohne Kapitalflucht Mexiko keine nennenswerten Auslandsschulden hätte. Das meiste Vermögen, das auf dem schwarzen Weg, etwa über die Grenze, in die USA kommt, stammt aus Mexiko. Insgesamt schafften die reichen Mexikaner in den letzten Jahren genauso viele Dollars außer Land, wie sie sich im Ausland borgten: etwa 55 Milliarden Dollar. „Der Geldstrom fließt und fließt", sagt Wilbert Bascom, der Chef der Bankenaufsichtsbehörde von Florida.

Ob Canedo seine WM-Gewinne in den USA deponierte, weiß keiner; offensichtlich interessiert es auch keinen. Den Präsidenten wird es kaum stören, und die Armen in den Slums der großen Städte und auf dem Lande werden es nicht merken.

Für sie hat sich durch diese Fußballweltmeisterschaft nichts verändert, doch – die Preise sind noch etwas gestiegen, die Hoffnung auf Besserung ihrer Lage ist noch mehr enttäuscht worden.

Gewonnen haben nur die Geschäftemacher, die Vermarkter, die Konzerne.

Doch Mexiko war nur der Anfang. Die FIFA-Herren wissen, daß sich mit dem Spektakel „Fußball“ viel Geld verdienen läßt. Eine Weltmeisterschaft ist – ebenso wie Olympia – eine gewinnträchtige Angelegenheit. Und vom Olympiageschäft verstehen die Funktionärskollegen vom IOC eine ganze Menge . . .

„Und was verdient der Sport? Eine reinigende, rettende Idee, die olympische? – Da kann ich allerdings nicht einmal mehr lachen.“

Werner Schneyder, Kabarettist, Autor und Sportkenner

Oh! Olympia oder: Die globale Doppelmoral

Mit der Eröffnungsfeier begann ein neues Olympia-Zeitalter. Fünftausend Friedenstauben waren aus ihren Kästen befreit und in die smoggetränkte Luft aufgestiegen, während eintausend Sänger den Beethoven-Chor „Freude, schöner Götterfunken“ intonierten. „Spätestens zu diesem Zeitpunkt“, so der damalige Organisationschef Peter Ueberroth, „wollte niemand mehr was von Problemen wissen. Die Leute konzentrierten sich auf das Wesentliche, die Sportler.“ Und Probleme – das gab sogar der smarte Olympia-Manager zu, hatte es tatsächlich eine ganze Menge gegeben. Los Angeles war anders als alle anderen Olympischen Spiele zuvor.

Nicht wie Helsinki, nicht wie Rom, Tokio, auch nicht wie München oder Montreal. Es war nicht das Olympia einer Nation, ja nicht einmal das der Bürger der Stadt. Sie wollten zwar das gigantische Sportfest; in einer Abstimmung aber entschieden sie, kein Geld aus der Steuerkasse dafür freizugeben.

So war dieses Olympia ein kalifornisches Happening, professionell geplant und organisiert, ermöglicht allein durch das Geld amerikanischer Konzerne wie *General Motors, Xerox, McDonald's* und *Coca-Cola.* Die Zentralregierung in Washington kommandierte 77 Hubschrauber, 700 FBI-Agenten nach Kalifornien ab, setzte CIA-Agenten ein und lieferte 393 000 Schuß Munition. Alles für den Schutz des olympischen Friedens.

Was sind heute die Olympischen Spiele? Eine gigantische Verkaufs- und Werbeausstellung der Industrien, ein sportliches Gipfeltreffen der beiden großen Weltmächte?

Beides. Es gibt zwar immer noch Träumer, die „unpolitische“ Spiele fordern, als ob dies überhaupt möglich wäre. Spätestens seit Berlin 1936, als die Nazis die Sportler aus aller Welt für ihre Propaganda einspannten, ist jede Teilnahme an Olympischen Spielen ein politischer Akt. Und jedes Fernbleiben erst recht.

So gab es denn auch für das Interesse des ehemaligen Footballspielers Ronald Reagan, Olympia nach Los Angeles zu holen, vor allem einen Grund: Selbstdarstellung. Statt des traditionellen Satzes: „Ich erkläre die Olympischen Spiele von Los Angeles, mit denen die XXIII. Olympiade der Neuzeit gefeiert wird, für eröffnet“, wollte der US-Präsident während der Eröffnungsfeier gleich eine zehnminütige Rede halten. Die Olympia-Funktionäre wehrten sich dagegen, die totale Kommerzialisierung der olympischen Ringe durch Amerikas Big Business indes akzeptierten sie.

Das Radrenn-Stadion hieß (olympisches Ideal hin, olympisches Ideal her) nach jenen, die das Geld für den Bau gaben: „The Seven Eleven Olympic Velodrome“, eine amerikanische Krämerladen-Kette. Das Schwimmstadion nannte sich „McDonald's Swim Stadium“; denn die Hamburger Brater hatten kräftig Scheine investiert. Begleitet von Big Business, umrahmt von Reklametafeln und Sternenbannern, gingen dann die Spiele über die olympische Bühne. Weltweit via TV.

Nach dem Spektakel waren alle zufrieden. Vor allem die Sponsoren und die Olympia-Funktionäre. Der Gewinn betrug um die 250 Millionen Dollar. Ein Supergeschäft. Dabei hatte vor Los Angeles die halbe Welt den olympischen Traum längst ausgeträumt, als nach dem Boykott der Moskauer Spiele durch die USA und einige Verbündete aus dem westlichen Block das Spektakel an Schwindsucht litt; denn die Sowjets verweigerten der Olympia-Kür 1984 nun ihrerseits ihre Teilnahme. Doch 1988 in Seoul will man wieder gemeinsame Sache machen; denn auch Sportfunktionäre sind lernfähig. Wer zukünftig beim olympischen Geschäft dabei sein will, sollte die Politik mehr und mehr aus dem Spiel lassen. Ein Boykott – gleich von welcher Seite – ist der Vermarktung abträglich. Also wird es künftig wieder Ost-West-Gipfel im Sport geben; das Geschäft vereint alle, auch in der Politik. Und Olympia ist ein Riesengeschäft...

Selbst ein schwerreicher Profi wie Tennistopverdiener John

McEnroe wünscht 1988 „in Seoul um olympisches Gold zu spielen – auch für Null“. Die Tenniswelt, Inkarnation des bezahlten Sports, macht sich also auch auf den Weg zum Olymp des Sports. Sie wollen nach 64 Jahren Abwesenheit wieder in den Schoß der olympischen Familie zurückkehren.

Um die Olympia-Götter, das IOC, gnädig zu stimmen, versammelte sich der Internationale Rat der Tennisfunktionäre und sprach: „Unsere Spielerinnen und Spieler werden für die Dauer des olympischen Turniers auch keine Reklamesticker an Hemden und Hosen tragen und keine Preisgelder entgegennehmen. Wie es sich für ordentliche Olympionikern geziemt.“ Die Profis, die ansonsten für langweilige Blechpokale und nüchterne Schecks den weißen Ball schlagen, wollen also nur für die güldene Medaille und die Nationalhymne kämpfen? Weit gefehlt. Tatsache ist: Die Sponsoren und die Profis können das Werbeverbot für die Spieledauer verschmerzen; denn kein Sportereignis erfährt größere Bedeutung in den Medien als die Olympischen Spiele. Und hinterher läßt sich ein erfolgreicher Auftritt noch viel wunderbarer vermarkten. Denn statt in eine Anzeige zu schreiben „Boris Becker siegte bei den Australian Open...“, macht es sich viel besser, wenn der Slogan lautet: „Boris Becker Olympiasieger von Seoul – mit Schläger und Schuhen von...“

Es ist absurd: Während das Spektakel Olympia immer kommerzieller wird, letztlich eine einzige Werbeschau der Industrie ist, sollen die Sportler keinerlei Werbung tragen. Der Sport muß – wenigstens optisch – „sauber bleiben“. Zu dieser schiefen Moral paßt auch der lächerliche Satz, wonach bei Olympischen Spielen die Teilnahme wichtiger sei als der Sieg. Tatsache ist: Wer dabei sein möchte, muß zuvor schon eine Menge siegen. Der Satz kehrt sich ins Gegenteil: Der Sieg ist wichtig für die Teilnahme. Im Vorfeld, wenn der Athlet also das Überspringen der Qualifikationslatte hinter sich hat, wird die letzte Phase des sportlichen Vier-Jahres-Plans eingeläutet: Leistungszentren, Schulungen, vor allem Training und nochmals Training. Der Athlet weiß: Zuerst muß er die Teilnahme erreichen – dann muß er sie rechtfertigen.

Vom völkerverbindenden, sportlichen Wettkampf, vom naiven Ideal „Dabeisein ist alles“, bleibt heute in der olympischen

Realität wenig übrig. Olympia ist ein Geschäft – für Wirtschaft und Industrie, mittlerweile auch für die Olympiaveranstalter.

Juan Antonio Samaranch, der spanische Präsident des Olympischen Komitees (IOC), verglich den Aufschwung der olympischen Bewegung mit unvorhersehbaren Wetterstürzen: „Die vielen dunklen Wolken haben sich zerstreut“, sagte er zur Eröffnung der 90. IOC-Session im frisch renovierten Schauspielhaus von Berlin, „nun strahlt der Himmel wieder blau“.

Schon gar nicht übertrieben scheint die Himmelsfarbe, wenn das IOC seine Kassenbestände überschaut: Zu den 35 Millionen Dollar, die laut Samaranch als Notgroschen solide angelegt sind, erbrachte allein Los Angeles 225 Millionen Dollar an TV-Lizenzgebühren. Die Winterspiele in Calgary 1988 läßt sich der US-Konzern ABC über 300 Millionen Dollar kosten, ebensoviel sind in Seoul zu erwarten. Das IOC kassiert überall mit: etwa elf Prozent vom TV-Dollar-Segen.

Der geschäftstüchtige Olympia-Präsident sieht noch Steigerungsraten. Er will das finanzielle IOC-Gewicht weiter erhöhen. Künftig wird der Werbekonzern *ISL,* genauer *„International Sports Culture and Leisure“* dem IOC die Ringe vergolden. Hochgerechnet auf bisherige Sponsorenverträge könnte die Vermarktung bis 1988 insgesamt 300 Millionen Dollar einbringen.

Den Geld-Segen teilen sich das IOC und die Nationalen Olympischen Komitees nach einem Schlüssel, der noch entworfen wird. Zehn Prozent fallen an die *ISL.* Teilhaber sind der japanische Werbekonzern *Dentsu* und die deutsche Sportartikelfirma *adidas. Keine Frage: Die Vermarktung von Olympischen Spielen sind ein Super-Deal.*

Der Olympiamarkt weist überdurchschnittliche Zuwachsraten auf. Die 250 Millionen Dollar, die Los Angeles als Gewinn meldete, hatten dreizehn Städte motiviert, sich um die gewinnträchtigen Spiele 1992 zu bewerben. Alle sahen sie Rendite, Profite und Millionengeschäfte – da lohnte es sich, als Kandidat kräftig zu werben, die Werbetrommel zu rühren – koste es, was es wolle. Der australische Medienzar Rupert Murdoch investierte gleich einige Millionen Mark, um Brisbane zur Olympiastadt zu machen. Murdoch ist kein selbstloser Mensch, er spekulierte dabei auf die TV-Weltrechte.

Murdochs Millionen-Investition – freilich vergeblich – war nicht das einzige Bemerkenswerte bei der Kür der Bewerber um Olympia 1992. Insgesamt lieferten sich die Bewerberstädte eine bis dahin nicht gekannte Werbeschlacht, die über 130 Millionen Mark gekostet haben soll.

Das Palais de Beaulieu in Lausanne wurde zum Olymp erkoren. In den weiten Hallen schritten würdevoll die Mitglieder des Internationalen Olympischen Komitees (IOC) entlang, eine Vereinigung, die der Kabarettist Werner Schneyder einmal wie folgt charakterisiert hat: „Gegen das Olympische Komitee“, so Schneyder, „ist selbst die Europäische Gemeinschaft noch eine Vereinigung für gutnachbarlichen Gruppensex“.

Die Auserwählten des Komitees erklommen die letzten Stufen in den Sitzungssaal, wo die 91. IOC-Vollversammlung stattfand. Einziger Tagesordnungspunkt: Die Vergabe der Olympischen Sommer- und Winterspiele 1992. Für das gewöhnliche Fußvolk waren die letzten Stufen zum sportlichen Gipfel, wo schließlich über olympische Gegenwart und Zukunft verhandelt wurde, ohnehin tabu.

Aber langweilen, bis sich die großen Tore des Sitzungssaals wieder öffneten und Neues vom Gipfel verkündet wurde, mußten sich die Beobachter nicht. Dafür sorgten schon die Bewerber, die im Foyer ihre Stände aufgebaut hatten und mit einem enormen Schlußspurt die letzten Meter vor dem Zielband angegangen waren. Es erinnerte an eine gigantische Tourismusmesse, eine Mischung aus Markt und Kino, aus Glamour und Glitzer – alles unter den fünf olympischen Ringen.

Am Stande von Anchorage, das neben Albertville, Cortina d'Ampezzo, Berchtesgaden, Falun, Lillehammer und Sofia um die Winterspiele konkurrierte, tummelten sich Eskimos – so richtig zum Anfassen. Und Cortina d'Ampezzo hat sich sogar eine Diva eingeflogen: Gina Lollobrigida sollte die Herzen und Herren für Italien erobern. Die Werbeschlacht hatte schon Tage zuvor begonnen mit viel Papier, Glanzbroschüren und Geschenken, danach folgte die Schlacht am kalten Büffet. Die verbliebene Zeit vor der eigentlichen Abstimmung wurde von den Bewerbern eifrig genutzt, um schwankende Stimmen – sprich unentschiedene IOC-Mitglieder – für sich zu gewinnen.

Doch offensichtlich waren nicht alle stimmberechtigten Herren mit Empfängen oder kleinen Geschenken alleine zu begeistern. Die olympische Würde wurde angetastet, als Gerüchte, die durch einen Artikel in der spanischen Zeitung *„La Vanguardia"* noch geschürt worden waren, von „gekauften Spielen" in Umlauf kamen. Da sollen doch tatsächlich IOC-Mitglieder mit Geld bestochen worden sein, um einen bestimmten Kandidaten zu wählen.

Die spanische Zeitung hatte dem im Frühjahr 1987 verstorbenen deutschen *adidas*-Chef Horst Dassler unterstellt, auf die Wahl des Austragungsortes Einfluß genommen zu haben. In dem Artikel hieß es, die Wahl sei zwar geheim, „aber nicht ganz so unvorhersehbar für die faktischen Mächte im Sport, wie Horst Dassler, der 30 Stimmen im olympischen Panorama dominierte, darunter auch die Mehrheit der Ostblock-Staaten, deren Sportmannschaften ohne Ausnahme die Trikots der Sportfirma tragen." Die Zeitung schrieb weiter, daß Dassler bereits bei der Wahl von Juan Antonio Samaranch 1980 zum IOC-Präsidenten „entscheidend eingegriffen" habe. Und „jetzt wiederholt sich die Geschichte", so das Blatt. Und weiter: „Dassler will, daß Barcelona Sitz der Olympiade 1992 wird . . ."

Herr Dassler hatte über seinen *adidas*-Pressesprecher solcherlei Unterstellungen selbstverständlich weit von sich gewiesen und als „unsinnige Spekulation" bezeichnet. Pressemann Klaus Müller betonte im Brustton der Überzeugung: „Wir nehmen keinerlei Einfluß auf Abstimmungsergebnisse in Sportorganisationen." Und auch die Herren vom IOC gaben eine Ehrenerklärung für sich selbst ab: Wir sind alles Saubermänner, deren weiße Westen nicht einen Fleck haben . . . Daß nach dem sechsten Wahlgang schließlich doch Barcelona die absolute Mehrheit erhielt, hatte wohl ausschließlich mit der katalonischen Präsentation zu tun und nichts damit, daß der Herr Präsident Samaranch Spanier und Horst Dassler nicht nur geschäftlich gute Freunde waren. . .

„Gekaufte Spiele"? – das sind alles nur üble Gerüchte, sagen die einen, und der Beweis, daß es tatsächlich so ist, kann nicht angetreten werden, weil auch die Verlierer schweigen. Schon deshalb, weil sie beim nächsten Mal womöglich gewinnen. Wer die feine olympische Gesellschaft kennt, der weiß, daß alle Verdächtigungen so weit hergeholt nicht sind.

Olympia – das ist heute Symbol für die globale Doppelmoral. Vorne der „saubere, faire Wettstreit“ um Ehre und Medaille ..., hinten, hinter den Kulissen der harte Deal um Märkte und Profite.

Spätestens seit Los Angeles dominiert allein der Kommerz. Offen, unverblümt, aggressiv.

Was also bleibt von der olympischen Idee, die nur noch verstanden wird als Aufforderung, noch schneller und noch mehr Geld zu verdienen? Ist es nicht Zeit, daß man die fünf Ringe einstampft, das olympische Feuer endgültig auspustet?

Der schon zitierte Werner Schneyder plädiert in seinem Buch „Über Sport ...“ für das olympische Ende: „Ich wünche mir, daß man die Olympischen Spiele abschafft. Sie sind ein klassisches Endprodukt des ökonomischen, nationalistischen, medizinisch-pharmazeutischen und medialen Wachstums. Die Sportausrüsterindustrien machen der Welt weis, daß man für jede einer anderen noch so nahen und verwandten Sportart andere Kleidung, andere Schuhe braucht. Sie machen der Welt weis, daß gewisse Firmensymbole und sportliche Höchstleistungen einander geradezu bedingen. Bis dann endlich über jedes Hirn drei Streifen oder so was ähnliches laufen werden.“

Ob bei Fußballweltmeisterschaften oder Olympischen Spielen: hinter pompösen Siegerehrungen samt Fahnen und Hymnen, Medaillenspiegel und nationalen Eitelkeiten führt nur eine kleine Gruppe Regie – die der Sportvermarkter und ihrer willfährigen Funktionäre.

Grund genug, uns die Big-Business-Szene des Sports näher anzusehen ...

Der Sport ist längst zur Wirtschaftsbranche geworden, er wird vermarktet und vermarktet sich selbst. Tausende von Arbeitsplätzen umfaßt die Sportbranche, aber nur wenige machen das ganz große Geschäft . . .

Profis und Profite

„Der hat bessere Beziehungen als die Mafia...“

Erwin Stricker, PR-Manager

Drei Streifen für die Welt oder: Familie Dassler, die Funktionäre und das Big Business

Ein deutsches Musterstädtle wie aus dem Touristik-Bilderbuch: Butzenscheiben und Fachwerkfassaden vermitteln altdeutsche Gemütlichkeit, die eng verschlungenen Gassen glänzen wie blank gewienert, und von beiden Kirchtürmen bimmelt's alle Viertelstund. Nichts, so will es scheinen, kann hier die heimeligen Planquadrate durcheinanderbringen: Herzogenaurach, Kreis Erlangen-Höchstadt – eine deutsche Idylle.

Trotzdem ist Herzogenaurach mit keiner anderen gefühlsverklärten Provinz vergleichbar. Das Städtchen im Fränkischen ist Weltstadt Nummer eins der Sportartikelindustrie. Ein Phänomen – mit zwei Namen: *adidas* und *Puma*.

Der weltweite Umsatz von zusammengenommen über 6 Milliarden Mark im Jahr wird von den nur wenige hundert Meter voneinander entfernten Firmenzentralen geplant und gesteuert, deren gemeinsamer Anfang in den zwanziger Jahren einmal in der Waschküche begonnen hatte.

Dort nämlich werkelten die beiden Brüder Rudolf und Adolf („Adi“) Dassler an der Produktion von Sportschuhen. Der erste Großauftrag kam vom heimatlichen Sportverein. Die beiden schusternden Brüder galten als ideales Geschäftspaar: Rudolf übernahm Organisation und Verkauf, Adolf bastelte neue Schuhmodelle. Bereits 1928 belieferten die fränkischen Brüder deutsche Olympioniken in Amsterdam mit Dassler-Produkten. 1936, bei den Olympischen Spielen in Berlin, boten die Dasslers dem amerikanischen Leichtathleten Jesse Owens neu ausgetüfftelte Spikes zum Ausprobieren an. Owens glänzte mit vier Goldmedaillen, damals noch kostenlos für die Sportschuster.

Zwei Jahre nach Kriegsende kam es zum großen Bruderstreit – und keiner weiß bis heute den eigentlichen Grund. Spekulationen und Gerüchte kursierten, doch festgehalten ist allein, daß Bruder Rudolf nach einem heftigen Disput aus dem gemeinsamen Büro stürmte und fortan auf der anderen Seite des Aurach-Flusses seine eigenen Schuhe herstellte. Markenname: *Puma.* Bruder Adolf reagierte kurz danach und nannte seine Produkte jetzt *adidas* („Adi" Das-sler.) Mit der Trennung spaltete sich auch die Arbeiterschaft; zwei unversöhnliche Lager standen sich nunmehr in dem beschaulichen Städtchen gegenüber: die Pumaner und die Adidasler. Der Aurachfluß galt als Demarkationslinie. Eine Provinzburleske, handelte es sich nicht um *adidas* und *Puma,* zwei schon damals angesehene Sportartikelfirmen, die sich im Heimatstädtchen eine Art Religionskrieg leisteten. Streifen um Streifen. Stolle um Stolle.

Damals war es verpönt, wenn der Vater etwa bei *Puma* am Reißbrett stand und die Mutter bei *adidas* die Schnürsenkel einzog. Und es ist nicht allzu lange Jahre her, da machte eine Liebesgeschichte zwischen Pumanern und Adidaslern in den Kneipen die Runde. Einem *adidas*-Verkaufsfahrer war das absonderliche Ansinnen gekommen, eine *Puma*-Packerin zu ehelichen. Die beiden mußten der Liebe wegen ins Exil nach Württemberg, wie man sich in Herzogenaurach erzählt. Doch das ist, der Ehrlichkeit halber, doch schon eine Weile her.

Zwischentöne gab es damals nicht. Die Bürger betrachteten es als Verpflichtung, unaufgefordert Front zu beziehen. Schon das sportliche Outfit wurde zur politischen Gesinnungsfrage: Hinter den drei Streifen gruppierten sich die „Roten", die „Schwarzen" zeigten sich hinter dem springenden Puma. Keine Kneipe, kein Geschäft, kein Hotel, das sich nicht in dieses selbstgestrickte Raster fügte. Manchmal gerieten die feindlich gesinnten Mitglieder auch aneinander. Vor allem die Fans der örtlichen Fußballvereine FC *(Puma)* und ASV *(adidas)* führten an manchen Wochenenden Stellvertreterkriege. Was die örtlichen Jusos zu einer Resolution veranlaßte, in der sie die bescheidene Frage aufwarfen, „was denn in dieser Stadt noch alles passieren muß, bevor die aufgehetzte

Bevölkerung endlich begreift, daß der Konkurrenzkampf zwischen *adidas* und *Puma* um die Weltmärkte gewiß nicht in Herzogenaurach entschieden wird".

Damit lagen sie richtig. Schon zu den Olympischen Spielen 1956 in Melbourne reiste ein Vertreter aus dem fränkischen Städtchen mit einer reichhaltigen *adidas*-Kollektion an. Er plauderte mit Funktionären und verteilte kostenlos Schuhe unter die Athleten, die natürlich ganz begeistert von dem freigiebigen Mann aus Deutschland waren. Und schon damals hatte *adidas* die Nase vor der Konkurrenz, freilich unter etwas dubiosen Umständen: Auch die *Puma*-Leute waren auf die spendable Idee gekommen, ihr Schuhzeug unter die Olympiakämpfer aus aller Welt zu streuen. Doch unter bis heute rätselhaften Gründen weigerten sich die örtlichen Hafenbehörden, das Schiff mit den Werbegeschenken zu entladen. Die *Puma*-Ausrüstung dümpelte im Laderaum eines Schiffes. Erst als die Spiele vorbei waren, kam die Entlade-Genehmigung...

Mit dem genialen Gedanken, Amateure, die nicht werben durften, zu Werbeträgern umzugestalten, kamen die *adidas*-Streifen weltweit in die Presse und ins Fernsehen. So preiswert freilich wie in Melbourne ging es in den folgenden Jahren nicht mehr.

Schon in Rom stellten die weltbesten Athleten ihre Forderungen: Ausrüstung plus Tickets für Freunde und Verwandte und wenn möglich noch eine Urlaubsreise nach den Spielen, alles finanziert von der Drei-Streifen-Firma. Und 1964 in Tokio stapelten sich à la Flick „Geldumschläge in der Cafeteria des olympischen Dorfes", wie die französische Zeitung „Libération" damals zu berichten wußte.

Ab 1968 war dann in jedem Falle Geld im Spiel. Die Athleten eilten zwischen *adidas* und *Puma* hin und her, um bessere Konditionen und Preise herauszuholen. Damals schien einem Olympia-Funktionär, dem Holländer Adriaan Paulen, nur noch ein Ausweg möglich: „Ruhe wird erst sein, wenn die Brüder Dassler nach Sibirien verbannt werden."

Doch daraus wurde nichts. Statt dessen kam Horst Dassler, der Junior des Hauses, auf eine Idee, mit der er die lästige heimische *Puma*-Konkurrenz überzeugend abhängte. Er kaufte nicht mehr einzelne Sportler für die Produktwerbung ein, sondern ganze

Sportverbände und Ländermannschaften. Und der ehrgeizige Franke konzentrierte sich fortan auf jene Männer im Hintergrund, die das eigentliche Sagen hatten: die Sportfunktionäre.

Als Firmengründer „Adi“ Adolf Dassler 1978 starb, war die *Puma*-Verwandtschaft deutlicher Verlierer im weltweiten Wettstreit. Alsbald übernahm Sohn Horst das Firmenruder, dem der Münchner Graphologe Kurt-Ingolf Meyer damals laut dem Wochenmagazin *Der Spiegel* neben „kräftiger Ichhaftigkeit“ und „begrenzter Gemütsfähigkeit“ einen „Schuß Genialität“ bescheinigte.

Er machte *adidas* zu dem, was es heute ist: Nach *Coca-Cola* und *Marlboro* gelten die drei Streifen als das bekannteste Markenzeichen der Welt. Und Horst Dassler, dem die weltweite Firma anteilig mit seinen vier Schwestern bis zu seinem frühzeitigen Tod gehörte, veröffentlichte auch erstmals etwas präzisere Zahlen, die die publizitätsscheue *adidas*-Familie bis dato nie öffentlich gemacht hatte. Mit annähernd 12 000 Mitarbeitern, davon 4400 in der Bundesrepublik, wurden 1986 mehr als vier Milliarden Mark Umsatz erwirtschaftet. Dazu kommt gut eine Milliarde aus der Lizenzproduktion. 60 Prozent der *adidas*-Geschäfte sind Sportschuhe aller Art, von denen täglich 280 000 im mittlerweile weltweiten Firmenreich hergestellt werden. Das restliche Geschäft machen die Dasslers mit Sport- und Freizeitkleidung. Während das traditionelle Sportgeschäft nur mehr langsam vorankommt, wächst der Freizeitmarkt nahezu unbegrenzt. Neue Märkte und Konsumenten tun sich auf. Und auch hier geht *adidas* neue Wege – freilich auch die *Puma*-Verwandtschaft. Sportler, Vereine und Verbände genügen den beiden führenden Firmen nicht mehr, um ihre Artikel an die Kunden zu bringen, die sich sportiv geben, ihre Idole aber nicht unbedingt im Sport suchen. Deshalb streckt *adidas* seine Fühler und *Puma* die Krallen gezielt in Richtung Showgeschäft aus.

In Filmen, auf den Bildschirmen und bei Popfestivals tragen die Stars immer häufiger Sportschuhe mit drei Streifen oder dem springenden Puma. Österreichs Popstar Falco jammert um Jeanie und trägt dabei *adidas*-Sportschuhe, Mike Oldfield und Gianna Nannini springen mit *Puma*-Tretern über die Bühne, Roger Chapmann, Udo Lindenberg, sogar Mike Krüger ziehen mit Sportschuhen blödelnd durch die Lande.

Daß sich Jugendliche beim Kauf oft von ihren Popidolen lenken lassen, dafür gibt es handfeste Belege. In der Jugend TV-Sendung *Formel-1* trat Moderator Peter Illmann in einem speziell von *Puma* entwickelten Schuh auf. Anschließend brachte ihn die Firma unter dem Namen *Formel-1* auf den Markt und setzte auf Anhieb 300 000 Paar ab. Bei *adidas* arbeiten zwei PR-Fachleute ausschließlich für den Bereich „Show". Pressechef Rainer Dzösch gibt zu: „Ohne Geld läuft allerdings bei den Stars wenig." Beispiel: Eine Künstleragentur bot den irischen Sänger Chris de Burgh für 250 000 Mark bei *adidas* an. Die Verhandlungen sind noch im Gange. Einig dagegen wurden sich die *adidas*-Leute mit Falco: er hüpfte während seiner letzten Welttournee mit den Drei-Streifen-Schuhen über die Bühnenbretter. Als Nena auf der deutschen Welle noch ganz oben schwamm, verlangte ihr Manager Jim Rakete 80 000 Mark von der US-Firma *Nike.* Und bekam sie. Die Amerikaner starteten damals gerade einen Großangriff auf den deutschen Markt und bezahlten gerne die Summe. Dabei nahmen sie Nena noch nicht einmal in die Pflicht, *Nike*-Schuhe zu tragen. Sie stellten nur eine Bedingung: Sie darf nicht in Konkurrenzprodukten auftreten. Eine bislang tatsächlich einmalige Sponsorenmentalität.

Doch nicht nur Stars aus Sport und Show treten in Sportschuhen allerorten auf. Durch die Popularität der leichten Treter fühlen sich auch Prominente aus der Politik angesprochen. So trägt Frankreichs Regierungschef Chirac *adidas,* wenn er sportelt, und sein spanischer Kollege Felipe Gonzales spielt in dreigestreiften Tretern Fußball. Und auch der erste bundesdeutsche grüne Minister, Hessens Ex-Umweltchef Josef „Joschka" Fischer, ließ sich für den *Spiegel* in *adidas*-Turnschuhen auf dem Titel ablichten. Daß selbst ein grüner Minister unbezahlt Reklame läuft, darüber freuten sich die *adidas*-Leute besonders. Doch nicht nur im Sportartikel- und Freizeitmodenbereich wird expandiert, neue Märkte und Käufergruppen werden gesucht und gefunden: Seit einem Jahr gibt es eine Kosmetikserie namens *adidas.* Die Duftwässer und Deos werden allerdings nicht von Herzogenauracher Sportspezialisten hergestellt, sondern stammen aus dem Hause *Margaret Astor.*

Es läuft gut im Hause *adidas,* die Geschäfte florieren weltweit, die Bilanzen stimmen. Doch es gab auch eine Schlappe: Unglücklicherweise hatte Vater Adi in den Gründerjahren vergessen, die drei Streifen als Warenzeichen gesetzlich zu schützen. Imitationen überschwemmten den Markt und versetzten die *adidas*-Manager ins Grübeln. Die Lösung: ein stilisiertes Dreiblatt mit dem Schriftzug *adidas*. Die drei Streifen sollen künftig nur noch im Sport erscheinen. In dem aufblühenden Modegeschäft wird hingegen das Dreiblatt auf die *adidas*-Herkunft hinweisen.

Herzogenaurach heute: Reichtum schafft Ruhe. Die Lage zwischen den zerstrittenen Parteien hat sich über die Jahre entschärft, man übt sich in friedlicher Koexistenz. Dazu trägt neben der guten Geschäftslage sicherlich auch der veränderte Zweikampfstil der Nachfolgergeneration bei. Die adidas-Erben und Armin Dassler, der *Puma*-Boß und Vorsitzende des Bundesverbandes der deutschen Sportartikelindustrie, giften sich nicht mehr persönlich an. Die Familienstreitereien sind beigelegt. Geschäftlich jedoch wird weiterhin mit harten Bandagen gekämpft. Weltweit.

Als im New Yorker Madison Square Garden im letzten Jahr Boris Becker auf Ivan Lendl traf, da schauten Hunderte von Millionen Zuschauern auf Herzogenaurach – zumindest auf die Produkte, die aus dem Frankenstädtchen kommen. Schließlich stand *adidas* gegen *Puma* im Finale. Und auch wenn damals der blonde Boris das Match verlor, *Puma* war der geschäftliche Sieger. „Unsere Kollektion in Sachen Tennis", sagt *Puma*-Sprecher Udo Dürhorn, „war praktisch unverkäuflich – bis Wimbledon". Da kam Boris Becker. Nach dem Beckertriumph folgte der Becker-Boom. In den zehn Monaten vor Wimbledon gingen ganze 15 000. Der *Puma* machte einen mächtigen Umsatzsprung: 1984 lag der Umsatz weltweit bei 1,5 Milliarden Mark. An die 2 Milliarden waren es Ende 1985, und für 1986 stehen noch bessere Zahlen aus: Es wird mit einer Wachstumsrate von 30 Prozent gerechnet. Verkaufsmanager Günter Brendle: „Wir sind in der Bundesrepublik das am schnellsten wachsende Unternehmen der Branche." Seine Prognose: „Dank Boris Becker werden wir in den nächsten Jahren der absolute Marktführer im Tennisbereich sein. Den Mann läßt sich *Puma* was kosten: die Presse sprach von 10 Millionen Mark und mehr für einen Sechs-Jahres-Vertrag. *Puma*-Chef Armin Dassler wollte die Summe weder bestätigen noch dementieren: „Becker bekommt für diesen Kontrakt gewisse Fixbeträge und Provisionen. Pro verkauften Artikel bekommt er einen gewissen Obolus . . ."

Das hört sich fast schon nach Sozialspende an. Tatsache ist, daß Tennisas Becker für *Puma* Gold wert ist und auch er sich dabei eine goldene Nase verdient. In den USA plant Armin Dassler *Becker-Shops,* „und in Sportgeschäften, die uns nicht gehören, richten wir jeweils eine Beckerecke mit seinen über 50 Artikeln ein". Mittlerweile ist *Puma* an die Börse gegangen, und die Aktien, von Insidern „Beckeraktie" genannt, sind mehr als begehrt. Sie sind auf Gewinnkurs.

Soviel *Puma*-Boom vergrätzt freilich die *adidas*-Konkurrenz. Horst Dassler setzte deshalb auf einen Bereich, in dem adidas schon seit Jahren unangefochten die Nummer eins ist: Fußball. Hier aber geht man neue Wege: Nicht mehr allein der Absatz der Sportartikel steht im Vordergrund, die totale Vermarktung der Ware „Fußball" schafft neue Gewinndimensionen.

Als elf Italiener und elf Bulgaren zum Eröffnungsspiel der Fußballweltmeisterschaft in das Azteken-Stadion von Mexiko-Stadt einliefen, erlebte der stämmige *adidas*-Boß, wie eine Milliarde anderer Menschen auch, das Spektakel am heimischen TV-Gerät. Horst Dassler brauchte damals bei seinem bislang größten Coup gar nicht leibhaftig dabeizusein. Unübersehbar trugen die Fußballer die Zeichen seiner Firma, die drei *adidas*-Streifen, an Füßen und Leib auf den Rasen. Die Italiener jagten in gestreiften Tretern hinter dem Ball her. Die Bulgaren führten der Welt den Herzogenauracher Schick sogar an Armen und Hosenbeinen vor. Der Schiedsrichter achtete auf die Regeln in *adidas*-Kluft. Und selbstverständlich stammte auch der Ball, Marke *„Azteca",* aus dem Hause *adidas.*

Aber nicht nur das. Alle Werbung in der 112 500-Menschen-Arena hatten Dassler und seine Leute gekauft. Der offizielle Film, die World-Cup-Musik bis hin zu den Uhren der Schiedrichter: Horst Dassler hielt nahezu auf allem die Hand, womit in Mexiko Geld zu verdienen war.

Doch Mexiko war nur der Anfang. Wenn im kommenden Jahr in Südkoreas Hauptstadt Seoul die 24. Olympischen Sommerspiele beginnen, werden wieder mindestens drei Viertel der Athleten für *adidas* Reklame laufen. Olympia wird gigantisch vermarktet. Die ehemalige olympische Spitzenfunktionärin Monique Berlioux nannte den verstorbenen Franken einmal den „wirklichen Boß des

Sports" und der Chef der italienischen Sportartikelfirma *Ellesse,* Leonardo Servadio, beschrieb die Philosophie des Horst Dassler kurz und bündig: „Die besteht darin, die ganze Welt zu kaufen."

Tatsache ist, daß der agile *adidas*-Chef quer über den Globus Sportler, Verbände, Funktionäre und Sportjournalisten in ein Beziehungsgeflecht eingebunden hatte, das auf subtile Weise, aber dafür mehr als effizient, seinen Geschäften diente. Dieses Netz ließsich der „Zuckerpapi" der Sportszene, wie das US-Finanzblatt *Wall Street Journal* Dassler einmal genannt hat, eine Menge Geld kosten: 150 bis 200 Millionen Mark gibt *adidas* jährlich aus, um zum Nutzen der eigenen Firma Sportler zu fördern und „Gutes" zu tun.

In *adidas*-Kluft kämpfen Steffi Graf und Ivan Lendl, sprinten Edwin Moses und Zehnkämpfer Daley Thompson; wenn René Weller in den Ring klettert, ist *adidas* ebenso dabei wie bei der Formel-1: Ex-Weltmeister Nelson Piquet bringt seinen Renner in Drei-Streifen-Tretern auf Touren. Und wer weltweit dem runden Leder nachjagt, gleich ob als Amateur oder Profi, der tut das meist mit *adidas.*

Doch die Herzogenauracher kümmern sich nicht nur um die Stars, auch der Unterbau wird berücksichtigt. Da werden Lehrgänge und Trainingslager finanziert, Verbände und Nachwuchssportler gratis ausgestattet. Nicht nur hierzulande, sondern weltweit.

Mit Hilfe von Geld, Schuhen und Sportbekleidung hat Dassler inzwischen nahezu den gesamten Ostblock, angeführt von der Sowjetunion, unter Vertrag. Vor *adidas* macht auch die Internationale nicht halt . . .

Während der vor einem Jahr ausgetragenen Eishockeyweltmeisterschaft in Moskau wehrten sich die russischen Gastgeber zunächst vehement dagegen, daß die Photofirma *Agfa* aufgrund eines Vertrages mit dem internationalen Eishockeyverband gegen ein paar hunderttausend Dollar ihren Namenszug an die Ärmel der Spieler heftete. Daß die Sowjets, wie manche andere Teams schon seit Jahren, mit den drei Streifen über das Eis kurven, stand nicht zur Debatte

Warum auch? Horst Dassler war mit Moskaus Sportminister Marat Gramov herzlich verbunden. Bei Reisen in die Sowjetunion wurde der „Boß des Sports" wie ein hochgestellter Diplomat behandelt. *Adidas* gehört eben dazu – auch im sozialistischen Sowjetreich.

Das weltweite Drei-Streifen-Imperium steht auf zwei Pfeilern: Die Verbindung zu den Sportlern garantiert, daß bei großen Sportereignissen die meisten der Akteure *adidas*-Werber sind; die Kontakte zu den Funktionären sorgen dafür, daß die Sportereignisse ganz nach den Wünschen der Firma adidas angesetzt und vermarktet werden. Der Erfolg dieser Doppelstrategie macht *adidas,* vereint mit weiteren mehr als 20 Tochterfirmen, weltweit zur absoluten Nummer eins im Sport. Die verwandtschaftliche Konkurrenz von *Puma* bleibt dabei weit auf der Strecke.

Besonders die absoluten Spitzenfunktionäre vom Weltfußballverband (FIFA) sowie vom IOC, dem Internationalen Olympischen Komitee, durften mit der besonderen Fürsorge Horst Dasslers und dessen Mitarbeiter rechnen. „Wenn das chinesische Mitglied des IOC, He Schangliang, in Frankfurt landet, um an einer Sitzung teilzunehmen, so wußte *Der Spiegel* zu berichten, „steht selbstverständlich ein *adidas*-Daimler am Flughafen."

Und weiter: „Auch für ein Hotelzimmer ist gesorgt, wenn der Gast aus dem Fernen Osten nicht gleich ins firmeneigene Hotel nach Herzogenaurach transportiert wird – schließlich leiden die chinesischen Reisenden ständig unter Mangel an Devisen."

Das gleiche Ritual wiederholt sich, wenn hoher FIFA-Besuch ins Haus steht. *Adidas* tut alles, damit sich die Funktionärsgäste wohl fühlen. Das schönste aber ist, wie Bill Abrams im *Wall Street Journal* vermerkt hat, daß bei der Abreise nur „selten eine Rechnung zu bezahlen ist."

Doch der *adidas*-Clan ist nicht nur gegenüber Sportlern und Funktionären im beiderseitigen Interesse großzügig, sondern auch gegenüber einer Berufsgruppe, die unbedingt zum Geschäft gehört: den Sportjournalisten. Was wäre schließlich *adidas* ohne die Medien? Erst via Fernsehen und Presse werden die lebenden Littaßsäulen mit den drei Streifen der Kundschaft nahegebracht. Da wäscht eine Hand die andere. Im Klartext: Bei jedem halbwegs wichtigen Sportjournalisten haben die Herzogenauracher Maß genommen, für den Heimgebrauch und als Arbeitskleidung. Seine ganze väterliche Fürsorgepflicht bietet der Konzern aber dann auf, wenn große Sportereignisse in fremden Ländern anstehen. Zur

Olympiade in Los Angeles war eine Hotelhalle angemietet, in der den Journalisten die Sportler und Funktionäre zugetrieben wurden. Service, einschließlich diverser Getränke, selbstverständlich auf Kosten des Hauses. Den Olympia-TV-Zuschauern hierzulande wurde folgerichtig zuweilen ganz flimmerig vor den Augen: Nahezu jeder Athlet, der ins Studio kam, trat in *adidas*-Kluft an. Die TV-Welt bestand nur noch aus drei Streifen. Hätte das Unternehmen diese Werbung in den üblichen 30-Sekunden-Spots des Werbefernsehens zahlen müssen, wäre der Bankrott nahe gewesen. So aber gab es Werbung live – rund um die Uhr. Zum Billig-Tarif.

Und weil das alles so wunderbar klappt, dürfen noch einige auserwählte Sportmoderatoren wie der saarländische Platitüdenkönig Werner Zimmer sich hier und dort noch ein gutbezahltes Zubrot verdienen. Zum Beispiel als Sprecher am *adidas*-Stand auf der jährlich stattfindenden Sportartikelmesse, der Ispo in München. Dort interviewt Zimmer dann die alte *adidas*-Riege, wie den Alt-Internationalen Fritz Walter, „uns Uwe" Seeler oder Franzl Beckenbauer. Sie alle stehen selbstverständlich auch in *adidas*-Diensten, vollberuflich: als Generalvertreter oder eben „Repräsentant". Gut dotiert, versteht sich. Eng liiert ist das Haus *adidas* auch mit einem Mann namens Karl-Heinz Huba aus München. Der gibt einen Branchendienst mit dem Titel *sport intern* heraus. Darin kann man nachlesen, welcher Funktionär wo was werden wird. Funktionsklatsch, aber für die Szene unentbehrlich wie für die Wirtschaftsmanager die Börsenzeitung. Die adidas-PR-Macher versorgen Meinungsmacher Huba mit exklusiven Informationen und kaufen ihm zugleich einen Teil der Auflage ab, um den Dienst weltweit unter die große *adidas*-Familie zu verteilen. Keine Frage: Das globale Geschäft mit dem Sport haben die Franken mit ihrem weitverzweigten Firmenimperium in der Hand. Ihr Werbe- und Gönnerbund hat überall die Hände mit im Spiel. Besonders dann, wenn große Kasse zu machen ist: bei sportlichen Großereignissen, die weltweit Interesse finden. Dann wird der Sport vermarktet, verkauft als Ware.

Voraussetzung ist der Besitz der Verwertungsrechte. Um diese zu bekommen, sind gute Kontakte, wohlwollende Fürsprecher und vor allem „gute Freunde" gefragt. Und die hat das Haus *adidas* weltweit. Zum Beispiel IOC-Präsident Juan Antonio Samaranch.

Ein wahrer Freund des Konzerns, zudem ein Mann, der alle Voraussetzungen für eine flexible Geschäftspartnerschaft mit sich bringt. Samaranch versteht das Olympiamotto als Aufforderung, schneller, höher und kräftiger Geld mit dem Sport zu verdienen.

Der Spanier hat eine wechselvolle Karriere hinter sich: 1920 in Barcelona geboren, vertrat er im Bürgerkrieg zunächst die republikanische Sache. Als Franco gewinnt, ist er auf der Seite des Diktators zu finden und steigt in hohe staatliche Ämter auf. Kaum ist der Generalissimus tot, präsentiert sich Samaranch als tadelloser Demokrat und wird gar spanischer Botschafter in Moskau. Ein Mann also, der jede Karriereleiter beherrscht. Ganz oben, am Ziel seiner Wünsche ist er 1980 angelangt: Während der Olympischen Spiele in Moskau wird er zum neuen IOC-Präsidenten gewählt.

Viele Insider meinen: weitgehend mit Hilfe von Horst Dassler, dessen Einfluß auf die Funktionäre, vor allem der FIFA-Fraktion mit ihrem Präsidenten Havelange an der Spitze. Auch der Brasilianer ist freilich ein Dasslerintimus.

Der Ire Killanin läßt später zu den Moskauer Wahlereignissen einen düsteren Satz fallen: „Ich war der Überzeugung, daß der Posten des IOC-Präsidenten nicht käuflich sein sollte."

Mit der Wahl des Spaniers begann im olympischen Sport eine neue Ära. Das IOC änderte bald seine Regularien in wichtigen Punkten. So dürfen künftig – mit kleinen Einschränkungen – auch Profis an den Spielen teilnehmen. „Dabeisein ist alles", dieser hehre Grundsatz von Olympia-Vater Pierre de Coubertin, gehört völlig der Vergangenheit an. Olympische Spiele unter Samaranch und seinem Mitstreiter Dassler sind keine „Spiele der Begegnung und des Friedens", sondern einzig ein Festival des Dollars, der Industrie, des Kommerzes.

In Genf, wo der machtvolle IOC-Präsident residiert, geht es denn auch zu wie in der Chefetage eines Wirtschaftskonzerns. Jährlich verpulvert der Spanier einen Etat von 1,5 Millionen Schweizer Franken, fliegt im Privatjet zu Sitzungen in alle Welt, immer unterwegs in Sachen Sport, das heißt in geschäftlichen Angelegenheiten.

Doch Samaranch gibt nicht nur aus, er schafft auch an. Der ergiebigste Geldquell für das IOC und seine Verbände sind vor allem die Fernsehrechte der Olympiade. Für ganze 7,5 Millionen

Mark gingen die Fernsehrechte 1972 in München weg. Die US-Fernsehgesellschaft ABC will allein für die Winterspiele 1988 in Calgary über 300 Millionen Dollar bezahlen.

Die sonstigen Vermarktungsgeschäfte mit den fünf Ringen übernimmt ein noch recht junges Unternehmen: die *ISL-Marketing* AG mit Sitz in Luzern in der Schweiz. Allein die Geschäfte mit den kommenden Sommerspielen in Seoul sollen runde 200 Millionen Dollar einbringen. Unter Ausschluß der Öffentlichkeit und möglicher weiterer Konkurrenten bekam die *ISL* den lukrativen Zuschlag. Wen wundert es, daß hinter der Luzerner Marketingzentrale einmal mehr der verstorbene Dassler stand.

So hat sich nun Präsident Samaranch für so manche Unterstützung aus dem Hause Dassler auf altbewährte Weise bedankt. Und obendrein gab es gar noch einen Orden: In Herzogenaurach – wo sonst? – überreichte der geschäftige IOC-Präsident seinem Freund Dassler den „Olympischen Orden". Für allerlei Verdienste – im Sinne des Wortes . . .

So wäscht eine Hand die andere, bleibt alles im kalkulierten Machtgefüge. In dem anachronistischen Reich des IOC, das Fidel Castro einst als „Mafia aus Grafen, Prinzen, Millionären und Weißen" bezeichnete, geht alles seinen gewohnten olympischen Funktionärs-Gang. Die inzwischen 90 Mitglieder, die nur denjenigen aufnehmen, der ihnen genehm ist, und nicht etwa Abgesandte jeder sporttreibenden Nation der Erde, haben sich eine skurrile Satzung gegeben: Wer einmal gewählt ist, darf bis zu seinem 75. Lebensjahr Mitglied bleiben. Kaufmann Dassler hatte also auf lange Sicht investiert.

Aber nicht nur olympische Geschäfte interessierten Horst Dassler. Ihm gelang es, auch die Vermarktungsrechte für die zurückliegende Fußballweltmeisterschaft in Mexiko zu übernehmen. 45 Millionen Schweizer Franken garantierte Dasslers *ISL* an Havelanges FIFA. Für insgesamt mehr als 200 Millionen Franken verkaufte Dassler dann die Rechte an elf multinationale Firmen weiter.

Vier nordamerikanische, drei europäische und vier Konzerne aus dem Fernost kamen für den großen Werbekuchen auf und durften sich offiziell „Sponsor" nennen: *Gillette* (Rasierapparate), *Reynolds* (Zigaretten), *Bata* (Schuhe) und Getränkegigant *Coca-*

Cola aus den USA; aus Japan *Canon* (Kameras), *JVC* (Videogeräte), *Seyko* (Uhren) und *Fuji* (Filme); aus Europa *Cinzano* (Getränke), *Philips* (Elektro) und – als einziges deutsches Unternehmen Autohersteller *Opel.*

Sie hatten das Recht, im Stadion Bandenwerbung zu machen und auch in Anzeigen für ihre Produkte als offizielle WM-Sponsoren zu werben.

Keine Frage: Ein Paket, reich gefüllt mit großen Scheinen, für den Fußball-Weltverband und für die *ISL* geschnürt.

Da Horst Dassler für Geschäfte dieser Art schon sehr viele *adidas*-Schuhe hätte verkaufen müssen, leuchtet es ein, daß ein Großteil seiner Arbeitskraft für die Pflege der Sportfunktionäre und die weltweite Sportpolitik reserviert war.

Erwin Stricker, einst Skirennläufer und heute selbständiger Public-Relations-Mann im Sportbereich, wird vom *Spiegel* zitiert: „Der hat bessere Beziehungen als die Mafia." Möglich, daß dies ein Kommentar der zu kurz gekommenen Konkurrenz ist. Doch Tatsache ist, daß Dassler mit seiner offensiven Vermarktungsstrategie unter altvorderen Sportfunktionären und Managern nicht nur Freunde hatte. „Der will alles kontrollieren", sagte der langjährige Ruderpräsident, der Schweizer Thomas Keller, der sich mittlerweile resigniert von seinen diversen Ämtern zurückgezogen hat. Doch einen Mann wie Dassler und im Gefolge seine geschäftstüchtigen Strategen focht das nicht an. Er und seine Profis haben den Sport mit den Werbemillionen der Industrie völlig unter Kontrolle genommen. Ob Olympia, Fußball-WM oder ein anderes sportliches Großereignis – fast alles läuft nach seiner Regie und der der Industrie ab.

In der Sportszene hatte der erfolgreiche Franke bis zu seinem Tode lediglich einen halbwegs ebenbürtigen Widersacher: den 56jährigen Amerikaner Mark McCormack. „Mark the Shark" (der Haifisch), wie die Branche den gelernten Rechtsanwalt nennt, ging allerdings einen anderen Weg als Dassler. Während der *adidas*-Mann den Amateursport bei dessen allmählicher Professionalisierung begleitete, stieg McCormack von oben ein: Er nahm gleich Profis unter Vertrag. Er sorgt für lukrative Werbeverträge aus der Industrie für seine Stars, gegen 25 bis 30 Prozent; und die können sich allein auf das konzentrieren, was ihr Job ist, den Sport. Mittlerweile setzt er jährlich zwischen 250 und 500 Millionen Dollar mit der Vermarktung seiner Topleute um. Genauere Zahlen gibt er nicht preis. Warum auch? Bei ihm sind fast alle Tennisgrößen unter Vertrag, ebenso wie die besten Profi-Golfer der Welt. Boxer wie Muhammed Ali gehörten dazu, Formel-1-Weltmeister Jackie Stewart ließ sich von McCormack betreuen. Der Amerikaner, der auch im großen Stil Fernsehrechte handelt, bestimmt den Werbewert großer Sportereignisse mit: Wenn McCormacks Stars absagen, bezahlt die Industrie weniger Geld.

Kenner der Szene prophezeien in den kommenden Jahren Auseinandersetzungen zwischen der McCormack- und Dassler-Gruppe. Es geht um Marktanteile, um Geld – um viel Geld.

Und ein dritter Konkurrent tut sich auf: Für viele Multikonzerne wird der Sport immer mehr zum idealen Transportmittel ihrer werbenden Botschaften. Zum einen gewinnt der Sport ständig an Popularität in unserer Freizeitgesellschaft, zum andern bietet der Globus keine größeren Fernsehspektakel als Fußballweltmeisterschaften oder Olympische Spiele. Big Business könnte also auf die Idee kommen, daß es das Geschäft besser allein macht – die Drei-Streifen-Herren aus Herzogenaurach und ohne den smarten Mark McCormack aus den USA.

„Ich verstehe nicht viel vom Sport,
aber um so mehr von der Werbung."

Günter Mast, Sponsor

Die Industrie gewinnt immer oder: Sportler, Sponsoren und die Ware Sport

In der Vorstandsetage der Deutschen Bank gilt Eckart van Hooven als Tennisfan. Als er eines Morgens das Thema Tennis sogar auf die Tagesordnung einer Vorstandssitzung setzen ließ, schien dies seinen Kollegen doch zuviel des Guten. Aber dem Banker, im Vorstand für Werbung zuständig, ging es nicht um eine Betriebsmeisterschaft, sondern um Größeres. Ausländische, insbesondere amerikanische Banken, so wußte van Hooven der Runde zu berichten, bemühten sich, den deutschen Tennishelden Boris Becker als Werbepartner unter Vertrag zu nehmen. Das nun gelte es zu verhindern.

Die zunächst verdutzten Kollegen waren von dem Plan recht angetan: Bereits wenige Wochen später unterzeichneten Beckers Manager Ion Tiriac und Eckart van Hooven einen Werbevertrag. Für drei Millionen Mark macht der Wimbledonsieger drei Jahre lang für die Bank Reklame, damit die junge, aufstrebende Kundschaft auch zu den Filialen der *Deutschen Bank* findet.

Schwimmweltmeister Michael Groß ist in ähnlicher Sache bereits seit längerem im Einsatz. Für die *Frankfurter Sparkasse von 1882* wirbt er auf großflächigen Plakaten mit dem Spruch: „Das Girokonto zum Nulltarif war für mich eine tolle Starthilfe." Die Werbeleute von der Dresdner Bank setzen nicht auf hochbezahlte Stars, sondern auf Breitenwirkung. Die bundesdeutschen Radamateure kämpfen seit Jahren um das gutdotierte „Grüne Band"; außerdem gibt es Jahr für Jahr das „Festival der Pedale", mit dem die *Dresdner Bank* um neue Kunden wirbt. Einige Sparkassen werben auf den Trikots von Fußballmannschaften, etwa den der augenblicklichen Zweit-Bundesligisten Hessen Kassel und Darmstadt 98. Auch die Raiffeisen- und Volksbanken stehen nicht im Abseits und werben kräftig im Sportbereich, vor allem im Leichtathletikbereich. Auf die großen Stars verläßt sich dagegen die expansive Kreditkartenbranche. Zwei der bekanntesten Repräsentanten: Franz Beckenbauer und Golfer Bernhard Langer. Schon vor mehr als zehn Jahren knüpfte *American Express* die ersten Sport-Werbe-Kontakte, der *Diners Club* folgte 1985, und auch die anderen Kreditkartenanbieter drängen neuerdings in den werbewirksamen Sportbereich.

American Express betrachtet die Förderung sportlicher und kultureller Ereignisse als „Teil seiner Verantwortung der Öffentlichkeit und auch seinen Kunden gegenüber". Doch hinter dem sozialen Anstrich verbergen sich ausschließlich geschäftliche Interessen, was sonst? *American Express* ist vor allem in den Sportbereichen präsent, wo sich gut verdienende Leute tummeln: Golf, Reiten, Skifahren, Tennis.

So wird nicht nur der deutsche Super-Golfer Langer weltweit von *American Express* gesponsert, sondern auch so bekannte Golfereignisse wie das *US-Masters-Turnier* oder die *German Open.* Auch im Tennis *(Bavarian Open)* und im Pferdesport ist die Kreditkartenfirma dabei: Beim *Galopp-Derby* in Hamburg-Horn stiftete das Unternehmen 1985 erstmals den Hauptpreis.

Mit Ex-Kicker Franz Beckenbauer als Reklamemacher und einem eigenen *Diners-Club-Skiteam* folgt die älteste Kreditkartenorganisation dem Vorbild der Konkurrenz. Riesenslalomweltmeister Markus Wasmeier macht „für knapp 100 000 Mark" ebenso auf der Piste Werbung für *Diners Club,* wie der Österreicher Peter Wirnsberger und das Schweizer Ski-As Karl Alpinger. Seit Sturzhelme, Mützen und Stirnbänder der Rennläufer mit Werbung bestückt werden dürfen, kommt es vor allem auf die Kameraleute an; denn die rasende Fahrt läßt telegenes Werben nur im Start- und Zielbereich zu. Die Skibretter nach oben, die werbewirksame Kopfbedeckung in Richtung Kamera – so präsentieren sich in Sekundenschnelle die Rennläufer nach dem Zieleinlauf. Manchmal fragt sich der TV-Zuschauer, ob es auch hierfür Rekordzeiten gibt?

Aber nicht nur Banken und Kreditkartenfirmen haben den

Sport für sich entdeckt. In einer Serie zum Thema „Wirtschaft und Sport" hat der Autor Claus-Dieter Gerke in der *Frankfurter Allgemeinen Zeitung* das Sportengagement großer Unternehmen untersucht. Danach investierten Unternehmen der verschiedensten Wirtschaftszweige allein im Jahr 1985 mehr als 150 Millionen Mark in die Sportwerbung. Das war ein neuer Rekord für die Bundesrepublik. „Doch macht es vom gesamten Werbekuchen nur ein Prozent aus", so Gerke, „denn der betrug hierzulande 1985 15 Milliarden Mark."

Das meiste Werbegeld fließt in die Sportart, die auch in der Gunst des Publikums vorne liegt: Fußball (75 Millionen Mark). Es folgen überraschend der Reitsport (Galopp, Trab, Springen) mit rund 30 Millionen Werbe- und Sponsorengeldern. Ski (15 Millionen Mark) und Tennis (10 Millionen Mark) finden sich auf den nächsten Plätzen. Dann folgen Leichtathletik, Handball, Golf und Eissport. Unberücksichtigt blieb in dieser „Hochrechnung" der Bereich Motorsport, der allein noch einmal mit mehr als 150 Millionen Mark anzusetzen ist. Angesichts der Erfolge von Boris Becker wird es sicherlich in den kommenden Jahren eine Steigerung im Tennisbereich geben, ebenfalls im Golfsport.

Freilich, diese Aufstellung gilt nur für die Bundesrepublik. In anderen Ländern stehen andere Sportarten im Werbeetat der Sponsoren weit vorne. Es gilt die Regel: „Wir investieren dort, wo wir viele Leute erreichen, die unsere Produkte kaufen." In den Staaten ist Football auf Rang eins der Werbeindustrie, in Frankreich und Belgien der Radsport ein beliebter Reklameträger, in England der Pferdesport. Fußball ist – vor allem in Europa – überall beliebt. Aber es muß nicht immer „Masse" sein. Auch für kleine exklusive „Zielgruppen" lohnt es zu werben. Golf und Polo etwa, zwei Sportbereiche, sind auch für Branchen interessant, die statt Massenartikeln teure Produkte anbieten. Für alle aber ist gleichermaßen wichtig, daß die Medien mitmachen.

„Ohne Fernsehübertragungen gibt es keine Sponsoren für Großveranstaltungen. Ohne Sponsoren aber kann nichts mehr finanziert werden", stellt Claus-Dieter Gerke in seiner Untersuchung fest. Tatsache ist: Im Golf kommen nur zehn Prozent der Einnahmen von den Zuschauern, im Tennis und Reitsport allenfalls fünfzig Prozent, im Fußball gerade ein Drittel. Ohne Industrie geht also nichts im Sport. Und die Industrie – vom Sport wird später noch die Rede sein – hat sich darauf eingerichtet. Sie nennt es „Sportförderung“, „Sponsorship“, „Sportpartnerschaft“, „Kooperation“ oder sehr fein und zurückhaltend wie die PR-Manager von *American Express,* „Teil ihrer Verantwortung der Öffentlichkeit gegenüber“. Ganz gleich, welcher Begriff gewählt wird, die Industrie hat nur eines im Sinn: Über den Sport ihre Produkte bekanntzumachen und zu verkaufen.

„Wir suchen in Veranstaltern starke Partner, deren Turniere ein gutes Image haben“, begründet ein Mitarbeiter des Schweizer Uhrenfabrikanten *Ebel* sein Engagement bei den *Internationalen Deutschen Tennismeisterschaften* in Hamburg. Richtigerweise hätte der Werbemann noch folgenden Satz hinzufügen müssen: „Weil wir von diesem Image profitieren wollen.“ Herausragende sportliche Ereignisse sind ebenso wie die Sportprominenz ein idealer Multiplikator für den Bekanntheitsgrad von Produkten und Firmennamen.

Schauen wir also hinein in das Riesengeschäft zwischen Wirtschaft und Sport, zwischen Sponsoren und Stars! Wer mischt alles mit bei diesem Deal, der längst nichts mehr zu tun hat mit dem einstigen Mäzenatentum, sondern nur noch eines ist: knallhartes Geschäft?

Einer, der diese Philosophie rechtzeitig verstanden hat, ist Ion Tiriac, der rumänische Manager von Boris Becker. Eines Tages erschien er in der Chefetage der Rüsselsheimer *Adam Opel AG,* um einen Deal anzudienen. „Mein Schützling“, hob er an, „wird am 22. November 18 Jahre alt. Dann soll er ein Auto bekommen. Warum nicht einen Opel?“ Gleich wird Tiriac um einen Preisnachlaß feilschen, dachten die Opelleute. Das ist üblich. Wer prominent ist, ob Sportler oder Schauspieler, zahlt weniger. Tiriac aber feilschte nicht; er forderte: „Autotyp nach Wahl – kostenlos. Und dafür, daß Boris Ihr Produkt steuert, zahlen Sie zwei Millionen Mark.“

Den Automanagern glitt der Federhalter aus der Hand. Macht der Mensch Scherze? Oder ist er verrückt geworden? Das Gespräch fand nämlich statt, bevor Boris Becker in Wimbledon seinen ersten Sieg feierte, als er ein aufstrebender Spieler war, aber noch kein absoluter Tennisstar. Mittlerweile weiß man bei Opel:

Tiriac hat nicht gescherzt. Mittlerweile ist der Preis explodiert. Wer Becker das erste Auto stellen und den Werbesegen abschöpfen darf, der kommt mit zwei Millionen Mark nicht mehr aus. Nicht mal mehr mit fünf Millionen. Ein Auto mit dem guten Stern aus Untertürkheim wurde Becker zwischenzeitlich schon ins heimische Leimen gefahren. Als Geschenk des Hauses, ohne jede Verpflichtung. Doch ob Becker das noble Gefährt auch gebrauchen wird, steht noch nicht fest. Sein Manager ist noch im Gespräch mit weiteren Autoherstellern, die alle nur eines wollen: mit Boris Becker für ihr Produkt werben. Wer endgültig den Zuschlag erhält, steht noch offen. *BMW* pokert mit, *Lancia* und *Fiat* wedeln mit Dollarbündeln. Favorit freilich ist *General Motors* aus den USA. Acht Millionen Mark Gage sind im Gespräch.

Mit diesen Summen stoßen Becker und sein Manager Tiriac in Bereiche vor, die bislang unvorstellbar waren.

Selbst wenn diesmal der blonde Boris als Zugpferd auf einer amerikanischen Kühlerhaube thront, auch die deutschen Autohersteller haben längst die Imagepolitur durch bekannte Größen erkannt. Bislang allerdings ging der Deal unter dem Slogan „verleihst Du unserem Produkt den Glanze Deiner Prominenz, leihe ich Dir ein Auto“, noch ohne Geld über die Werbebühne. *Lancia* mußte, das war bislang die Ausnahme, Franz Beckenbauer 200 000 Mark pro Jahr überweisen, dafür düste er italienisch durch deutsche Lande. Jetzt pendelt er allradgetrieben zwischen Wohnstatt Kitzbühel und dem Rest der Welt: mit einem Audi Quattro Sport. Dafür zahlt *Audi* nichts, schenkte dem Herrn Teamchef aber das Auto. Listenpreis 205 000 Mark.

Zehnkämpfer Jürgen Hingsen fuhr lange Zeit einen *Opel Senator,* Trainer Udo Lattek chauffiert einen *Jaguar,* Michael Rummenigge einen *Alfa Romeo.* Alle kostenlos. In Hamburg fährt eine ganze *Lancia*-Armada mit HSV-Spielern durch die Stadt – 15 Autos. Die Stars mit einem Turbo unterm Hintern, die Ersatzspieler mit kleineren Modellen. Und am Auto werben sie mit dem HSV-Emblem und Aufschriften, wie *„Thomas von Heesen fährt Lancia“. VW* hat fünfzig Golf, meist spritzige GTI-Modelle, an prominente Sportler ausgeliefert. Kanu-Olympiasieger Uli Eicke und Zehnkämpfer Sigi Wentz gehören zu den Privilegierten. Und auch Audi ist dabei: Am Steuer eines Audi 80 GTE Quattro mit

Katalysator werden bundesdeutsche Spitzensportler aller Disziplinen demnächst zum Training oder Wettkampf fahren. Das beim Händler rund 34 000 Mark teure Gefährt wird den Athleten von der *Audi AG* in Ingolstadt im Rahmen eines Vertrags mit der Deutschen Sporthilfe kostenlos zur Verfügung gestellt. Dr. Wolfgang Habbel, Vorstandsvorsitzender der *Audi AG,* hatte das Geschenk als eine „Notwendigkeit des Engagements der bundesdeutschen Wirtschaft zugunsten des Sports" deklariert. Freilich sind die Ingolstädter nicht so selbstlos; das machte die auffällige Werbung bei der Pressekonferenz („*Audi* – Partner der Deutschen Sporthilfe") deutlich sowie die Tatsache, daß in den – freiwilligen – Abmachungen zwischen dem Konzern und den Sportlern gelegentliche Autogrammstunden vorgesehen sind.

Die PR-Manager von *Daimler-Benz* fahren ebenfalls auf der Prominentenschiene. Allerdings nicht ganz zum Nulltarif: Fußballnationalkicker von Rang kaufen mit 25 Prozent Rabatt. Bis zu 30 Prozent bekommen die Formel-1-Piloten. Sie müssen sich nur verpflichten, das Auto mindestens ein halbes Jahr zu fahren. Wer da pro Jahr zwei 120 000-Mark-Autos ersteht und verkauft, verdient schon mal 50 000 Mark per anno nebenher. Mercedes kann dafür dezent verkünden: „Die Formel-1 fährt Mercedes." Ein Slogan, der den Daimler-Werbeleuten das Geld wert ist.

Der schwäbische Konkurrent *Porsche* betrachtet Sportförderung als „Öffentlichkeitsarbeit im Sinne von Sympathiewerbung", wie es Porsche-Mitarbeiter Manfred Jantke nennt. Kundenanalysen haben den Stuttgartern die Gewißheit verschafft, daß Tennis der beliebteste Sport unter Porsche-Fahrern ist. Was lag näher, als ein Tennisturnier zu sponsern? Das Damentennisereignis der Saison findet denn auch alljährlich als *„Porsche-Grand-Prix"* im nahen Filderstadt statt. Dort kämpfen die weltbesten Damen nicht nur um 175 000 Dollar Preisgelder, sondern als besonderes Bonbon winkt der Siegerin ein Cabriolet des Porsche 911.

Daß Tennis die richtige Zielgruppe ist und darüber hinaus in den Medien besonders gut placiert ist, weiß auch Automobilhersteller *Volvo.* Die Schweden ließen sich die Tennis-Grand-Prix-Serie (78 Turniere in aller Welt) bislang mehr als 5 Millionen Dollar kosten. Und auch der Weltcup der Springreiter trägt seit 1984 den Namen Volvos.

Im Fußball und im Tennis sieht auch die *Adam Opel AG* ein Feld, verlorenes Marktterrain beim Absatz zurückzugewinnen. Besonders im Fußball der Spitzenklasse ist *Opel* seit 1985 am Ball. Die Trikotwerbung mit dem französischen Meister *Girondis Bordeaux* ist ebenso eine Investition in Millionenhöhe wie mit *Fiorentina Florenz, Feyernoord Rotterdam* oder *Standard Lüttich*. Flankiert wird die „Werbung am Mann" durch Bandenwerbung für die Modelle *„Kadett"* und *„Corsa"*.

Anstelle des Spitzensports stehen die Händlerengagements bei den Herstellern *Jaguar* und *Lancia* ganz im Zeichen der Kundenbindung. *Jaguar* richtet hierzulande sogenannte *„Golf-Days"* aus – mit Bernhard Langer als Schirmherr. Langer ist auch einer der wenigen Sportstars, die *Jaguar* direkt sponsert. *Lancia*, einst Co-Sponsor bei der *Lufthansa-German-Open* im Golf, wickelt seit 1984 die Meisterschaften von mehr als 1500 Tennisvereinen ab und stiftet dafür einen „Lancia-Cup". *Lancia* selbst bezeichnet die Veranstaltung als „größtes Breitensportturnier" in der Bundesrepublik.

Am meisten aber steckt die Automobilindustrie in den Motorsport: zwischen 150 und 200 Millionen. Genaue Zahlen gibt es nicht.

Doch auch diese Millionen scheinen nicht leichtfertig ausgegeben. Noch immer profitiert der Automobilsport von einer besonderen Faszination, die die Menschen erfaßt, wenn große Renntage anstehen. Gleich ob Formel-1, Rallye- oder Bergrennen – die Massen sind begeistert. Und wo so viele Menschen – gleich ob an der Rennstrecke oder am TV – dabei sind, lohnt sich jede Werbemark. Tausende von jungen Maiers und Schmitts sehen sich im Geiste als Niki Lauda. Sie identifizieren sich nicht nur mit dem Fahrer, dessen Automarke, sondern – unbewußt – auch mit den Sponsorfirmen.

Die Ausstrahlung des Sports wird auf das Bild des Produkts in der Öffentlichkeit übertragen. „Wir setzen darauf, daß unsere Marke vom positiven Image des Sports profitiert und wir das Image unseres Unternehmens aktualisieren, modernisieren und dynamisieren." In der Sprache der Marketingbranche verdeutlicht Dieter Koch von der *Bayer*-Tochter *Agfa* die Erwartung. Die Leverkusener beziffern ihre jährlichen Werbemittel für den Sportbereich auf

6 Millionen Mark. *Agfa* setzt nicht auf den Automobilsport, sondern investiert vor allem im Bereich Fußball und Eishockey.

Bei der Eishockeyweltmeisterschaft im sozialistischen Prag trug das kommunistisch angeführte Kollektiv der DDR das gleiche Hemd mit den drei Streifen wie die Teams aus USA und Kanada. Oben am linken Ärmel prangte bei Erich Kühnhackl der gleiche Schriftzug wie beim sowjetischen Torjäger Sergej Makarow. Und alle – Sportler aller Länder vereinigt euch, wenn das Geld es befiehlt – rasten mit dem Schriftzug *Agfa* übers Eis.

Der Vertrag mit dem Internationalen Eishockeyverband gilt für zehn Jahre und ist mit jährlich 1,5 Millionen Mark dotiert. Dafür darf *Agfa* die Veranstaltung jeweils „total" werbemäßig nutzen: vom Trikot über die Bande bis hin zur Eintrittskarte und dem Programmheft. „Eishockey ohne Agfa ist wie ein Puck ohne Eis", formuliert ein Insider.

Und auch beim Leichtathletik-Europa-Cup in Moskau liefen die Weststars und Ostidole einträchtig wieder mit *Agfa* auf der Startnummer durchs Leninstadion. Rolf Ley, Sprecher der Firma *Agfa-Gevaert,* zum Engagement in Sachen Sport: „In Deutschland sind wir bekannt, aber weltweit haben wir doch noch einen Nachholbedarf." Deshalb war *Agfa* für 2 Millionen im fernen Mexiko präsent, wenn die deutschen Kicker ins Stadion einliefen. Und auch bei heimischen Länderspielen ist der Fotokonzern immer im Bild. Der DFB läßt Pressefotografen nur mit „*Agfa*-Leibchen" zu, was bereits zu heftigen Kontroversen zwischen dem Verband Deutscher Sportjournalisten und dem DFB geführt hat. Ein Fotoreporter: „Ich mache doch meine Arbeit nicht als laufende Litfaßsäule . . ." Es wird dem Mann nichts anderes übrigbleiben.

Aber nicht nur *Agfa* ist beim Sport mit dabei, auch die Mutterfirma, der Chemiekonzern *Bayer,* nutzt die Möglichkeiten der Sportwerbung. Bereits seit Mitte der fünfziger Jahre engagiert sich das Leverkusener Stammunternehmen im Spitzensport. Schon damals gab es kein Leichtathletikfest, keine Meisterschaft und kein Olympia, bei denen die „Industrieamateure" von *Bayer* nicht die großen Medaillenabräumer waren. Seit 1960 sammelten *Bayer*-Sportler bei Olympischen Spielen 5 Gold-, 9 Silber- und 8 Bronzemedaillen. Hinzu kommen 25 Weltrekorde, 28 Europameistertitel und über 700 deutsche Meisterschaften. Dies ist einmalig für einen Verein in der Bundesrepublik. *Bayer Leverkusen* hat seit Jahren die gesamte Leichtathletik-Elite angelockt. Geboten werden Berufsausbildung und Arbeitsplatz – und viel Zeit zum Training auf den firmeneigenen Anlagen. Dafür laufen die Sportler gerne für den Konzern Reklame, zumal alles ordentlich bezahlt wird. Gehälter und Zusatzhonorare stimmen. Auch den Fußballprofis von *Bayer 04 Leverkusen* und *Bayer 05 Uerdingen* garantiert das Bayer-Kreuz auf dem Trikot ein überdurchschnittliches Einkommen und für das Leben nach der aktiven Kickerei eine gesicherte Existenz. Für die Unterstützung des Sports im allgemeinen und für die Förderung der Spitzensportler im besonderen wendet das Unternehmen 0,05 Prozent der Personalkosten auf. Das hört sich mickrig an, aber bei einem Umsatz von über 20 Milliarden Mark sind das runde 10 Millionen Mark im Jahr.

Da möchten andere Chemiegiganten nicht nachstehen. Auch sie merken mittlerweile, welch guter Partner der Sport für die Absatzförderung der Produkte ist. Die *Badischen Anilin- und Soda-Werke,* Ludwigshafen – kurz *BASF*–, transportieren den alpinen Ski-Weltcup für drei Millionen Mark talwärts über den Schnee. Vertragsdauer: 5 Jahre. Personenbezogene Werbung wird im Marketingkonzept abgelehnt. Ausnahmen bilden sogenannte „kleine Verträge", etwa mit Boris Becker oder Steffi Graf. „Beide sind im Einzugsbereich zu Hause", erklärt Dr. Axel Gietz von der Presseabteilung. Boris Becker ist mittlerweile wieder abgesprungen. Seinem Manager war der „kleine Vertrag" nach dem ersten Wimbledonsieg doch etwas zu klein, und da die *BASF*-Werbeleute die Forderungen von Tiriac überhöht fanden, kam es zu keiner neuen Zusammenarbeit. Aber ansonsten sind die PR-Mitarbeiter von *BASF* eifrig bemüht, im Sportmarkt weiter Werbemillionen zu investieren. Um zu kontrollieren, ob sie mit ihrer Sportwerbung auch auf dem richtigen Wege sind, bedienen sie sich eines sogenannten „Monitoring Systems". Damit werden die Kommunikationseffekte ständig gemessen. Die *BASF*-Leute wollen wissen: Wie schlägt sich die Werbung auf dem Markt nieder?

Chemiekonzern *Hoechst* ist mit einem geschätzten Sportetat von etwa 3 Millionen Mark aktuell im Bereich Volleyball, Marathon, Bundesligafußball und im Eishockey (beidemal die Mannschaften von Eintracht Frankfurt) dabei. Den Anfang machten die Hoechster schon 1980. „Als Faserfabrikant brauchten wir eine Sportart mit erkennbarer Affinität zur Bekleidung und Mode", so ein PR-Mitarbeiter. Entsprechend entschied sich das Unternehmen für den Tennissport. Das Internationale Frankfurter Hallentennisturnier lockte die besten Tennisspieler der Welt und trug den Namen der Faser *Trevira*. Ähnlich wirkungsvoll verlief die Trikotwerbung für ein Produkt der Tochterfirma *Kalle*. Mit Hilfe der Bundesligafußballer von Eintracht Frankfurt wurde der Telekopierer *Infotec* in der ganzen Republik schnell bekannt. Und weil die Hoechster merkten, daß Laufen groß in Mode ist, sind sie Sponsor von Deutschlands größtem Läuferereignis: dem *Hoechst-Marathon* (9000 Teilnehmer). Dafür mußte das Unternehmen zuletzt mehr als 1,5 Millionen Mark investieren. Viel Geld und ein Grund, künftig nur noch alle zwei Jahre dieses werbewirksame Spektakel durchzuführen. „Die Kosten sind sehr hoch", so ein *Hoechst*-Mitarbeiter, „doch streichen wollen wir dieses Laufereignis nicht. Der *Hoechst-Marathon* hat eine enorme Breitenwirkung, und auch die Medien haben diese Veranstaltung mittlerweile angenommen." Nun, dann kann ja nichts mehr passieren. Wo die Medien, allen voran das Fernsehen, mit dabei sind, ist der eigentliche Zweck solcher Sportwettkämpfe für den Sponsor erreicht. Motto: „Lieber 30 Minuten *Hoechst-Marathon* in der Sportschau als 30 Sekunden Werbespots am Abend. Das ist werbewirksamer und vor allem billiger."

Das hat auch eine Branche erkannt, die ohnehin seit Jahren zur Grundausstattung im Sport gehört: die Computerindustrie.

Für sportliche Großveranstaltungen im Motorsport, im Eiskunstlaufen, bei Leichtathletikmeetings oder Skirennen werden die Ergebnisse durch Computer in Sekundenschnelle ausgewertet. Kein Wunder also, daß Computerhersteller den Sport verstärkt als Werbeinstrument nutzen. Die weltweite Computerfirma *WANG* war allein im Jahr 1986 über 200 mal mit dabei. Alle Eiskunstlauf-Titelwettbewerbe sind bis in das Jahr 1992 unter Vertrag. Dazu kommen die *Internationale Vier-Schanzen-Tournee* im Skispringen, die Springreiterturniere in Aachen sowie der gesamte Motorrad-Grand-Prix hierzulande. Ob im Stadion, an der Piste oder der Rennstrecke, die Computerfirma ist mit ihrem Firmennamen nicht zu übersehen.

Einen völlig anderen Weg der Sportwerbung geht die Firma *Commodore*. Die Bundesligakicker von *Bayern München* tragen das Firmenlogo auf ihren Trikots: Mehr als 1,5 Millionen Mark (Bandenwerbung eingeschlossen) erhält der Verein dafür. Konkurrent *Olivetti* bestimmt die Szenerie in der Formel-1, und dort vor allem als Hauptsponsor des *Brabham-BMW-Teams*.

Sicherlich ein Millionending, doch die genaue Höhe des PS-starken Engagements ist nicht bekannt. Und der *IBM*-Konzern hat sich beim Hamburger Galoppderby eingekauft. Sie alle haben erkannt, daß ihre Zielgruppen (42 Prozent der Jugendlichen zwischen 14 und 19 zeigen Interesse an Computern) am Sport interessiert sind; also erreicht man sie am besten über Werbung im Sport.

Der sportlich interessierte Verbraucher ist auch eine Zielgruppe der Bekleidungs- und Textilindustrie. Sport und Mode, das sind seit Jahren unzertrennliche Partner. So wird die „Ausgehkluft" der bundesdeutschen Olympioniken schon seit Jahren von der *Bogner KG* in München geschaffen. Willi Bogner, 1960 in Squaw Valley selbst Olympiateilnehmer, ist mit seinen Sportmoden einer der Branchenführer. Zu seinen Werbeträgern gehörte auch Golfprofi Bernhard Langer. Doch eine Jahresgage von 200 000 Dollar war Langer zu niedrig, und so wechselte der Golfer zur schwäbischen Bekleidungsfirma *Boss*. Nachdem Langer das *Masters-Turnier* gewonnen hatte und in England bei den Offenen Britischen Meisterschaften nur noch *„The Boss"* genannt wurde, stöhnte Bogner: „Wenn ich das gewußt hätte, hätte ich dagegen gehalten." Die *Boss*-Manager, die nach eigenen Angaben jährlich runde 2,5 Millionen Mark in die Sportwerbung stecken, konnten sich freuen: Das *Masters-Golfturnier* wurde in den USA original von den größten Fernsehanstalten übertragen. Bei soviel „Zuschauerkontaktminuten" – das ist die Stopuhrenrechnung, die für die Sponsorenfirmen wichtig ist – wäre die *Boss*-Reklame für die Schwaben unerschwinglich teuer gewesen, hätten sie diese Werbezeit kaufen müssen. So aber flimmerte der Name *Boss* in Millionen amerikanischer Haushalte „für ein Butterbrot", so ein Mitarbeiter der Firma.

Doch nicht nur Stars wie Langer hat die Bekleidungsfirma unter Vertrag. So beteiligt sich das Unternehmen an der *Lufthansa German Open* und an den Deutschen Golfmeisterschaften. Auch die anderen Sportausrüster nutzen große Sportveranstaltungen: *Fila* als Titelsponsor der Internationalen Deutschen Damentennismeisterschaften 1985 in Berlin; *Kappa,* offizieller Ausrüster der amerikanischen Olympiamannschaft beim Berlin Marathon 1985; *Lacoste* als einer der Hauptsponsoren beim weltweiten Davispokalwettbewerb; Jeansmodenhersteller *new man* im Motorsport. Neben den Branchenriesen *adidas* und *Puma* sind noch zwei weitere Bekleidungshersteller im Sportgeschäft mit Trikotwerbung dabei: Die Hallenhandball-Bundesligisten TV Großwallstadt tragen den Namen *Daniel Hechter* und die von TuS Hofweier *Mc Garland* auf dem Trikot.

Mit Trikotwerbung versucht auch das Textilunternehmen *Trigema* neue Kunden zu gewinnen. Vizemeister Werder Bremen ließ sich, wie Jahre zuvor Schalke 04, die Textilreklame mit jährlich 600 000 Mark honorieren. Mit Beginn der letzten Saison wechselten die Bremer den Sponsor: Türenrenovierer *Portas* zahlte 200 000 Mark mehr.

Ein Türenrenovierer als Sportsponsor? „Wir haben mit unserer Sportwerbung die Kunden gefunden“, sagt Peter Schulze, „Öffentlichkeitsarbeiter“ der Firma, und nennt Zahlen: „3,5 Millionen investierten wir im letzten Jahr, davon 2 Millionen im Berufssport und 1,5 Millionen im Amateurbereich.“

Vor allem im Fußball: *Eintracht Frankfurt, Kickers Offenbach, FC Kaiserslautern* sowie *SV Lokeren* (Belgien) und *Vienna Wien* (Österreich) trugen in den letzten Jahren den Schriftzug von *Portas* auf dem Trikot. Über 300 Amateurvereine bekamen gratis eine Portasspielkluft, daneben gibt es noch eine „*Portas*-Traditionsmannschaft“ mit Altstars, wie Jürgen Grabowski, Wolfgang Overath und Paul Breitner. Wo immer die Stars von gestern im *Portas*-Trikot ihre Flanken schlagen – die Zuschauer strömen. Titelsponsoren sind die werbefreudigen Renovierer, die mittlerweile in zehn europäischen Ländern über 400 Fachbetriebe haben und sich über Aufträge nicht beklagen können; außerdem sponserten sie das Frankfurter Hallenfußballturnier „zwischen den Jahren“ in der Festhalle. An gleicher Stätte richtete *Portas* – 1982 und 1983 – das Frankfurter Sechstagerennen aus. Profiboxer René Weller steigt mit *Portas*-Schriftzug in den Ring, die Mannen des Tischtennis-Bundesligisten TTC Heusenstamm schlagen im *Portas*-Trikot nach dem kleinen Ball. Keine Frage: Die Firma hat sich in den zurückliegenden Jahren im Sportbereich bekanntgemacht. „Nicht kürzer als zwei Jahre und nicht länger als vier Jahre" ist *Portas'* Maxime bei der Vergabe von Sponsorengeldern. Peter Schulze: „Wir werden auch zukünftig im Sportbereich unsere Sponsorentätigkeit breit streuen, sowohl im Amateurbereich als auch im Spitzenprofisport." Derzeit mit den Kickers von Werder Bremen, die jeden Samstag in Deutschlands Fußballstadien mit dem *Portas*-Schriftzug auf der Brust dem Ball hinterherstürmen.

Und weil Fußball nun mal ein Massensport ist, die Fans sich mit ihren Mannschaften identifizieren, sind in den PR-Etagen der Sportwerber besonders die bunten Trikots der Bundesligateams als Reklameträger begehrt. Vor allem bundesdeutsche Brauereien dominieren hier, obwohl sogar wegen häufiger Krawalle alkoholisierter Fans erwogen wird, in den Stadien den Alkoholausschank allgemein zu verbieten. Gleich vier Bundesligisten tragen einen Firmennamen, der den schäumenden Gerstensaft anpreist. Nach dem Aufstieg des FC Homburg ist die dort ansässige *Karlsberg*-Brauerei, die bislang nur auf den Fußballbrüsten des 1. FC Kaiserslautern warb, gleich zweimal in der höchsten deutschen Fußballklasse vertreten. Der Nürnberger „Club" macht fürs heimische *Patrizier*-Bier Reklame, der VFB Stuttgart gibt sich alternativ und versucht die Fans für das alkoholfreie *Sanwald Extra* zu begeistern.

Ansonsten ist die Werbepalette bunter denn je: Spitzenreiter Bayern München kassiert vom Computerhersteller *Commodore* 1,1 Millionen Mark pro Jahr; siebenstellig sind auch die Honorare für den 1. FC Köln, wo Batteriefabrikant *Daimon* eine Million bezahlt und für den Hamburger SV, wo Mineralöl *BP* mit gleicher Summe als Sponsor auftritt. Zum ersten Mal hat eine Hotelkette *(Relexa)* Einzug in die Eliteliga gehalten. Vergleichsweise preiswert: Neuling Blau-Weiß 90 Berlin gab seine Trikots schon für jährlich 280 000 Mark frei und steht damit am unteren Ende der Preisskala.

Eintracht Frankfurt stürmt mit *Hoechst* (650 000 Mark), was von einem Eintrachtvorstandsmitglied als „optimale Verbindung" bezeichnet wird, „denn schließlich ist Hoechst Frankfurts größtes Unternehmen, und die Eintracht Frankfurts größter Sportverein". Die Fortunen aus Düsseldorf werden von der *ARAG*-Versicherung mit 450 000 Mark per annum bezahlt, Konkurrenz *Conti* läßt die Borussia aus dem nahen Dortmund für sich Reklame laufen. Eine interessante Regelung hat sich der Sponsor von Borussia Mönchengladbach ausgedacht: das Energieversorgungsunternehmen *Erdgas* zahlt 500 000 Mark; doch wenn Erfolg ins Haus steht, wenn die Mannen vom Bökelberg einen UEFA-Cup- oder Europa-Cup-Platz erreichen, dann gibt es Erfolgsprämien bis zu 250 000 Mark.

Die Energiewerbeleute haben erkannt: Erfolg heißt mehr Zuschauer, mehr TV-Übertragungen, höhere Einschaltquoten. Bei soviel zusätzlicher Werbung kann man auch zusätzlich zahlen. Es könnte durchaus sein, daß dieser „erfolgsorientierte Sponsorenvertrag" zukünftig auch anderorts zur Anwendung kommt.

Krösus aber unter den Trikotwerbern ist der Wolfenbütteler Likörfabrikant Günter Mast. Seit 1973, als erstmals die „Werbung am Mann" erlaubt war, steckte Herr *„Jägermeister"* – wie ihn die Konkurrenz nach seinem Produkt spöttisch nennt – nach eigenen Angaben rund 5 Millionen Mark in die Sportwerbung. Pro Jahr, versteht sich. Nicht nur Fußballvereine profitierten davon, auch Ringer und Basketballer warben für *Jägermeister* und wurden dafür gut honoriert. Masts letzter Coup: Er sanierte den finanziell hochverschuldeten Fußball-Zweitligisten Eintracht Braunschweig; dafür soll der Verein sich in *Jägermeister* Braunschweig umbenennen. Auch wenn sich bei Altmitgliedern des Traditionsvereins alle Haare sträubten, sie haben kaum Chancen, die Umbenennung zu verhindern.

Ende 1986 hat der Bundesgerichtshof als letzte Instanz die Einwände des DFB für nichtig erklärt. DFB-Justiziar Götz Eilers nach dem Spruch resigniert: „Der *SV Jägermeister* ist nicht mehr zu verhindern." Wieder einmal hatte sich im bundesdeutschen Fußball der starke Mann hinter Eintracht Braunschweig, Herr *„Jägermeister"* Günter Mast, als Vorreiter der galoppierenden Kommerzialisierung durchgesetzt. Unternehmer Mast („Ich verstehe nicht viel vom Sport, aber um so mehr von der Werbung") hatte schon Anfang der siebziger Jahre gegen den widerstrebenden DFB den Durchbruch bei der Trikotwerbung geschafft, als er den Hubertushirsch seiner Likörmarke zum Wappentier auf der Vorderfront der Braunschweiger Trikots machte. Doch diesmal schalten die DFB-Funktionäre trotz BGH-Urteil auf stur: Eine Satzungsänderung soll die Umbenennung in Sponsorennamen unmöglich machen. Eilers: „Uns graut vor der Vision, daß Traditionsvereine alle drei Jahre mit dem Sponsor ihren Namen wechseln können."

Als „Versklavung durch den Sponsor", prangerte scheinheilig der Präsident des Hamburger SV, Dr. Klein, die Braunschweiger Vorfälle an. Gerade er, der in den zurückliegenden Jahren immer wieder als Vertreter der Kommerzialisierung des Profi-Fußball-Geschäfts in den Vordergrund trat!

Tatsache ist, daß fast alle 38 Vereine der Ersten und Zweiten Bundesliga über ihre finanziellen Verhältnisse leben. Nach einer DFB-Analyse betrug am 31. Dezember 1984 ihre Gesamtschuldenlast 157 Millionen Mark, nach Schätzungen dürfte sie heute mindestens 200 Millionen Mark ausmachen.

„Der Patient steht vor dem Kollaps", prophezeite schon das Fachblatt *Kicker*. Fast scheint es, als gehörten Schuldenmachen und amateurhaftes Wirtschaften zum Prinzip der Pleiteliga. Und auch die Zuschauer strömen nicht mehr wie früher. Nur insgesamt 5,4 Millionen Fans hatten 1985 ihr Geld an den Stadienkassen abgegeben – so wenig wie nur einmal zuvor: dem Jahr nach dem Bundesliga-Bestechungsskandal 1972. „Früher", sagt Joachim Fenne, Ex-Präsident von Schalke 04, „gingen die Arbeiter jeden Sonntag blind auf Schalke." Doch die Zeiten sind vorbei.

„Auf Dauer", so Fenne, „werden die Vereine nicht ohne externe Finanzierung überleben können." Er schlägt neue Wege vor: Gründung von Aktiengesellschaften, die Bundesliga als eine einzige Firma, wo anstatt selbständiger Clubs achtzehn Abteilungen dem Fan die Ware Fußball verkaufen sollen, oder eben auch durch die Umwandlung der Traditionsnamen in Firmennamen.

Der Schalke-Ex-Präsident ist wie Braunschweigs Sponsor Mast mit diesem Ansinnen nicht allein. Schon klingt auch bei anderen Vereinsmanagern trotz lauter Proteste leises Interesse an einer Namensänderung durch. Werder Bremens Manager Willi Lembke möchte sie für seinen Verein „nicht völlig ausschließen". Werner Faßbender, Vizepräsident von Fortuna Düsseldorf, findet, „am Zug der Zeit" könne der Sport nicht vorbeigehen.

Ein Blick nach Österreich, wo Firmenwerbung im Vereinsnamen erlaubt ist, zeigt, wie schnell der Zug der Zeit abgefahren ist. Von den zwölf Erstligaclubs tragen nur vier keinen Namen aus der

Wirtschaft. Die übrigen acht heißen gegen gute Schillinge im Jahr etwa nach einer Zigarettenmarke *(FK Austria Memphis Wien)*, nach einem Kaffeeröster *(SC Eduscho Eisenstadt)*, einem Kamera-Grossisten *(Foto Nettig Vienna)* oder einem Optikunternehmen *(FC Swarovski Tirol)*.

Österreichische Verhältnisse auch in Deutschland sieht Uli Hoeneß, Manager des FC Bayern München, nur als „letztes Mittel" für eine finanzschwache und überschuldete Liga. Für seine finanzstarken *Bayern* käme zwar ein Zusatz wie *BMW* oder *Hofbräuhaus* „auch nicht für zehn Millionen Mark" in Frage, doch „bevor ein Club von der Bildfläche verschwindet", so der pfiffige Manager, sei eine „Vernunftehe mit einer Firma" wohl vorzuziehen.

Probleme sieht Hoeneß eher bei den Medien als beim DFB: „Auch der DFB müßte sich den Realitäten dann anpassen und eben seine Statuten ändern", so der Schwabe, „doch die Presseleute könnten die neuen Namen boykottieren, und dann steigen die Sponsoren schnell wieder aus."

Diese Sorge ist unbegründet. Der Wiener Sportjournalist Werner Schiemer: „Viele Journalisten nennen die Firmennamen immer mit, und daran haben sich die Leute schon gewöhnt." Bei uns, so ist zu vermuten, würden die Kollegen von den Medien nicht anders handeln. Der Fan würde sich rasch daran gewöhnen, so rasch, wie er sich an die Trikotwerbung gewöhnt hat. Proteste dagegen sind längst verstummt.

Willi Weyer, einst Präsident des Deutschen Sportbundes, hatte einmal geklagt: „Werbung am Mann bedroht die Glaubwürdigkeit des Sports." Doch das ist lange her, und was mit der Würde des Menschen im Sport vereinbar ist, entscheiden im Zweifelsfall Gerichte und Verbände. Nach einem Oberlandesgerichtsurteil aus dem Jahre 1980 durfte ein Augsburger C-Klasse-Verein nicht mit der Aufschrift *Pax* für ein gleichnamiges ortsansässiges Beerdigungsinstitut werben, da solcherart Reklame „das allgemeine Anstandsgefühl" verletze. Nichts dagegen hatte der Niedersächsische Fußballverein gegen einen Bezirksklassenverein, der für einen Sexclub warb. Und was für einen Sexclub reklameträchtig ist, kann für ein Sexversandhaus nicht schlecht sein: Branchenführerin *Beate Uhse* ließ eine Flensburger Handballmannschaft mit dem Firmenschriftzug auflaufen. Einspruch vom Verband gab's keinen. Schließlich haben wir hier eine freie Marktwirtschaft. Da darf jedes Unternehmen freie Werbung machen. Auch auf Sportlertrikots.

Nur politisch darf es nicht sein, das will der Verband nicht. Der Sport soll schließlich sauber, sprich unpolitisch, daherkommen. Als im Nordhessischen eine C-Klassen-Mannschaft mit dem Trikotaufdruck *„Atomkraft – Nein Danke!“* auf Punkte- und Torejagd ging, gab's vom Fußballverband die rote Karte. Trikotwechsel oder Ausschluß aus der Meisterschaftsrunde. Da half kein Klagen und kein Murren. Jetzt werben die aufmüpfigen Kernkraftgegner für ein heimisches Möbelgeschäft, und die Kickerfunktionäre sehen sich als Verteidiger der ungetrübten heilen Sportswelt, wo Politik keinen Platz hat. Daß der Energiekonzern *RWE*, einer der größten Atomkraftwerkebetreiber im Lande, auf Fußballertrikots für „saubere Energie“ wirbt, ficht keinen an ...

Gleich ob im Amateurbereich oder im Profigeschäft, gleich ob Fußball, Handball, Basketball, Radsport oder Leichtathletik: Die Firmen nutzen die „Werbung am Mann“ (und längst auch „an der Frau“), um ein neu eingeführtes Produkt zu popularisieren oder das bekannte Image zu pflegen – und ziehen sich aus dem Sportgeschäft zurück, wenn der Zweck erreicht ist.

Nur in den seltensten Fällen findet sich das klassische Mäzenatentum dergestalt, daß ein reicher Mann den Leistungssport um den Sports willen fördert oder weil es eine persönliche Marotte ist. Ein Mann wie der Kölner Jean Löring gehört zu dieser immer kleiner werdenden Spezies von Mäzenen.

Die anderen, die Firmen und Konzerne, die Werbestrategen und Marketingexperten kalkulieren scharf. Eine Fernsehwerbeminute kostet runde 70 000 Mark, eine ganzseitige Anzeige in einer großen Illustrierten bis zu 80 000 Mark. Für das Zehnfache dieses Betrags kann man für ein ganzes Jahr das Trikotvorderteil eines Spitzenclubs der Fußball-Bundesliga mieten, dessen Kicker länger als 60 Minuten pro Jahr auf dem Bildschirm zu sehen sind, ganz zu schweigen von den Tausenden Fotos in allen möglichen Blättern und Gazetten. Nicht zu vergessen die häufigen Erwähnungen der Sponsorfirmen im Textteil der Zeitungen. Die Namensnennung gehört mittlerweile zum Standard der Berichterstattung. Likörfabrikant Mast hat schon recht: „Die PR ist gar nicht zu bezahlen . . .“

Gleich ob „Werbung am Körper“ oder „Reklame an der Bande“ – für die seit Jahren der Schweizer Cesar W. Lüthi sorgt, der mit seiner Firma *CWL-Werbung* zu den Pionieren der Bandenwerbung gehört – der Sport ist so stark in die Werbestrategien der Unternehmen eingespannt, daß der Fan manchmal vor lauter Reklame die Akteure nicht mehr sieht.

Mit dem Kauf einer Eintrittskarte ins Stadion oder dem Druck auf die Fernsehtaste wird die Sportwelt zur Warenwelt. Der Sport ist selbst zur Wirtschaftsbranche geworden, vermarktet von neuen Dienstleistungsunternehmen.

Mittlerweile unterscheidet man hier zwischen den internationalen Sport-Marketing-Agenturen, die große internationale Sportereignisse weltweit vermarkten, den sogenannten „Sportler-Agenturen“, die die Interessen ihrer Klienten gegenüber Organisationen, Veranstaltern sowie der Wirtschaft vertreten, „Spezial-Agenturen“ für den Banden und Sportstättenbereich und schließlich „Dienstleistungs-Agenturen“, die auf nationaler Ebene Industrie und Wirtschaft einen „Fall-Service“ anbieten, also die Sportwerbung vom Konzept bis zur Abwicklung.

Schauen wir uns diese Sportvermarkter-Branche genauer an: Die größte und bedeutendste Agentur ist zweifellos die bereits genannte *adidas*-Tochter *ISL*, die Internationale *Sport-Marketing AG*, mit Sitz in Luzern und einem Büro in München. *ISL* steht für *International Sports, Culture and Leisure Licensing*. Die erst 1982 gegründete Agentur hat sich vor allem auf Sponsorkonzepte für die Olympischen Spiele und Fußballweltmeisterschaften spezialisiert. Die guten Beziehungen von *adidas*-Chef Dassler, die dieser zu den Sportfunktionären in den zurückliegenden Jahren geknüpft hatte, lassen der Konkurrenz keine Chance: Wer demnächst die olympischen Ringe in Seoul oder Calgary werblich nutzen will, erhält nur über die *ISL* den begehrten Zugang.

Die *West Nally Group,* die noch 1978 in Argentinien und 1982 in Spanien die Fußballweltmeisterschaft kräftig vermarktete, hat sich aus dem Fußballgeschäft zurückgezogen und ist jetzt für den Tennis-Davis-Cup verantwortlich. Die guten Kontakte von *ISL*-Miteigner Horst Dassler zu den Herren vom Fußballweltverband (FIFA) zwangen die West-Nally-Manager zum Rückzug. Doch auch im Tennisgeschäft läßt es sich gut verdienen. Die Engländer brachten wieder Kampf und Kommerz in den bis dahin langweiligen Daviscup. Denn die Firma verkaufte die Werbung im Innenraum weltweit für alle Davis-Cup-Begegnungen jeweils für mehrere Jahre an eine Handvoll Sponsoren. Damit floß Geld in die Kasse, und der Wettbewerb wurde auch wieder für Spitzenspieler attraktiv. Hauptsponsor ist seither der japanische Elektronikkonzern *NEC*. Er zahlt für einen Vierjahreskontrakt fast zehn Millionen Dollar. Dazu kommen *Coca-Cola, Ebel,* die Bekleidungsfirma *Lacoste*, Automobilhersteller *Volvo* und der bundesdeutsche Sportartikelmulti *Puma*.

Geld ist also wieder vorhanden, das lockt die Stars; und wo die Stars sind, ist auch Zuschauerinteresse. Klar, daß auch die Medien, allen voran das Fernsehen, seither wieder Daviscup-Spiele übertragen. Oft – etwa wenn Boris Becker für Deutschland den Ball schlägt – zu den besten Sendezeiten. Stundenlang. Da lohnt sich, das rechnen die West-Nally-Leute den Sponsoren vor, jede Investition. Und weil alles so reibungslos läuft, wird Werbung geradezu zur Exklusivität bei diesem Unternehmen. Unnachsichtig wachen die Engländer darüber. Beim Halbfinale in Frankfurt zwischen den bundesdeutschen Tenniscracks und den Tennismillionären aus der Tschechoslowakei, mit Ivan Lendl an der Spitze, hatte der Hersteller ursprünglich einen Filzteppich verlegt, auf dem groß das Firmenzeichen gedruckt war. Die Nallyleute sorgten dafür, daß die Fläche mit dem Schriftzug noch vor Matchbeginn herausgeschnitten und neutrale Bahnen eingeklebt wurden. Der Teppichhersteller hatte keinen Sponsorenvertrag. Später, während des Matchs, geriet Boris Becker ins Straucheln, weil sich der überstürzt eingeklebte Ersatzteppich gelöst hatte. Aber was bedeutet schon der Beinahesturz eines Tennischampions? Hauptsache, die Sponsorenwelt war in Ordnung.

Neben der *ISL* und der West-Nally-Group gehört die ebenfalls schon im vorhergehenden Kapitel genannte *International Management Group (IMG)* des Amerikaners Mark McCormack zu den großen Sportvermarktern. *IMG* ist derzeit an mehr als 40 Firmen beteiligt und besitzt sogar eine eigene Fernsehgesellschaft (TWI). Die amerikanische Zeitschrift *Sports Illustrated* bezeichnete McCormack gar als den „mächtigsten Mann des Sports“.

Zu nennen sind noch die Agentur *Pro Serv* mit Firmensitz in Washington, die alle Lizenzrechte an den weltweiten Grand-Prix-Tennis-Turnieren besaß und diese jetzt für fünf Jahre an den Automobilkonzern *Volvo* verkauft hat. Ivan Lendl, der Welt derzeit bester Tennisprofi, gehört zu den *Pro-Serv*-Kunden. Lendls schärfster US-Rivale, der Amerikaner John McEnroe, ist der Topstar der *Agentur Advantage International,* an die weltweit weitere 150 Profisportler vertraglich gebunden sind. Der Jahresumsatz allein dieser Firma: rund 100 Millionen Dollar.

Davon können die Sport-Dienstleistungs-Unternehmen hierzulande nur träumen; aber auch sie drängen zum immer größer werdenden Sportkuchen. Zu ihnen zählen etwa die *Agentur für Sportkommunikation Birkholz + Jedicki* in Frankfurt (Golf, Fußball, Tennis, Reiten), *Effekt-Werbung* in Hamburg (Tennis, Marathon, Reiten) sowie *Cosmos* im rheinischen Neuss (Nürburgring, Ski). Selbst der ehemalige Nationalkeeper Harald Schumacher will sein Geld nicht nur auf dem grünen Rasen verdienen, sondern auch als Sportvermarkter. An der Agentur seines Managers Rüdiger Schmitz ist der geschäftstüchtige Kölner mit 10 Prozent beteiligt.

Unvollständig aber wäre die Aufzählung ohne die Nennung eines Mannes, dessen Unternehmen sich „Formel-1" nennt und der quer über den Erdball mit seinem rasenden Zirkus gastiert: *Bernie Ecclestone.*

Gegen die Summen, die in seine Vollgas-Branche von Sponsoren investiert werden, machen sich die Umsätze aller bundesdeutschen Agenturen zusammen wie Sozialhilfebeträge aus. Nach Recherchen der *Frankfurter Rundschau* waren es im letzten Jahr um die 150 Millionen Mark. Und das meiste davon geht durch Bernies Bilanzen. Ohne ihn bewegt sich nichts im flotten Formel-1-Karussell. Er entscheidet über Werbeträger und Eintrittspreise, über Sponsorenverträge und Fernsehrechte. Damit der Formel-1-Troß samt Fuhrpark und Piloten überhaupt kommt, müssen die 16 Gastgeber jeweils runde 4 Millionen Mark an die Konstrukteursvereinigung *FOCA* entrichten. Und dort hat wieder nur ein Mann das Sagen: Bernie Ecclestone.

In kaum einer Sportart tritt der Kommerz so unverdeckt und aggressiv auf wie hier. Wer am Ende eines Rennens den Kranz des Siegers umgehängt bekommt, das ist in der Profiwelt des Motorsports nur von zweitrangiger Bedeutung. Ob Nigel Mansell, Alain Proust oder Nelson Piquet gewinnt – das mag für die Fans und für die persönliche Ehrgeizbefriedigung der Fahrer – vor allem die Aufstockung von Werbeverträgen – wichtig sein, auch für die Rennställe selbst macht es sich gut für die Sponsorenabmachungen; aber entscheidend sind die Leute hinter den Kulissen. Für die am Formel-1-Geschäft beteiligten multinationalen Konzerne aber gelten in erster Linie die Werbemöglichkeiten durch Beeinflussung von potentiellen Käuferschichten für das eigene Produkt. Das investierte Geld soll schließlich wieder in die Kassen zurückfließen.

So bietet sich in der Formel-1 ein überaus buntes Werbebild. Neben den motorsportverwandten Firmen wie *Shell, Elf, Mobil, Pirelli* oder *Agip* sind alle Branchen engagiert, die schon auf den Seiten zuvor genannt wurden: Tabak-, Getränke-, Textil-, Computerkonzerne. Alle sind bei der schnellen Jagd als Sponsoren dabei. Ein Blick auf Helme und Fahrzeuge läßt in kleineren Lettern noch zahlreiche andere Produkte erkennen. Beim Engagement dieser Konzerne geht es um Millioneneinsätze, und so ist es kein Wunder, daß die Sponsoren etwa aus dem Bereich der Tabakindustrie besonders sauer sind, wenn sie zum Beispiel in der Bundesrepublik, wo Nikotinwerbung im Fernsehen nicht erlaubt ist, ihre Schriftzüge abdecken müssen. Mit raffinierten Tricks wird versucht, die Bestimmungen zu umgehen. So hat das deutsche Zakspeed-Team aus dem Markennamen *West* in gleicher Schriftart flugs ein *West-Germany* gezaubert. Die Fans werden's schon erkannt haben – das ist ihre Devise.

Geld regiert die Sportwelt, Sponsoren und Vermarktungsagenturen diktieren Wettbewerbe und Regeln.

Beim Großen Preis von Kanada 1983 in Montreal, dem achten von vierzehn Läufen zur Formel-1-Automobilweltmeisterschaft, schmorten 60 000 Zuschauer in der Sonne und warteten auf den Start des Rennens. Hintergrund: Ein Stromausfall hatte kurz vor dem Start das Fernsehnetz lahmgelegt und machte so die Übertragung in 35 Länder unmöglich. Formel-1-Chef Bernie Ecclestone ließ das Rennen kurzerhand um 45 Minuten verschieben. Wichtiger als der Unmut der Zuschauer und deren Eintrittsgeld sind dem Grand-Prix-Zirkus die Millionen von den Sponsoren, und die fließen nur, wenn die Rennen auch im Fernsehen gezeigt werden.

Die Geschäftemacher haben längst die Regie übernommen, und alle fügen sich: die Funktionäre, die Sportler, die Medien. Auch der Fan?

Ja, der auch. Wir haben uns alle so an diese bunte werbebedruckte Athletenkluft gewöhnt, umrahmt – ja fast schon behindert – von nicht zu übersehenden Reklametafeln.

„Die geheimen Verführer“, betitelte Packard einst sein Buch über die suggestiven Methoden der Werber. Die Werbestrategen haben längst ihr Ziel erreicht: Die Industrie gewinnt immer.

Vor einiger Zeit saß ich mit meinem Freund vor dem Bildschirm und verfolgte das Finale eines Radrennens. „Um was für ein Gurkenrennen handelt es sich denn da?“ fragte er mich gelangweilt. „Um die Straßenweltmeisterschaft der Profis“, antwortete ich mit gespielter Ironie. „Die sehen ja alle aus wie Amateure aus dem Ostblock, bist du dir sicher, daß es sich um die Straßenweltmeisterschaft der Profis handelt?“ Erst als der Sprecher die Namen von Hinault, Moser und Lemond nannte, war mein Freund überzeugt. Zwar kopfschüttelnd – aber überzeugt.

Der Grund seiner Verwirrung: Die sonst wie radelnde Litfaßsäulen aussehenden Radprofis müssen bei Weltmeisterschaften das neutrale Ländertrikot überstreifen. „Werbung“ am Mann verbietet das Reglement. Wen wundert's, daß mein Freund für einen Augenblick die Orientierung verloren hatte und nicht ahnen konnte, daß es sich bei den „Gurken“ um die Weltelite der Pedaleure handelte – allerdings ohne schrille Werbetrikots . . .

Das Bild, das wir von den Sporthelden haben, ist nicht das alltägliche. Wir sehen nur, was die Medien präsentieren – und das sind in der Regel nur Siege und Rekorde. Vor und zwischen dem Wettkampf liegt der Sportleralltag, die rauhe Wirklichkeit der Helden. Und manchmal gibt es sogar abgrundtiefe Niederlagen . . . Doch die passen nicht ins Bild. Nur Sieger sind gefragt. Idole und Vorbilder für unsere Leistungsgesellschaft – und fürs Geschäft . . .

Die Helden der Nation

„Die Symbolfigur der Wende. Nett im Umgang, zielstrebig in der Sache."

Süddeutsche Zeitung

Boris aus Leimen oder: Neue Helden braucht das Land

„Boris, du bist der Wahnsinn." Das Hamburger Massenblatt „*Bild*" traf am 8. Juli 1985 mal wieder am besten die Stimmung im Volk. Einen Tag zuvor hatte ein 17jähriger Deutscher die gesamte Tenniswelt gründlich umgekrempelt.

350 Millionen Menschen waren an den Fernsehgeräten rund um den Globus dabei, als Boris Becker das bedeutendste aller Tennisturniere gewann: Wimbledon. Die Deutschen waren wie im Taumel – beneidet von aller Welt.

Respektvoll nannte das US-Magazin *Newsweek* den Deutschen mit dem 300-Stundenkilometer-Aufschlag „the wunderkind". Die französische Sportzeitung *L'Equipe* meinte sogar: „In Wimbledon wurde der Spieler des Jahres 2000 geboren."

Kein anderer Name, sieht man einmal von dem des Helmut Kohl ab, der freilich weniger als Bundeskanzler denn als Hauptfigur ätzender Witze in diesem unseren Lande in aller Munde ist, wurde von den Bundesbürgern im Jahr 1985 wohl so oft genannt wie der des rotblonden Tennisspielers aus dem Provinzstädtchen Leimen bei Heidelberg. Dieser Junge hatte mit seinem Sieg eine ganze Nation in Wallung gebracht, hatte Massen emotionalisiert und für einen bis dahin immer noch relativ elitären Sport interessiert. Dieser Boris hatte Massenmedien dirigiert und Fernsehprogramme gekippt, den Bundespräsidenten beeindruckt, das Ausland fasziniert und ganzen Heerschaften von Politikern, Geschäftemachern und Identitätskrisengeschüttelten zu neuen Perspektiven verholfen. In der Welt des Sports wurde 1985 das Jahr ‚Boris' geschrieben. Und so, als gäbe es nichts Wichtigeres, ernannte man gegen Ende des Jahres den gerade achtzehn Jahre alt gewordenen jungen Helden hierzulande nicht nur zum „Sportler des Jahres", sondern auch gleich noch zum „Mann des Jahres".

Keine Frage: Beckers Erfolge auf dem Centre Court trafen die Volkseele an einer hochempfindlichen Stelle. Mit dem Aufsteigersport Tennis identifiziert sich ein Großteil der bundesdeutschen Angestelltenkultur. Unter dem Vorzeichen der Wende, nach der sich individuelle Leistung wieder lohnen und jeder seines Glückes Schmied sein soll, hat ein Sport Hochkonjunktur, bei dem der Bessere im Duell Mann gegen Mann siegt und dann den verdienten Lohn kassiert.

Der Frankfurter Sportjournalist Hartmut Scherzer knüpft daran die Überlegung, „daß der faszinierende Kampf Mann gegen Mann nicht mehr im Boxring, sondern auf dem Tenniscourt" stattfinde. Aber geblieben sei die Faust, „die Boris während des Spiels immer wieder ballt".

Und *männer Vogue,* ein Modeblatt für eitle Männer, suchte die Verbindung zwischen Bern 1954 mit Fritz Walter und Wimbledon 1985 mit Boris Becker: „Als Eckel, Rahn und die Walters bei strömendem Regen den Matsch des Wankdorf-Stadions in Richtung des ungarischen Tors durchpflügten, konnte sich eine Nation wiedererkennen: Und wir besiegen sie doch. Nun ist der Wiederaufbau geschafft, das Kollektiv passé. Fußball zu gewöhnlich. Außerdem wird in den Stadien randaliert. Tennis ist genau das richtige. Sport für die nivellierte Mittelstandsgesellschaft. Sauber und ordentlich. Das langweilige Unentschieden gibt es im Tennis nicht. Gespielt wird bis zur Vernichtung des Gegners – kein schlechtes Training für das wirkliche Leben. Es zählt auf dem Platz die Leistung des Individuums. Und Tennis paßt auf den Bildschirm. Die Szenerie ist übersichtlich. Die Dramaturgie spannend – aber überschaubar. Und die Akteure laden zu Identifikationen ein. Idealer Sport – und werbegerecht." Boris – keine Frage – ist ein Mann des Zeitgeistes.

Anders als Fußballprofis, denen nach Meinung von Insidern hauptsächlich „Proleten" (Schalkes Ex-Präsident Fenne) zugetan sind, anders auch als der selbstbewußt kantige Schwimmstar Michael Groß, verkörpert Boris Becker geradezu den Idealtyp des sauberen deutschen Sportsmannes. Wenn ehrfurchtsvolle Fernsehreporter nimmermüde die Heldentaten des blonden Deutschen preisen, klingt immer auch durch: Made in Germany.

In der gewichtigsten Zeitung der Welt, der New York Times, deren Sonntagsausgabe mehrere Pfund wiegt, verkündete eine Schlagzeile: „In Westdeutschlands Jugend ist der Trend konservativ." James Markham, der Autor des Beitrages, schrieb darin: „Ihr Wahrzeichen ist Boris Becker, der geldscheffelnde, unpolitische Tennisstar, und nicht Petra Kelly, die Gründerin der Grünen ..."

„Alle sind verrückt nach Bobele", hatte auch die *Time* erkannt. Und wenn die Amis für einen Deutschen ganz besondere Spitznamen erfinden, dann heißt das, er ist ihnen sympathisch. So stellen sie sich einen jungen, sauberen Helden vor. Am liebsten würden sie ihn zum US-Boy umfunktionieren. Boris – ein amerikanischer Traum.

Als er im Madison-Square Garden im Masterfinale stand, lieferten die Zuschauer dem Deutschen, was man „standing ovations" nennt. Das heißt: Sie standen auf und klatschten. Dabei hatte Boris gegen Ivan Lendl gerade verloren.

Und nach seinem Auftritt bei den US-Open in Flushing Meadows schrieb *Der Spiegel:* „Seit Zeppelin und Max Schmeling hat in Amerika nicht mehr so viel Gutes über die Deutschen in den Zeitungen gestanden."

Doch alle Deutschen mögen Boris, nicht nur die Teens und Twens; auch die ältere Generation strahlt: Boris, ein junger Mann, der sich stets adrett kleidet, und nicht wie andere junge Leute in vergammelten Turnschuhen daherkommt, der nicht über den Numerus clausus jammert oder gegen die Stationierung von Pershingraketen demonstriert. Ein ordentlicher Junge. Und Ordnung gefällt den Deutschen. Das gefällt dem Bundeskanzler und dem Bundespräsidenten, der sogar ins „Aktuelle Sportstudio" eilt, um mit dem neuen Nationalhelden zu plaudern.

1985 war das Jahr des Kometen Boris Becker, gegen den am Firmament sogar der Halleysche Komet blaß blieb. Wo der Tennisjüngling antrat, versammelte sich die Prominenz, so wie nirgendwo sonst bei einem Sportspektakel. Zum Beispiel beim Daviscupfinale in München. Richard von Weizsäcker suchte einmal mehr die Nähe zum Star, Franz Josef Strauß hatte Karten für die Ehrenloge geordert, ebenso Innenminister Zimmermann, und ...

die Liste wäre endlos. Als Becker dann gegen den Schweden Edberg gewann, da tobte die Halle. Und wer hatte bei all dem Jubel noch einen Sinn dafür, den Text eines Flugblattes wahrzunehmen, auf dem ein Ausschuß gegen Apartheid in Südafrika „Freiheit für Nelson Mandela" forderte und auf die Zusammenarbeit des in der Halle weilenden Ehrengastes Franz Josef Strauß mit dem Botha-Regime hinwies? Wenn überhaupt, so wurde das als äußerst deplaziert empfunden. Wo Boris siegt, ist für Politik kein Platz. Da ist die Welt in Ordnung.

Boris ist schließlich nicht für die politischen Geschäfte seiner Ehrengäste verantwortlich. Boris macht selbst Geschäfte, das heißt sein Manager Ion Tiriac. Noch nie hat ein deutscher Profisportler innerhalb so kurzer Zeit so viel Geld verdient wie Becker. Auf 5 Millionen Mark wurden seine Einkünfte 1985 geschätzt, und im letzten Jahr, nach seinem Wimbledon-Wiederholungssieg, nach Grand-Prix-Siegen und dem Rang zwei der Weltrangliste? Wieviel es tatsächlich ist, weiß nur Tiriac. Die Illustrierte „Stern" schätzte es auf rund 20 Millionen Mark.

Die Rollenverteilung zwischen ihm und Becker ist ideal. In Verhandlungen mit Sponsoren ist ein Spieler auf die Dienste eines Managers angewiesen. Je weniger sich der junge Deutsche ums Finanzielle kümmern muß, desto mehr kann er sich auf den Sport konzentrieren und – desto makelloser bleibt sein werbewirksames Image als netter Saubermann.

Die Mehrheit der Deutschen, so erbrachte eine Umfrage des Magazins *Der Spiegel,* richten ihre Mißgunst denn auch nicht gegen Becker, sondern gegen Tiriac. Der, so die landläufige Meinung, ist der schlimme Geldschneider, der den armen Boris aussaugt. Dracula, Mafioso und Finsterling wird der einstige rumänische Daviscupspieler genannt.

Dabei verhält sich der Rumäne nur konsequent nach den Gesetzen eines Marktes, der weltweit so viel Geld hergibt wie im Sport kaum ein anderer. „Die Deutschen haben keine Ahnung, was Profisport ist," sagt Tiriac. Ein Manager, der an den Einkünften seines Stars partizipiere – Tiriac kassiert 20 bis 30 Prozent aller Beckereinnahmen –, werde hier immer noch scheel angesehen.

Die Kritiker – ohnehin meist keine Insider –, tun Tiriac unrecht.

„Ich habe den Jungen zu einer Zeit übernommen, als er die

Nummer 700 in der Welt war. Nun, 18 Monate später ist Boris Becker einer der größten Tennisspieler der Welt. Unter diesem Aspekt muß doch jeder nicht ganz bei Trost sein, der mir vorwirft, ich würde mit Boris Becker irgend etwas falsch machen“, sagte Tiriac nach dem Wimbledonsieg 1985 in einem Interview mit der Zeitung *Welt am Sonntag*. Und auf den Einwand, die Kritiker meinten auch kaum den sportlichen Aufstieg, konterte der Rumäne damals: „Ein Athlet auf diesem hohen sportlichen Niveau ist ein Professional, der den Sport zu seinem Beruf gemacht und alle anderen Aktivitäten in den Hintergrund gedrängt hat. Ihm bleibt eine Frist von fünf – oder wenn es gut geht, zehn Jahren, in denen er aus seinen Fähigkeiten Profit schlagen muß. Die Aufgabe der Leute im Umfeld ist es, das Einkommen des Sportlers so zu maximieren, daß er die restlichen 50 Jahre seines Lebens gut oder vielleicht noch besser leben kann als zu seiner aktiven Zeit. Das ist meine Philosophie, einen Spitzenathleten wie Boris Becker zu vermarkten.“

Mit Puma schloß Tiriac den ersten Werbekontrakt für Becker, der dem fränkischen Sportartikelkonzern mittlerweile längst als eine Art Gottesgabe vorkommen muß. Denn seit Becker den *Puma*-Schläger in Wimbledon zum Sieg schwang, avancierte die Firma zum absoluten Marktführer bei Tennisrackets. Nach dem großen Sieg setzte Tiriac gleich Nachbesserungsklauseln in dem vor Wimbledon ausgehandelten Vertrag durch. Ursprünglich war von 600 000 Mark für drei Jahre die Rede; doch das gehört der Vergangenheit an. Der modifizierte Vertrag garantiert nach Schätzungen von Insidern gut 2 Millionen Mark bis 1987. Dann hat ein neuer Vertrag Gültigkeit. *Puma* und Tiriac sind sich schon einig – und Beträge bis zu 10 Millionen werden dabei genannt. Als nach Beckers erstem Wimbledonsieg alles in Freuden taumelte, der damalige Becker-Trainer Bosch Tränen vergoß und die meisten Deutschen schon ausflippten, wenn sie nur den Namen Boris hörten, blieb einer ganz ruhig: Tiriac. Schließlich hatte er das alles so geplant, jeden Tag daran gearbeitet. Er hatte diesen Tag, diese Stunde kommen sehen. Mit demonstrativer Nüchternheit machte er schon damals deutlich, was künftig Sache kühler Überlegung ist. Damals tat er das einzig Richtige: Er machte seinen Star rar. Der Run auf seinen Diamanten durfte nicht zur Inflation werden. Und Werbeangebote gab es mehr als genug.

„Ungefähr 20 bis 25 Werbeanträge pro Tag“, so Tiriac, habe er nach Wimbledon abgelehnt, „selbstverständlich nur große Unternehmen, mit kleinen unterhalte ich mich gar nicht.“ Und weiter: „Wir sind Gott sei Dank in der Lage, daß Boris Becker nicht aus Geldnot oder ähnlichem werben muß. Nach dem Sieg in Wimbledon habe ich nur einen einzigen Werbevertrag unterschrieben: den mit der Deutschen Bank. Alles andere stammt aus der Zeit davor. Meine Vorstellung ist: Boris engagiert sich für fünf, sechs oder sieben große Unternehmen, und nicht für hundert...“

So läßt es sich reden, wenn genügend großzügige Angebote vorhanden sind. Die *Deutsche Bank* zahlte 3 Millionen Mark.

Zuvor hatten sich – noch zu billigeren Tarifen – die Bekleidungsfirma *Ellesse* für 300 000 Mark eingekauft und damit das Recht erworben, Becker mit Tennishose und Tennishemd zu versehen. 100 000 Mark kassiert Becker jährlich von der Schweizer Uhrenfirma *Ebel*, dafür, daß Boris während des Matches eine *Ebel*-Uhr am Handgelenk hängt. Nein, er hat während des Spiels wirklich keine Zeit, mal nachzusehen, wieviel Uhr es denn ist. Ob in der Arena oder in der Halle, es befinden sich ohnehin an jeder Ecke unübersehbare Zeitmesser. Aber darum geht es nicht. Während des Matches trägt Boris das sogenannte „Sportmodell“ dieser Firma, zum wahrlich sportlichen Preis von 3000 Mark. Wenn er fertig ist mit Spielen, legt sich Boris das Goldmodell an, das er laut Vertrag tragen muß, wenn er das Sportmodell nicht tragen soll. Für dieses Goldmodell nun muß Herr Otto Normalverbraucher so viel Geld wie für einen passablen Kleinwagen auf den Tisch legen.

Völlig idiotisch, könnte man sagen. Doch die Überlegungen stimmen nicht. Seitdem Becker die *Ebel*-Uhr auf den Bildschirmen aller Herren Länder präsentiert, hat die Schweizer Firma, wie ihre PR-Dame Janine Perret mitteilt, eine Produktionssteigerung von 30 Prozent zu verzeichnen.

Boris verkauft sich gut und hilft, gut zu verkaufen. Auch der badische Chemiekonzern *BASF* war mit im Tennis-Geschäft. Am rechten Oberärmel war klein, aber sichtbar das Firmenlogo von *BASF* angebracht, für 110 000 Mark im Jahr. „Billigere Werbung gibt es kaum“, frohlockte die PR-Abteilung; denn bei Übertragungen von Becker-Spielen waren die vier Buchstaben oft über Stunden weltweit auf dem Bildschirm zu sehen. Doch die Freude währte nur kurz. Der Vertrag lief aus, und als Tiriac anstelle von bisher 110 000 Mark im Jahr eine runde Million verlangte, paßte der Konzern. Mittlerweile ist der rechte Oberarm schon anderweitig verkauft: *Coca-Cola* wirbt für coole Getränke.

Tiriac kennt den Marktwert seines Schützlings. „Heute ist Tennis eine Industrie geworden. Und die Stars sind Träger dieses Wirtschaftsunternehmens. Jeder einzelne Spieler muß herausfinden oder herausfinden lassen, welchen Marktwert er in dieser Industrie hat“, sagt Tiriac, und er spricht offen aus, was Insider längst wissen: Tennis ist in erster Linie ein weltweites Geschäft, ein ‚Wirtschaftsunternehmen‘, wie es Tiriac nennt, und in zweiter Linie – sozusagen als öffentliches Spektakel – Sport.

Schon 1985, nach Beckers erstem Wimbledon-Sieg, führte Profi Tiriac neue Töne in die Tennis-Welt ein. Das galt auch für die Arbeit von Journalisten: „Dreißig Minuten für die deutsche Presse“, sagte er. Die Journalisten fragten eifrig und eilfertig. Tiriac schaute auf die Uhr. Nach 29:30 Minuten teilte er mit: „Noch dreißig Sekunden, meine Damen und Herren.“ Dann war Schluß.

Auch Interviews gab’s nicht mehr gratis. Vor einem Jahr hatten sie gar nichts gekostet; da galt es noch, den Jungen aufzubauen, bekanntzumachen, in die Medien zu bringen.

Dann, im zweiten Profijahr und in den Monaten vor Wimbledon, kostete ein Boris-Interview schon runde 10 000 Mark. Und künftig, erklärte Tiriac, werde ein Interview mit seinem Mann 150 000 Mark kosten. Die Presse schwieg und zahlte. Bis heute. Das funktioniert.

„Das Publikum ist nicht zu sättigen“, jubiliert Hans Bluhm, Chefredakteur des *Tennis-Magazins.* Die ohnehin auflagenstarke Zeitschrift des sogenannten Weißen Sports war auf der Boris-Woge so kräftig mitgeschwommen, daß sie ungeahnte Verkaufszahlen erreichte. Und Bluhm rieb sich die Hände, stellvertretend für viele in der Branche. Alle profitieren von Boris. Er kam gar nicht mehr von den Titelseiten runter. Ob *Bunte* oder *Stern, Goldenes Blatt* oder *Hörzu*. Kein gedrucktes Objekt, schillernd oder mickrig, seriös oder im Boulevardstil, kein Blatt durfte es wagen, ohne Boris am Kiosk zu erscheinen. Die Kölner *Sport-*

Illustrierte, selbst heftig und engagiert teilhabend am Boris-Boom, stellte besorgt fest: Boris „wird gebraucht und manchmal wohl auch mißbraucht". Fleißig hatte die Zeitschrift Fallgeschichten gesammelt:

„Brooke Shields brauchte ihn bei der Präsentation ihrer neuen Modekollektion. Da schwärmt sie: Er hat wahnsinnig viel Power. Er strahlt eine Mischung von Sex-Appeal und Unschuld aus." Desirée Nosbusch brauchte ihn, nachdem ihr small-talk nicht einmal mehr für die ARD reichte. Helmut Kohl brauchte ihn beim Kinderfest im Kanzleramt . . .

Und auch die zahlreichen Tenniscenter hierzulande, über die die Boris-Welle wie eine Springflut brach, wissen die Popularität des blonden Deutschen für die eigenen Geschäfte durchaus zu schätzen. Sepp Maier, ehemaliger Torwart der Nationalelf und in Anzing bei München Besitzer eines „Tennis-Paradieses", wollte Bekker sogar 500 Mark im Monat überweisen, „wenn er beweisen kann, daß er diesen Ansturm ausgelöst hat".

Der Boris-Boom schien das ganze Land erfaßt zu haben. Selbst in den entferntesten Provinzecken war es noch als leichtes Vibrieren zu spüren, was der Markt als eine bis dahin nie erlebte Explosion erlebt hatte. Und mit „Markt" ist gemeint: alle Geschäfte, die mit Tennis und über Tennis in Bewegung kommen.

Natürlich gibt es viele Trittbrettfahrer im Becker-Boom. Tiriac weiß ein Lied davon zu singen: „Ungefähr 50 Artikel sind auf dem Markt", sagt er in einem Interview mit der *„Welt am Sonntag"*, „die ohne Konzession mit dem Namen und Bild von Becker Werbung machen. Das reicht von Goldmünzen bis zu T-Shirts. Jeder möchte ein Stückchen vom Kuchen abbeißen. Ich habe schon Anwälte eingeschaltet." Keine Frage: Der größte Kuchen gehört nun mal Becker und Tiriac.

Boris Becker, der junge Held und vielfache Millionär, ist schon heute mit 19 Jahren eine Sportlegende, eine lebende Legende.

Da sieht das gemeine Volk schon mal nach, daß es für den Helden Boris besondere Vergünstigungen bei Pflichten gibt, die der Staat ansonsten seinen Bürgern auferlegt: Wehrpflicht zu leisten und die Pflicht, Steuern zu zahlen.

Doch Tiriac, sein weitsichtiger Manager, hat für beides vorgesorgt: Um die bundesdeutschen Steuern zu umgehen, die bei Bekkers Einkommen runde 60 Prozent ausmachten, emigrierte der Tennisstar ins Steuerparadies Monaco. Der SPD-Bundestagsabgeordnete Max Amling stellte eine parlamentarische Anfrage wegen Beckers Steuerflucht und fragte, wie „Bonn die Steuerflucht erfolgreicher Spitzensportler verhindern könne". Immerhin, so der Abgeordnete, würden die Athleten bei ihrer Entwicklung durch Steuermittel gefördert, und so sei es nur recht und billig, daß sie „den üblichen Tribut" an den Staat zahlten.

Die Anfrage hat kein hörbares Echo ausgelöst. Was sollten bundesdeutsche Steuerfahnder auch tun?

Becker bei seiner nächsten Landung auf einem deutschen Flughafen verhaften lassen? Und überhaupt, Steuerflucht ist nun wirklich keine Erfindung von Boris Becker. Nur delikater ist sein Fall, weil bekannter.

Doch wieder einmal war es Tiriac, der jeden Hintergedanken weit von sich wies: „Als ich Boris entdeckte, verdiente er nicht einmal genug Geld, um die Tennisreisen zu finanzieren, von Einkommen gar nicht zu reden. Als er hierher kam, war der Gedanke der Steuerersparnis der allerletzte Grund. Er kam, weil ich hier lebe und weil es sinnvoll ist, daß wir in örtlicher Nachbarschaft wohnen. Wenn er jetzt aus dem Wohnsitz Monte Carlo Vorteile ziehen kann, sollte doch niemand darüber böse sein."

Wirklich böse ist auch niemand. Vielleicht ein paar jugendliche Tennismuffel, die gerade ihre Wehrpflicht ableisten. Denn daran hat der Fuchs Tiriac freilich auch gedacht, als er im Dezember 1984 an Monte Carlos Boulevard du Larvotto die Wohnung für Boris kaufte und die Aufenthaltsgenehmigung beantragte. Die bekam der junge Tennisspieler, weil er schon damals, laut Tiriacs Angaben, über 10 000 Mark im Monat verdiente – Bedingung für eine Eintrittskarte in das Steuerparadies.

Vom Wehrdienst wird laut Gesetz der Bürger freigestellt, der schon vor der Musterung seinen Wohnsitz außerhalb der Bundesrepublik hatte. Wie eben Boris Becker – auf dem Papier. Und auch Tiriacs monegassische Nachbarschaft hält sich in Grenzen: Sein Hauptwohnsitz ist in der Schweiz ...

Aber, wie gesagt, wirklich böse war hier keiner. Wer spart nicht insgeheim selbst gerne Steuern und drückt sich um den

Wehrdienst? Gehört ein Held zum Drill? Boris in Reih und Glied? Nein, wirklich nicht!

Boris ist ein begnadeter Solist, ein Volksheld – und neue Helden braucht das Land.

„Das richtige Leben beginnt erst, wenn man mit dem Sport aufhört."

Günter Netzer, Ex-Profifußballer

Traumberuf: Sportler? oder: Die soziale Wirklichkeit der Profis

„Die stellen wohl nach Größe und Gewicht auf", amüsierte sich ein Fußballfan im Stuttgarter Neckarstadion, wo der Aufsteigerclub FC Homburg sang- und klanglos unterging: Am Ende stand es 4:0 für Gastgeber VFB Stuttgart. Auch in den nächsten Bundesligaspielen verließen die athletischen Neulinge aus dem 43000-Einwohner-Städtchen im Saarland das Spielfeld meist als Verlierer. In der Branche hatte der sieglose Neuling bereits seinen Spitznamen weg: FC Humbug.

Doch ausgerechnet der Präsident des Provinzclubs lieferte Schlagzeilen: Manfred Ommer. Er sorgte für Wirbel in der Bundesliga.

Manfred Ommer? Na klar. Einmal ist das der bekannte und mit vielen Medaillen ausgezeichnete Spitzensportler: mehrfacher Deutscher Meister im 100- und 200-Meter-Lauf, Vize-Europameister, Europarekordler, Olympiateilnehmer. Dazu – in späteren Jahren – noch Bobmeister... Der Manfred Ommer von heute steht auch „als Garant für Spitzenleistungen. Nur auf einem ganz anderen Gebiet". So beschreibt ihn das Informationsblatt für Mitarbeiter der *Detag Capital-Treuhand Aktiengesellschaft.* Alleiniger Anteilsbesitzer und Vorstandschef: Manfred Ommer. „So, wie andere Lumpen, so sammelt er das Geld ein", wußte der *Kicker,* Deutschlands Zentralorgan für Fußballfans, zu berichten. Daß sich ein Sportmagazin mit dem Kapitalprofi beschäftigt, hatte seinen Grund; denn Ommer hatte sich nicht nur im Schnellverfahren zum neuen Präsidenten des Aufsteigerclubs FC Homburg wählen lassen, sondern mit einem Finanzierungsmodell die Liga kräftig wachgerüttelt. Sein Rezept, mit dem er so manchem finanzschwachen Verein aus der Patsche helfen möchte, sieht auf den ersten Blick erfolgversprechend aus. Nicht der Verein finanziert die Fußballprofis, sondern das Geld – vor allem für Neuverpflichtungen – bringen Kapitalanleger auf. „Das System macht alle glücklich“, verspricht Ommer. Der betreffende Club nimmt den Spieler zwar unter Vertrag, braucht aber dafür nicht die übliche Ablösegebühr zu berappen. Statt dessen hat er jährlich ein Fünftel des entsprechenden Betrags gewissermaßen als Leihgebühr zu entrichten. Außerdem zahlt der Verein Gehalt und Versicherung.

Auch die Investoren sind fein raus, glaubt man dem Modellbauer: „Setzen sie auf Sicherheit, garantiere ich ihnen fünf Prozent Gewinn im Jahr und ihr Kapital zurück“, erläutert Ommer. Leute, „die ein bißchen Nervenkitzel beim Geschäft haben wollen, müssen im schlechtesten Fall in Kauf nehmen, daß ihr eingesetztes Kapital schrumpft. Auf der anderen Seite haben sie die Aussicht, 20 Prozent Gewinn zu machen.“

Nimmt also beispielsweise ein Verein einen Spieler für eine Million Mark unter Vertrag, muß er jährlich 200 000 Mark Leihgebühr ausschütten, die die Anleger als Verzinsung ihres eingesetzten Kapitals erhalten. Sie kassieren damit eine Rendite von 20 Prozent. Wird der Spieler nach zwei Jahren gar für 1,3 Millionen Mark an einen anderen Verein weiterverkauft, können sich die Investoren vom zusätzlichen Transfererlös 180 000 Mark teilen. Ist der Spieler allerdings nur noch 600 000 Mark „wert“, so sackt die Rendite auf Null.

Ommers erstes Testobjekt ist der Bundesliganeuling FC Homburg, der auf diese Weise zu fünf neuen Spielern im Wert von rund 2,5 Millionen Mark kam. Dafür zahlt er jetzt eine „Nutzungsgebühr“ von 500 000 Mark jährlich.

„Menschenhandel“ schimpften Präsidenten und Manager der Fußballbranche und lehnten Ommers Modell fürs erste ab. Er habe „zu viel Ehrfurcht vor der Menschenwürde, als daß ich einen Spieler einfach zum Kapitalisierungsobjekt machen könnte“, kommentierte Helmut Grashoff, Manager von Borussia Mönchengladbach, Ommers Geschäfte. Der konterte: „Sport ist keine Insel, auf der es sauber, lieb und nett zugeht, sondern knallhartes Geschäft.“ Und zwischen einer Immobilie und einem Fußballprofi entdeckt der smarte Finanzmanager grundsätzlich nur einen Unterschied:

„Fußballprofis sind ein vergängliches Wirtschaftsgut, eine schnell verderbliche Ware."

Fußballer als Immobilien, als Waren, als Anlageobjekte? So deutlich hatte es noch keiner öffentlich gesagt; doch in der Praxis ist Ommers Modell längst kein Novum. Im Grunde gelten Spieler im bezahlten Fußball als nichts anderes. Die Experten sprechen von „Spielermaterial"; die hohen Ablösesummen werden immer mehr aus Geldern der Wirtschaft bezahlt, die das freilich auch nicht selbstlos praktiziert. Die Verträge degradieren die Spieler zu einer Art „Leibeigenen" des Vereins. Tatsache ist: Die Aufregung um Ommers Modell, der als Finanzmanager den verschuldeten Bundesligavereinen nur eine neue Variante anbot, aus den roten Zahlen zu kommen, ist pure Heuchelei. Auch wenn sich Mönchengladbachs Manager Grashoff in der Presse als Verteidiger der Menschenwürde ausgibt, im Profifußball sind die Spieler seit Jahren nichts anderes als eine Handelsware.

Wer glaubt, Fußballer sei ein Traumberuf, der ignoriert die soziale Wirklichkeit in dieser Branche. Eine Branche, die das ist, was Ommer ihr bestätigt: knallhartes Geschäft.

„Für ein Viertel mehr Gehalt unterschreibe ich den Vertrag, für ein Drittel mehr nicht." Ein Satz, der gerne kolportiert wird. Angeblich pokerte einst Fußball-Nationalspieler Horst Szymaniak so unbeholfen mit seinem Arbeitgeber. Das müssen noch gemütliche Zeiten gewesen sein. Heute passiert das keinem der portemonnaiebewußten Bundesligakicker mehr. Anders als Szymaniak und andere Pionierkicker der frühen Ligajahre kommen die jungen Spieler heute mit ihren Beratern, Anwälten oder Managern zu den Vertragsverhandlungen. Und die – ebenfalls am Geschäft profitierenden – Herren passen auf, daß ihre Schützlinge nicht über den Tisch gezogen werden. Sie wissen: Wenn alles gut geht, kann ein Profi heute vielleicht zehn Jahre seinen Beruf ausüben. Das ist die Zeit, in der er „das Heu einfahren muß, um danach gut leben zu können", so Spielerberater Holger Klemme. Gut bezahlt sind sie alle; denn die Tatsache, daß Fußball Volkssport ist, wirkt sich für Fußballprofis besonders vorteilhaft aus. Die Mehrzahl der bundesdeutschen Ligakicker erhält ein Jahreseinkommen zwischen 180000 und 200000 Mark. Der Verdienst kann stark variieren; heute wird im bezahlten Fußball „leistungsbezogen" bezahlt: Einsätze, Punkte, Zuschauer – all das ist ausschlaggebend. Doch auch wenn's nicht gerade prächtig läuft, brauchen die Fußballprofis nicht gleich am Hungertuch zu nagen. Im Vergleich zu anderen Berufssportlern sind sie Spitzenverdiener. Für einen Durchschnittsmalocher, der hierzulande monatlich 2000 bis 3000 Mark in seiner Lohntüte nach Hause bringt, sind die Gehälter der Fußballprofis ohnehin Traumgehälter.

Gut, nicht jeder, der dem runden Leder professionell nachläuft, kann Millionär werden, doch keiner verdient so wenig, daß er prämienbegünstigt sparen könnte. Selbst die „Ärmsten" der Fußballprofis aus den beiden Bundesligen kassieren soviel wie ein gut bezahlter Angestellter, die Reichen können sich durchaus mit Topmanagern aus der Wirtschaft vergleichen.

Es ist, wie anderorts im Berufsleben auch, es gibt ein Oben und ein Unten: kleine, mittlere und leitende Angestellte, wenige Topmanager mit Angestelltenverträgen und eine Geschäftsleitung.

Die Mär von den elf Freunden, die eine Mannschaft bilden, hat keinen Platz im erbarmungslosen Fußballgeschäft. Sich durchsetzen oder untergehen, so lautet die Devise der Profis.

In Interviews reden sie nicht mehr von Kameraden oder Freunden; ihre Mitspieler sind ganz einfach Kollegen, Geschäftspartner. Die Welt des bezahlten Fußballs ist – wie überall der Berufssport – nüchtern, auskalkuliert und ohne Emotionen. „Für mich gibt es keine Freundschaft außerhalb des Fußballplatzes" sagte Günter Netzer, einst Nationalspieler in Diensten von Borussia Mönchengladbach und Real Madrid und fügte hinzu: „Wir sind elf Geschäftsleute auf dem Platz, von denen jeder seine eigenen Interessen vertritt. Gemeinsam suchen wir den Erfolg, weil jeder davon profitiert. Wie die Elf nun harmonisiert, ist in erster Linie Sache der Geschäftsleitung, also des Trainers und der Vereinsführung. Sie sind für das Betriebsklima verantwortlich."

Geschäftspartner sind sie schon, aber keine gleichwertigen. Für die Fußballmannschaft gilt das gleiche Prinzip wie auf dem Hühnerhof: die Hackordnung. Jeder muß sich seine Position innerhalb des Teams erkämpfen oder erdienen. So kristallisiert sich ein Spielertypus heraus, der sich vor allem selbst der Nächste ist: kompromißlos, ich-orientiert, geschäftsbezogen. Ihn interessiert nur der Aufstieg, sonst nichts.

Ein Mann wie Ewald Lienen, Berufsfußballer bei Borussia Mönchengladbach, ist in diesem beinharten Geschäft eine Ausnahme. Er ist ein untypischer Profi: lange Haare, liest weder *Bild* noch *Kicker,* verweigert Autogramme und kandidiert für die Friedensliste. Er trägt nicht nur die Nummer 11 auf dem Trikot, er ist auch politisch der Linksaußen der Fußballnation. „Für mich ist die Bundesliga ein Spiegelbild unserer Gesellschaft, in der auf jeden in irgendeiner Form Druck ausgeübt wird, mit dem Ziel, mehr Leistung zu erbringen", so der Profi nachdenklich. Doch auch Ewald Lienen kann sich dem System von Marktwerten nicht entziehen, selbst wenn er es wollte. An den Füßen Puma, auf der Brust Erdgas, Jahresgehalt: rund 250 000 Mark.

Sicher, er wollte schon an manchen Tagen die Schuhe an den berühmten Nagel hängen, einfach aufhören, aussteigen. Doch bislang blieb er. Schließlich gibt es Verträge, und wer schmeißt einfach seinen Beruf hin, besonders dann, wenn er wie Lienen „noch immer mit ungeheurer Begeisterung" spielt? Nur außerhalb des Spielfeldes, da eckt der unbequeme Profi öfters an. Wie 1979: Da hatte er sich in die Berufsverbote-Diskussion eingeschaltet und seine über 1200 Fußballkollegen brieflich aufgefordert, sich mit ihm öffentlich gegen die Praxis der Berufsverbote einzusetzen. Die „höchstdotierten und abhängigsten Spaßmacher der Nation", so der Schriftsteller Rudolf Hagelstange, haben ihm damals die kalte Schulter gezeigt. Ganze fünfzehn Kickerprofis solidarisierten sich per Unterschrift. Die Presse berichtete darüber – mit unüberlesbarer Häme. Wenn einer so viel verdient wie Lienen, hat er damit zufrieden zu sein und den Mund zu halten. Daß er als Fußballprofi seine Meinung – und auch noch politisch – äußert, stößt auf Unverständnis.

Davon kann auch sein Stuttgarter Kollege Karl Allgöver ein Lied singen. Der flinke Stürmer und Ex-Nationalspieler hat mit linken Sprüchen und dem Bekenntnis, er sei „zu 100 Prozent gegen die Politik der CDU" für Wirbel in seinem Verein, dem VfB Stuttgart, gesorgt. Besonders dem Herrn Präsidenten Mayer-Vorfelder, nebenher noch baden-württembergischer Kultusminister, ist der selbstbewußte Fußballprofi ein Dorn im Auge. CDU-Mann Mayer-Vorfelder, der nie einen Hehl aus seiner besonderen Wertschätzung für angepaßte Musterknaben vom Schlage der Förster-

Brüder machte, ließ Allgöver mitteilen, daß er politische Meinungsäußerungen und unbequeme Fragen am Arbeitsplatz nicht wünsche. Ein guter Profi, so seine Auffassung, hält den Mund oder kommt wenigstens aus der Tiefe des Raumes über rechts.

Arbeitersohn Allgöver ließ sich bislang von solcherart Drohungen nicht einschüchtern. Er ließ sich als Protest gegen die Umweltverschmutzung auf einer Müllkippe photographieren. Öffentlich bekannte der Fußballprofi Angst vor Ronald Reagans Rüstungspolitik. Daß er in der Menschenkette von Mutlangen fehlte, hatte allein berufliche Gründe: am gleichen Tag fand das Bundesligaspiel gegen den FC Bayern München statt. Und da mußte Allgöver schließlich arbeiten.

Weil ihn nun auch Trainer Cordes einen „Nestbeschmutzer" schimpfte, will Allgöver den Verein wechseln.

Lienen und Allgöver, zwei außergewöhnliche Profis in einem Geschäft, in dem Anpassung quasi Bestandteil des Arbeitsvertrages ist. Beide wissen, daß auch sie sich schon ein gutes Stück angepaßt haben, anpassen mußten. Doch sie wollen sich trotzdem ihren Mund nicht verbieten lassen; denn „immerhin gibt es das Grundrecht der freien Meinungsäußerung", so Allgöver.

Wenigstens Lienens Trainer Jupp Heynckes zeigte sich einsichtig: „Solange der Ewald Tore schießt und gute Leistungen zeigt, spielt er; alles andere ist seine Privatsache."

Lienen und Allgöver, zwei Spitzenkicker der Liga; doch Stars sind sie keine. Zu einem Star gehört mehr.

Wer nur eisenharter Verteidiger oder spurtschneller Flügelstürmer ist, gehört zu den sogenannten Arbeitern der Mannschaft. Stars müssen das Spiel und den Spielverlauf sozusagen in der Hand haben, neue Strategien entwickeln und die eigenen Mitspieler immer wieder neu motivieren. Sie sind der eigentliche Kopf der Mannschaft, die Ideenproduzenten, die Genies. Und sie alleine sind es, die Millionen verdienen.

Maradona in Neapel, Platini in Turin, Schuster in Barcelona – Stars, die wie Helden verehrt und wie Wirtschaftsbosse bezahlt werden.

Hierzulande mußten in den letzten Jahren die Elitekicker einiges von ihrem Glanz und ihrem Einkommen einbüßen. Gladiatoren sind sie vielleicht noch, die die Menge begeistern und zu

Jubelstürmen hinreißen, gutbezahlte Ballartisten, die ihre Kunststücke auf dem grünen Rasen vorführen.

Der Bremer Nationalstürmer und Torjäger Rudi Völler, Bayernspieler Lothar Matthäus, zwei, die pro Saison – ohne zusätzliche Werbeeinkünfte – auf eine gute halbe Million Mark kommen. Zwei Spitzenverdiener im Gewerbe; doch „Volkshelden" sind auch sie nicht. Die sind rar geworden. Wenn einst ein Uwe Seeler sich über ein Jahrzehnt auf allen Fußballplätzen dieser Welt bis zur totalen Erschöpfung abrackerte, gestoßen, getreten, verletzt wurde und dennoch Tore schoß, dann war er nicht nur ein Star, „uns Uwe", wie ihn die Fans liebevoll nannten, war ein Held. Er kämpfte stellvertretend für alle den Gegner nieder. Wie Jahre zuvor Fritz Walter und seine Mannen in Bern, wo sie durch den Sieg gegen die Ungarn nicht nur die Fußballweltmeisterschaft gewannen, sondern einer ganzen Nation ihr Selbstbewußtsein wiedergaben. Die „Helden von Bern" sind bis heute Helden geblieben. Nach Bern und „uns Uwe" kamen Beckenbauer, Netzer, Overath und Co., und mit ihnen eine Spielergeneration an den Ball, die ungleich eleganter, ja oft geradezu ästhetisch mit dem runden Leder umging. Ihr Einfallsreichtum und ihre Eleganz faszinierten das Publikum. Sie waren keine biederen Handwerker, sie waren Ballkünstler.

Und heute? Als die Bundesbürger gefragt wurden, welches Ereignis des deutschen Sports ihnen das wichtigste, das bedeutendste sei, nannten sie den Wimbledonsieg von Boris Becker und den Gewinn der Fußballweltmeisterschaft in Bern 1954. Die Aufschlüsselung der Befragten förderte zutage: Von denen unter 40 Jahren setzte die Mehrzahl den Wimbledonsieg von Boris Becker an die erste Stelle.

Die Älteren aber, die über 40, hatten Bern und die Fußballweltmeister weit vorne, erst danach folgte Tenniswunder Becker.

Keine Frage: Jede Generation hat ihre Stars, ihre Helden. Boris Becker ist der Abgesandte seiner Generation, so wie es Max Schmeling in den dreißiger Jahren, Fritz Walter, Helmut Rahn in den fünfziger Jahren, später „uns Uwe", Franz Beckenbauer oder auch der „Bomber der Nation", Gerd Müller, waren. Sie alle waren Vorbilder, Idole, Helden für Millionen.

Was sind Helden? Helden, so steht es in der Brockhaus-Enzyklopädie, sind außergewöhnliche Menschen, die sich durch kühne Taten auszeichnen oder ausgezeichnet haben. Sie ragen aus der Menge hervor. Sie steigen zu Halbgöttern auf.

Liegt es am nüchternen, geplanten, allein am Profit orientierten Sportgeschäft, das „kühne und außergewöhnliche Taten" nur noch nach abgestimmter Dramaturgie zuläßt? Oder haben sich die jungen Sportler selbst geändert? Sport, besonders wenn er zum Beruf gemacht wurde, war zu früheren Zeiten eine der wenigen Möglichkeiten, sich auf der sozialen Rangstufe nach oben zu kämpfen. Das galt vor allem für junge Männer aus dem einfachen Volk, aus den Hinterhöfen der Nation. Gleich ob auf dem Fußballplatz, im Sechstagekreisel oder Boxring, in fast allen Disziplinen stellten Arbeiterjugendliche die Mehrzahl. Fritz Walter, Toni Turek oder Helmut Rahn, sie waren vor allem deshalb Massenlieblinge, weil sie aus dem Volk kamen. „Bubi" Scholz hatte sich aus dem Berliner Arbeitermilieu ins Rampenlicht der weltbesten Boxer hochgeprügelt, Rudi Altig von unten nach oben gestrampelt.

Die heutige nivellierte Mittelstandgesellschaft bringt auch nivellierte Sportler hervor. Profis wie den Golfer Bernhard Langer oder Tennisasse wie Boris Becker und Steffi Graf. Keine Stars mehr zum Anfassen, sondern allenfalls noch telegene Identifikationsfiguren. Da bleibt auch ein Held des Zeitgeistes wie Boris Becker weit weg vom Fan, auch wenn die Medien ihn gerne als „volksnah" verkaufen. Nicht nur was seine Einkünfte betrifft, die alle bisherigen Dimensionen im Sportbereich sprengen und für den Herrn Otto Normalverbraucher ohnehin kaum mehr nachvollziehbar sind, sondern auch seine Erscheinung: Boris ist mehr eine Kunstfigur der Werbeindustrie denn ein volksnaher Held.

Doch da heute ohnehin keiner mehr zum Volk gehören möchte, nimmt ihm das keiner übel. Im Gegenteil: Boris Becker ist zum Ideenträger einer jungen aufstiegsorientierten Generation geworden, die von morgens bis abends an ihrer Karriere bastelt und modisch gekleidet und gut frisiert ihr Geld zur Bank trägt. Kurzum: Boris Becker, der Sportheld von heute, ist die „Symbolfigur der Wende", wie ihn die *Süddeutsche Zeitung* nannte.

Doch für die Mehrzahl der Berufssportler sieht die Wirklichkeit anders aus. Sie sind keine von den Medien umworbenen Sportstars, und vom sogenannten Beckerboom hat allenfalls die Wirtschaft profitiert. Sportprofis gehen hierzulande in den unterschiedlichsten Bereichen ihrem Beruf nach, mit festen Verträgen innerhalb einer Mannschaft, eines Teams, einer Sportgruppe (Fußball, Eishockey, Radsport u. a.), ausgestattet mit festen Sponsoren- und Materialverträgen (Motorsport, Skisport u. a.) oder auch als ‚Freischaffende' (Tennis, Golf, Boxen u. a.), freilich auch hier unterstützt von Sponsorenfirmen; denn vom Preisgeld allein kann heute ein Profi kaum mehr leben.

Bezahlt wird von Branche zu Branche, von Disziplin zu Disziplin verschieden. Es ist wie in der freien Marktwirtschaft: Angebot und Nachfrage.

Gemeinsam aber ist allen: Ihr Beruf erfordert harte Disziplin, totale Anpassung, permanente Leistung. Wer ohne Form ist, ist out. Sie alle müssen – in der Hoffnung auf möglichst geringe Verletzungen – in wenigen Jahren möglichst viel Geld verdienen. Denn Berufssportler ist man nicht bis fünfundsechzig. In den meisten Sportarten gilt der Dreißigjährige schon als Oldie. Ausreichend Geld auf die hohe Kante legen, vor allem gewinnbringend investieren, ist deshalb die Devise der Profis.

Den gutbezahlten Stars fällt das leichter, sie können sich Berater und Manager leisten, die ihnen diese Vorsorgearbeiten abnehmen, damit sie sich voll auf ihren Beruf konzentrieren können. Die meisten Profis aber können sich solch einen Luxus nicht leisten. Nichts fürchten sie mehr als Verletzungen; denn das bedeutet Einnahmeverlust. Es sei denn, sie sind gut – und vor allem teuer – versichert.

„Mir bleibt im Schnitt monatlich nicht mehr als 3000 bis 4000 Mark", gesteht der Münchner Radprofi Stephan Schröpfer, „der Rest wird von regelmäßigen Ausgaben wie Material, Versicherung, Massage- und Arztkosten verschlungen. Da bleibt nicht viel zum Sparen . . ."

Der „Traumberuf" Sportler ist heute ein harter Job. Nur die Stars verdienen gut. Die Mehrzahl aber sind biedere Sportler-Arbeiter, die schauen müssen, daß sie über die Runden kommen. Sprichwörtlich.

Zum Beispiel ein Mann wie der Dortmunder Radprofi Ralf Hofeditz. Seit Jahren leistet er als sogenannter „Wasserträger" für seine jeweiligen Chefs schweißtreibende Arbeit auf der Strecke.

Dafür wird er bezahlt, runde 3000 Mark pro Monat und manchmal noch eine Zugabe aus dem Prämientopf der Mannschaft. In seiner Arbeitskluft sieht er aus wie eine radelnde Litfaßsäule. Doch die vielen Schriftzüge auf Trikot, Hose und Käppi bringen ihm kaum Geld. Das große Geld verdienen andere: Topstars wie Kelly, Moser oder Lemond. Sie sind die Stars im Gewerbe, die Millionen kassieren. Der Profi Hofeditz darf sich freuen, wenn sein Chef mit seinen Gehilfenleistungen zufrieden ist und die Sponsorenfirma ihm einen neuen Vertrag gibt. Der Sport braucht Sieger und Verlierer, Stars und graue Mäuse. Nichts ist langweiliger als ein Unentschieden, als ein gleichwertiger Kampf ohne Ende. Die Fans wollen eine erlebnisreiche Show, gute Unterhaltung – nichts als das haben die Berufssportler zu bieten.

„Wir brauchen auch Fahrer, an denen die bekannten Stars und Publikumslieblinge vorbeifahren können", erläutert Stephan Braun, Mitverantwortlicher des Münchner Sechstagerennens, und charakterisiert damit die Tatsache, daß die Dramaturgie des Spektakels den bieder radelnden Handwerker ebenso benötigt wie den elegant spurtenden Star.

Es ist – gleich ob beim Sechstagerennen, im Fußball oder anderswo – wie bei einem großen Orchester: Es gibt viele Orchestermitglieder, wenige Solisten, aber nur einen Dirigenten.

Das Los der Mehrzahl aller Berufssportler ist es, gut funktionierender Angestellter der Unterhaltungsbranche Sport zu sein. Einer, der seine Arbeit nach den Anforderungen der Branche erledigt. Dafür wird er bezahlt.

Welcher Junge träumte nicht einmal davon, ein großer Star zu werden wie „Kalle" Rummenigge, Boris Becker oder „Didi" Thurau. Für die meisten zerplatzt der Traum schon im Jugendalter. Andere haben sich durchgesetzt, durchgebissen, nach vorne gekämpft, haben Meisterschaften errungen und Medaillen erkämpft – und sind schließlich Profis geworden.

Den Traum vom „Traumberuf" haben auch die meisten von ihnen rasch begraben müssen. Allenfalls ist es „ein Beruf, der wie jeder andere mal mehr, mal weniger Spaß macht und die Möglichkeit bietet, in wenigen Jahren doch so viel zu verdienen, um später davon leben zu können", so die Tennisspielerin Claudia Kohde-Kilsch.

„Fußballprofis sind ein vergängliches Wirtschaftsgut, eine schnell verderbliche Ware."

Manfred Ommer, Präsident des FC Homburg und Finanzmanager

Rudi Ratlos und das Arbeitsamt oder: Gespräch mit einem Bundesligatorwart

Im Dresdner Stadion ist der Teufel los: Tor, Toooor!!! Jubelchöre und Sirenengeheul auf den Rängen, Freudensprünge und Umarmungen auf dem Spielfeld. Gerade hat die heimische „Dynamo"-Mannschaft das 2:0 gegen die Spieler des Hamburger Sportvereins erzielt. Jetzt ist Stimmung im Stadion. Die „Dynamo"-Fans dürfen mit ihrer Mannschaft wieder hoffen. Beim Hinspiel in Hamburg mußten die Dresdner eine 1:4-Niederlage einstecken, jetzt wollen sie den Spieß umdrehen. Und die Chancen stehen gut. Beide Mannschaften wollen weiter und haben sich auf dieses Match gewissenhaft vorbereitet; denn schließlich handelt es sich heute nicht um ein Allerweltsspiel. Es geht um viel: Die Hamburger müssen ihren Drei-Tore-Vorsprung halten, die Dresdner mindestens drei Tore schießen und ein Gegentor verhindern, dann sind sie im UEFA-Cup, in einem Wettbewerb der besten europäischen Vereinsmannschaften, eine Runde weiter. Im deutsch-deutschen Fußballvergleich bleibt einer auf der Strecke, so will es das Reglement.

Knapp zwanzig Minuten sind gespielt, als ein „Dynamo" Spieler innerhalb des Hamburger Strafraums zu Fall gebracht wird. Der Schiedsrichter zögert keine Sekunde: Unmißverständlich deutet er auf den Elfmeterpunkt.

Elfmeter? – Die Hamburger Spieler können es nicht fassen ... Doch aller Protest nützt nichts, die Entscheidung des Schiedsrichters gilt. Wo vor Minuten noch ohrenbetäubender Jubel war, herrscht jetzt atemlose Stille. 60 000 Zuschauer verfolgen, wie sich ihr Spieler Dörner den Ball am Elfmeter-Punkt zurechtlegt. Im Tor steht einer, dem die berüchtigte ‚Angst des Torwarts beim Elfmeter' unbekannt ist: Rudi Kargus, Stammtorhüter des HSV, dessen Spezialität es ist, Elfmeter zu parieren. Mit seinen Reflexen hat er schon mehr als einmal seine Mannschaft vor Niederlagen bewahrt und ihr zu Siegen verholfen. Mannschaftskameraden und Fans nennen ihn deshalb auch den „Elfer-Killer". Das Duell kann beginnen. Dörner läuft an, schießt und ... reißt verzweifelt die Hände an seinen Kopf. Kargus war in die richtige Ecke gehechtet, und der hart geschossene Ball blieb zwischen seinen Händen wie in einem Schraubstock stecken. Die Hamburger Spieler laufen auf ihren Tormann zu und umarmen ihn. Doch der Schiedsrichter pfeift energisch und schüttelt den Kopf: Kargus soll sich zu früh von der Linie bewegt haben. Das aber verstößt gegen die Regeln; also Wiederholung. Neuerlicher Protest der Hamburger Spieler. Doch es bleibt dabei: Wiederholung.

Wieder läuft der Schütze Dörner an, doch ... wieder ahnt Rudi Kargus die richtige Ecke und boxt den Ball zur Seite.

Diese Rettungstat von Rudi Kargus bringt den Hamburger Sportverein eine Runde weiter. Den „Dynamo"-Spielern gelingt im weiteren Verlauf des Spiels nichts mehr, vor allem keine entscheidenden Tore. Statt dessen schießen die HSV-Stürmer, beflügelt durch die Glanztaten ihres Torhüters, in der zweiten Halbzeit noch zwei Tore. Endstand: 2:2 – nach dem Schlußpfiff reißen die Hamburger überglücklich die Hände hoch. Sie wissen eins: Der Sieg geht auf das Konto ihres Torwarts Rudi Kargus. Er ist der ‚Held des Tages'.

Fünf Jahre später ist Rudi Kargus, zwischenzeitlich unbestrittene Nummer 1 im Hamburger Tor und sogar Nationaltorwart, arbeitslos. Jetzt ist er beim Arbeitsamt Bad Oldesloe nur noch eine Nummer: 241829/111. „Ich bin", sagt er, „ein Stempelgänger in den besten Jahren." Der Held von einst ist ein Opfer der absurden Praktiken im Bundesligageschäft. Durch seine guten Leistungen hatte sich Kargus teuer gemacht und mit seinem Jahresgehalt auch die Ablösesumme automatisch in die Höhe getrieben. Seinen „Marktwert" hatte der HSV auf 1,5 Millionen DM festgesetzt. Manager Günter Netzer, jahrelang selbst Fußballprofi und Insider, ist wenige Wochen später bereit, Rudi Kargus auch für 1 Millionen abzugeben. Doch ihn kauft keiner, weil er zu teuer ist. Wie kam es dazu, daß der „zweite Sepp Maier“, wie Kargus in Anlehnung an das Torwartidol Sepp Maier von FC Bayern München genannt wurde, plötzlich ohne Arbeit dastand?

Fußballspieler haben in der Bundesliga das Recht auf freie Wahl ihres Arbeitsplatzes nur auf dem Papier: Kargus hatte im April 1980 seinen Vertrag gekündigt, um einen neuen Drei-Jahres-Kontrakt auszuhandeln. Der HSV wollte ihn aber nur noch für zwei Jahre verpflichten. Die Verhandlungen scheiterten schließlich, weil keine Seite nachgeben wollte. Der HSV kaufte einen neuen Torwart, und aus Rudi Kargus wurde Rudi Ratlos, der sich wöchentlich 457,20 DM Arbeitslosengeld abholte.

Mit Waldläufen und Gymnastik hält sich Rudi Kargus fit für den Tag, an dem ein Bundesligaclub einen Torwart braucht. „Ich bin ja arbeitswillig und arbeitsfähig, aber wenn die Ablösesumme so hoch bleibt, kauft mich keiner“, sagt Kargus und trauert vergangenen Zeiten nach, „denn“, so Rudi Kargus, „ohne Tor ist ein Torwart nur ein halber Mensch!“

Nach wenigen Monaten kann er aufatmen. Als echtes „Sonderangebot“ wird „Markenartikel“ Kargus für etwas mehr als 690 000 DM an den 1. FC Nürnberg verkauft. Alle sind zufrieden: HSV-Manager Netzer, der froh ist, wenigstens den Gegenwert eines neuen Torhüters kassieren zu können, und Rudi Kargus, daß er wieder seinen Beruf ausüben kann. Schließlich hätte Kargus auch beschließen können, seinen Profijob aufzugeben – dann hätte vor allem Manager Netzer ein dickes Verlustgeschäft gemacht.

Aber schließlich zieht auch er der Arbeitslosenunterstützung ein standesgemäßes Jahreseinkommen von etwa 300 000 DM vor.

Mittlerweile hat Rudi Kargus die Querelen um die damalige Vertragsverlängerung verarbeitet: „Ich habe mich da gar nicht mehr wohl gefühlt. Es gab kein Vertrauen zum Trainer, der war ein Diktator, und solche Leute liegen mir nicht ...“

Auch die aktive Zeit beim fränkischen Traditionsverein war kürzer als erwartet. Nicht, daß Rudi das Gehäuse nicht sauber hielt. Im Gegenteil: Auch als Torwart des „Clubs“, wie die Nürnberger Fans ihre Mannschaft nennen, war er Spitze. Rudi vereitelte Tore und sicherte wichtige Punkte. Die Fans aus der Kurve liebten ihn, und noch mehr die fachkundigen Rentner, die bei keinem Training als Kulisse fehlen. „Der Rudi", kommentiert ein Fußballveteran im breiten fränkischen Dialekt, „der is a echter Kerl, den mang ma hier . . ."

Doch dann gibt es Krach mit dem Führungsstil des Trainers. Die Spieler sind unzufrieden, es brodelt. Alle maulen, aber nur wenige machen auch öffentlich den Mund auf. Rudi Kargus, Mannschaftskapitän, ist einer der Wortführer. Seine Forderung nach einem neuen, weniger autoritären Trainer, „einem Mann, der auch uns Spieler als Menschen sieht", unterstützt fast die gesamte Mannschaft. Es kommt zum Kraftakt: Spieler oder Trainer. Der Vereinspräsident entscheidet sich – einmalig im bundesdeutschen Trainergezanke – gegen die Mannschaft und kündigt dem halben Team. Rudi Kargus erhält als einer der ersten die Papiere, samt Abfindung. Lieber keinen als einen aufrührerischen Klasse-Torwart.

Diesmal findet er rascher einen neuen Arbeitsplatz als nach dem Ende in Hamburg. Der Karlsruher SC – gerade wieder in die erste Bundesliga aufgestiegen – freut sich über Rudi Kargus. Und dort zeigt der Routinier, daß mit ihm weiterhin zu rechnen ist. Doch ein Torwart allein gewinnt nicht die Spiele und verhindert nicht den Abstieg. Bald sind die Karlsruher dort, wo sie herkamen, in der zweiten Liga. Um so mehr freut es Rudi, daß sich die abstiegsbedrohte Fortuna aus Düsseldorf für ihn interessiert – und für die steht er derzeit zwischen den Pfosten.

Ich treffe ihn nach dem Training. Wir hatten uns verabredet. Er wollte mir erzählen, wie das so ist, ein berufsmäßiger Tormann zu sein. Noch dazu einer, der seit Jahren das Geschäft kennt. Über 500 Bundesligaspiele, dreimal in der Nationalmannschaft, Deutscher Meister, Europameister . . . aber auch mal arbeitslos. Wie also sieht der Alltag aus?

Wir haben montags immer unseren freien Tag. Der ist notwendig; denn als Profi hat man sich ja auch um andere Dinge zu kümmern: Wer Familie und Kinder hat, um diese; wer schon geschäftlich irgendwo beteiligt ist, in der Firma; als Junggeselle um Wohnung und andere Dinge. Ein freier Tag ist also nötig, wie für jeden arbeitenden Menschen. Am Dienstag steht zweimal Training auf dem Programm, jeweils vormittags und nachmittags. Das gleiche gilt für den Mittwoch. An diesen beiden Tagen steht härteres Training auf dem Programm als gegen Ende der Woche. Da bleibt auch wenig Zeit, neben den Trainingseinheiten etwas anderes zu machen. Konkret sehen die beiden Tage so aus für mich: Morgens aufstehen, Frühstück, mit dem Auto 25 km nach Düsseldorf, Umkleiden, Training, danach Duschen und vielleicht Massage, Rückfahrt. Mittagessen zu Hause, Ausruhen. Nachmittags das gleiche noch mal. Wenn ich gegen Abend nach Hause komme, bin ich geschafft. Ich erledige noch ein paar Schreibsachen, mache Autogrammpost...

Donnerstag und Freitag trainieren wir nur einmal am Tag. Freitags geht's dann ins Trainingslager, bei Auswärtsspielen auf Reisen, per Bus oder Flugzeug. Samstags leichtes Training und Vorbereitung auf das Spiel. Nachmittags dann das Spiel, danach Rückreise. Oft kommt man ja erst nachts zurück... Sonntag ist unser Pflegetag, also Massage, Sauna und medizinische Betreuung. Nachmittags ist dann ebenso wie Montag frei.

Es ist klar, daß man als Profi sehr diszipliniert leben muß; da machen sich Außenstehende oft keine Vorstellungen... Da wir eine Mannschaft sind, muß alles genau abgesprochen werden, alles zusammenlaufen. Deshalb ist Disziplin auch so notwendig.

Die Mannschaft ist ja ständig zusammen: Training, Spielvorbereitung, Spiel, Pflegetag... fast die ganze Woche. Früher gab es ja die Vorstellung „Elf Freunde müßt ihr sein...", dann ist die Mannschaft nicht zu schlagen. Wie ist heute unter Fußballprofis das Klima? Seid ihr nur Arbeitnehmer wie in einem großen Betrieb, oder gibt es noch den Mythos von den „Elf Freunden"?

Ich würde es mit einem Betrieb vergleichen, wo jeder seine Arbeit macht und danach wieder nach Hause geht. Ich halte das auch für gut; denn wir sind ja so oft zusammen, daß jeder Spieler auch seine Privatsphäre braucht. Ich habe auch keine Lust, nach einem Spiel mit den Kollegen wieder zusammenzusein. Das ist ja anders als im Dorfverein, Fußballspielen ist nicht unsere Freizeit, sondern unser Beruf...

Dein Beruf – Bundesligatorwart – hat ja gegenüber den anderen Spielern noch ein besonderes Merkmal: Es gibt etwa 20 Feldspieler, die zur Mannschaft vertraglich gehören, aber nur zwei oder drei Torhüter. Schon daraus ergibt sich eine besondere Stellung. Ich habe oft den Eindruck, daß gerade die Torleute im Mittelpunkt stehen: Entweder sind sie die Helden oder die Buhmänner. Siehst du das auch so?

Ja, ganz genau. Wenn man, wie ich, über Jahre in der Bundesliga spielt, dann ist es sehr wichtig, gerade mit dieser Doppelrolle fertig zu werden. Ich erinnere mich, daß ich mir in den ersten Jahren alles sehr zu Herzen genommen habe. Ich bin – glaube ich – ein recht gefühlsbetonter Mensch, und wenn ein Spiel verlorenging, an dem ich als Torhüter entscheidenden Anteil hatte, dann ist mir das extrem auf den Magen geschlagen. Am Wochenende danach habe ich dann einen Elfmeter gehalten und war der Held des Tages. Über die Jahre hinweg lernt man, durch diese Wechselbäder zu gehen. Ich habe das auch gelernt, nehme heute Mißerfolg und Erfolg gelassener hin. Aber ich merke auch heute noch, daß der Torwart schneller verantwortlich gemacht wird als die übrigen zehn Mitspieler. Seine Fehler sind sichtbar. Manchmal denke ich mir, ich wäre besser ein Einzelspieler geworden. Wenn ich die Tennisprofis sehe, die „ihr" Spiel verlieren... wenn ich einen Fehler mache, verlieren wir „alle". Das ist ein sehr entscheidender Unterschied.

Du hast eben gesagt, daß du ein gefühlsbetonter Mensch bist. Ich kann mir vorstellen, daß diese Eigenschaft im harten Profifußball nicht sonderlich förderlich ist. Es muß dich ja sehr hart getroffen haben, als du damals – wohl als erster bundesdeutscher Fußballstar – für ein halbes Jahr arbeitslos warst. Wie ist es denn dazu gekommen, daß du – einer der besten Torhüter der Bundesrepublik – deinen Beruf nicht ausüben konntest?

Das hat mich damals alles sehr mitgenommen. Ich war nervlich sehr angegriffen. Dies vorweg. Begonnen hat es damit, daß ich mit dem damaligen Trainer des HSV nicht klarkam. Meiner Ansicht nach hat er sich gegenüber einigen Spielern nicht menschlich verhalten; der hatte auf diesem Gebiet, ich will es mal ‚Umgang mit Menschen' nennen, keine sonderlichen Qualitäten. Ich habe darunter richtig gelitten, mich verschlossen. Das ganze Klima in der Mannschaft litt unter diesem Trainer. Irgendwann ist das natürlich auch öffentlich geworden, meine Einstellung zu dem Trainer. Dies war auch der ausschlaggebende Problemkreis der Vertragsverhandlungen. Dazu ist zu sagen, daß mein alter Vertrag ausgelaufen war, und ich nun mit meinem Arbeitgeber, also dem HSV, einen neuen Vertrag aushandeln mußte.

Vielleicht kannst du das mal kurz erklären mit diesen Verträgen? Darüber liest man ja soviel auf den Sportseiten.

Jeder Profi hat mit seinem Verein einen Vertrag. Dieser Vertrag wird mit bestimmten Konditionen für eine bestimmte Zeit abgeschlossen. Wie er im einzelnen aussieht, ist von vielen Faktoren abhängig. Wie jung ist der Spieler, wie erfolgreich, wie hoch ist sein Marktwert? Verein als auch Spieler versuchen selbstverständlich, jeweils gute Bedingungen für sich herauszuholen. Da wird nicht immer offen verhandelt, viel gepokert . . . Viele – besonders junge Spieler – sind hier völlig überfordert. Sie machen Verträge, in denen sie nicht als Menschen, sondern als kickende Kapitalanlage behandelt werden, mit viel Pflichten und nur wenigen Rechten.

Wie war das in deinem Fall?

Bei uns standen Verhandlungen darüber an, mit welchen Konditionen mein Vertrag zu welcher Zeit verlängert wird. Es ging da nicht nur um Geld, sondern auch um meine Vorstellungen, etwa die Qualitäten des Trainers. In meinem Fall hat viel die Presse mitgespielt, d. h., ich habe Stellungnahmen des Vereins, was meine Vertragsverlängerung angeht, aus der Presse erfahren. Es war ein Gerangel hinter den Kulissen, aber nicht mit mir. Obwohl meine weitere Verpflichtung in der Luft hing, spielten wir um die Deutsche Meisterschaft und waren damals sogar im Europa-Cup-Endspiel, das wir dann verloren haben. Ich habe alle diese Spiele ohne die Gewißheit absolviert, ob ich für meinen Verein auch in Zukunft spielen werde. Das war eine enorme nervliche Belastung. Das geht ja jedem arbeitenden Menschen so, der nichts Genaues weiß, ob er nun gekündigt werden soll oder nicht. Ich habe kurz vor Saisonende dann erfahren, daß mein Vertrag nicht verlängert werden soll.

Ja, ich konnte immer noch nicht richtig glauben, daß ich jetzt meinen Beruf nicht mehr ausüben sollte.

Aber du hättest doch bei tausend deutschen Fußballvereinen Arbeit gefunden; einen Rudi Kargus will doch jede Elf zwischen ihren Pfosten haben . . .

Das geht nicht. Der Verein eines Profis verlangt ja immer auch von dem neuen Verein eine Ablösesumme. Diese Summe können die kleinen Vereine gar nicht aufbringen. In meinem Falle war sie recht hoch, über eine Million DM. Das schreckte natürlich Vereine ab, die sich für mich interessierten. So blieb mir nur der Weg zum Arbeitsamt ...

Der damalige Verein hat also nicht nur eine Kündigung ausgesprochen, indem er deinen Vertrag nicht mehr verlängerte, sondern er hat dir auch deine weitere sportliche Zukunft fürs erste verbaut durch diese hohe Ablösesumme. Fühlt man sich da nicht als Leibeigner?

Klar – das ist eine völlig untragbare Situation. Ich habe damals den Höchstsatz von knapp 2000 DM Arbeitslosengeld bekommen. Das war eine recht spektakuläre Angelegenheit: Bundesligatorwart, Ex-Nationaltorwart bezieht jetzt Arbeitslosengeld. Heute gibt es das schon öfters, daß auch Profis arbeitslos werden ...

Woran liegt das?

Das liegt daran, daß auch die finanzielle Situation der Vereine schlechter geworden ist, wie eben die gesamte wirtschaftliche Situation. Die Vereine achten mehr auf ihr Geld, sie wägen genau ab, welchem Spieler sie zu welchen Bedingungen einen Vertrag geben.

Aber nach wie vor hast du einen neuen Vertrag gesucht. Schließlich wolltest du mit noch nicht mal dreißig Jahren deine sportliche Karriere nicht beenden?

Mehrere Vereine hatten Interesse an meiner Verpflichtung, aber eben die utopische Ablösesumme von über einer Million DM verhinderte das. Damals habe ich daran gedacht, deshalb mal einen Musterprozeß zu führen, um gegen diese Praktiken einmal vorzugehen. Dein Begriff Leibeigener vorhin ist ja durchaus berechtigt. Aber ich habe erkannt, daß solch ein Prozeß von mir finanziell und zeitlich nicht durchgehalten werden kann. Der dauert ja über zwei oder drei Jahre ... da müßte es eine Spielergewerkschaft geben, die solche Dinge einmal aufgreift.

Der Status des Berufssportlers ist ja hierzulande noch sehr unklar. Es liegt immer noch am Verhandlungsgeschick des einzelnen oder seines Managers, einigermaßen anständige Verträge herauszuholen. Was fehlt, ist eine Art Gewerkschaft, die die Interessen der Profis auf breiter Ebene vertritt.

Reden wir noch über ein Thema, über das alle Profis sich gerne ausschweigen: über das Geld.

Also, ich möchte da nicht ausweichen, nur eines vorab: Im

deutschen Bundesligafußball findet gerade, was das Geld und die Verdienstmöglichkeiten angeht, ein riesiger Wandel statt. Noch vor vier bis fünf Jahren wurde den Spielern ein Grundgehalt bezahlt; dazu gab es ein festes Handgeld und Prämien, die vertraglich festgelegt waren. Also meinetwegen pro Spieler eine Garantiesumme von 100 000,– DM am Ende der Saison. Das gab's auch für die Spieler, die – aus welchen Gründen auch immer – auf der Reservebank saßen. Heute ist das anders: Es sieht so aus, daß nur leistungsbezogene Verträge von den Vereinen abgeschlossen werden. Das bedeutet, das Einkommen ist gebunden etwa an Zuschauerzahlen, an Einsätze der Spieler, an den Tabellenplatz. Es gibt also nur noch ein Grundgehalt ...

Wie hoch ist das durchschnittlich?

So um die 5000 bis 8000 DM. Alles andere wird noch nach dem oben genannten Modus bezahlt. Ausnahmen sind Topspieler, die machen andere Verträge. Aber für die Masse der Bundesligaspieler läuft das so ...

Mir scheint das immer noch ein sehr guter Verdienst, gemessen an den Einkommen anderer Berufsgruppen ...

Ja, aber man darf Verschiedenes nicht vergessen: Ein Profi muß sich gegen vielerlei absichern, vor allem gegen Verletzungen und Invalidität. Das sind enorme Versicherungsbeiträge, die anfallen. Er kann seinen Beruf auch nicht ein Leben lang ausführen, sondern muß in wenigen Jahren seine gesamte Existenz absichern. Das bedeutet, er muß in wenigen Jahren hart arbeiten, sparen oder sein Geld anlegen; denn viele können nach ihrer aktiven Zeit nicht mehr in den alten Beruf zurück. Es gibt zunehmend Beispiele von jungen Spielern, die sich ganz auf den Fußball konzentrieren und keine Schul- oder Berufsausbildung gemacht haben. Oft lief das Ganze dann anders, und sie standen ohne jeden Beruf da. Das finde ich mehr als leichtsinnig. Andererseits muß man eben sehen, daß auch von jungen Spielern heute immer mehr Leistung verlangt wird, also nicht so viel Rücksicht genommen wird. Sie müssen gleich ran, da können sie eine Doppelbelastung von Berufsausbildung und Profi gar nicht bewältigen ... Kurzum: Das ganze Profigeschäft ist konkurrenzreicher und härter geworden, besonders wenn es ums Geld geht und um Verträge. Junge Profis haben es heute sehr, sehr schwer ...

„Boxen ist ein Geschäft ohne Menschlichkeit."

Ralf Rocchianni, Boxer

Der Champion aus Waldhof oder: Der Traum vom großen Geld

„Die Linke, schlag die Linke! ...", brüllt der Mann aus der roten Ringecke. Und der schweißgetriebene Boxer bringt seinen gewaltigen linken Haken an das Kinn des Gegners, als wollte er es ihm ins Gehirn treiben.

„Der Kerl kann nichts! ...", feuert der Coach aus der blauen Ringecke den Fighter an, „... jag ihn, zerstör ihn, wach auf, Baby, bitte, bitte! ...". Doch der hört nichts und schlägt nur noch stupide auf die roten Fäustlinge seines schwergewichtigen Gegners, als handle es sich um Pratzenarbeit im Training.

Vier Runden lang war Charly, der Herausforderer, auf dem Rückzug. Rainer, der Titelverteidiger, griff pausenlos an. Dann, in der fünften Runde, schlug Charly, der „braune Bomber", erstmals zurück und traf prompt. In der sechsten Runde setzte er nach und erzielte Wirkung: nach harten Treffern an Kopf und Körper wird der blonde Rainer langsamer, bringt kaum noch seine Deckung nach oben, verliert seinen Kampfrhythmus. Der Champion wakkelt. So, als hätte er in der letzten Rundenpause kräftig einen über den Durst getrunken.

„Komm, geh, – jetzt ... mach ihn fertig, los ...", schreit es aus Charlys Ecke. Und der wittert seine Chance. Jetzt oder nie. Charly schlägt, tänzelt, fightet. Der Gong rettet Rainer, den Meister. Doch dann, 68 Sekunden vor dem Ende der siebenten Runde, ist es passiert: Von einem harten linken Haken am Kopf getroffen, wird der Titelverteidiger in die Ringecke geschickt. Sein Gesicht ist blutverschmiert. Der Ringarzt diagnostiziert: tiefer Riß im linken Augenlid, und der Ringrichterverkündet: Abbruch!

Danach ist in der Düsseldorfer Philipshalle der Teufel los: „Skandal, Betrug, Schiebung . . .!“, skandieren die Fans von Rainer, der nun seinen Titel los ist und deshalb in ohnmächtiger Wut dem Ringrichter andeutungsweise einen Haken verpaßt. Und sein Vater, Hartmann Senior, gerät über die Entscheidung so in Rage, daß er mit einem anklagenden „. . . der hat meinem Rainer den Titel geklaut . . .“ seinen Stuhl mit voller Power ist Richtung Ringrichter schleudert. Der entgeht dem Attentat nur knapp. Die 3000 Leute in der Halle sind auch sauer und buhen aus voller Kehle. Klar, die haben für 10 volle Runden satte Eintrittspreise (von 20 bis 250 Mark) gelöhnt und nicht nur für sieben. Da trösten auch die knüppelharten Vorkämpfe nicht.

Auch Rainers Trainer nimmt fassungslos das endgültige Urteil über den Hallenlautsprecher entgegen: „Neuer Deutscher Meister im Schwergewicht durch technischen K. o.: Charly Graf, Mannheim.“ Angelo Dundee, so der Name des graumelierten Coachs, der jetzt vor Erregung fast abhebt, ist nicht irgendwer in der Box-Szene. Er war Trainer und Manager von Cassius Clay, alias Muhammad Ali, und das allein macht ihn innerhalb der schlagenden Zunft zum lebenden Denkmal. Während Ali der Größte mittlerweile gesundheitlich ziemlich ruiniert auf Rentner macht, ist der bald siebzigjährige Dundee noch voll dabei. Auch jetzt in Düsseldorf. „No, no, no . . .“ protestiert er lauthals zwischen den Seilen, und er muß dies wohl tun; denn für teures Geld ist er erst wenige Tage vor dem Fight aus Florida eingeflogen, um den deutschen Zögling seiner Boxschule siegen zu sehen.

Der Ringrichter hätte vor dem Abbruch nochmals den Ringarzt konsultieren müssen, fordert der Amerikaner, der solche Ausflüge noch nicht nötig hatte, als sein Ali noch der Größte war. Hitzig geht es nicht nur im Ring, sondern vor allem am Ring zu. Dort, auf den teuren Plätzen, sitzen die buntbekleideten Jungs, die plus praller Begleitung 500 Märker Eintritt bezahlt haben und deren Wert übriggebliebene Fans aus besseren Boxzeiten auf mindestens „1000 Jahre Haft“ taxieren.

Bordellbesitzer, Nachtclub- und Spielhallenchefs, Loddels und Luden verwandeln Berufsboxveranstaltungen zu Zunfttreffen der deutschen Halbwelt. Auch wenn die Jungs aus dem Milieu über den Ausgang des Fights geteilter Meinung sind, in die Haare kommt man sich deshalb nicht. Auch überregional gilt der heimische Ehrenkodex: Das läßt sich auch mit Geld regeln.

Ein Frankfurter Loddel, der die soeben verlorene Wette mit gerollten Tausendern aus der Westentasche mißmutig begleicht, gönnt „dem Tscharlie" den Sieg. Nicht nur, „weil der echt stark geknüppelt hat", sondern weil er es mit seinen 33 Jahren noch zu Meisterehren gebracht hat. Zu einem Zeitpunkt, wo andere Fighter ihre Handschuhe an den Nagel hängen, hat er sich den Titel geholt. Das finden auch die Rainer-Hartmann-Fans aus dem Milieu „total stark" ...

Während oben im Ring der Charly, seinen Siegerkranz fest im Arm, ein Interview nach dem anderen gibt und seine Betreuer-Crew durch den Ring tanzt, als wären sie beim Karneval in Rio, verläßt der geschlagene Champion die Arena. Er wird sich einen neuen Bademantel zulegen müssen. Der alte mit der plakativen Aufschrift „German Champion" tut es nicht mehr. Sein Titel eines deutschen Meisters im Schwergewicht gehört der Vergangenheit an.

Und Charly? Der feiert die ersten Stunden nach dem Sieg mit Schampus in der nach Schweiß und Massageöl stinkenden Aufwärmkabine im Kreis von Kumpels. Die mit der Rolex am Handgelenk, dem Goldkettchen um den Hals und dem Luxusschlitten draußen auf dem Parkplatz läßt man nur ungern in die Nähe des neuen Champs. „Denn dieser Titel ist nichts wert, wenn der Charly sich jetzt nicht zusammenreißt und vernünftig wird", sagt einer, der ihn am besten kennt: sein Manager.

Tja, eigentlich wäre dies schon das Ende einer kaum bedeutenden Boxveranstaltung, wenn eben der Sieger nicht Charly Graf hieße. In der Meisterliste steht Graf als 30. Name, auf einer Seite mit den Ringhelden von damals, als Boxen noch ein ehrenwerter Beruf war: hinter Idolen wie Max Schmeling, Hein ten Hoff, Heinz Neuhaus oder Erich Schöppner. Auch Charly hat außer Boxen nichts gelernt. Es ist das einzige, was er kann. Doch er hat länger gebraucht als alle seine Vorgänger: 15 Jahre. Und warum der Titel so lange auf sich warten ließ, das hat vor allem mit Charlys wildem Leben zu tun.

„Der sieht aus wie eine Million Dollar", geriet der damalige Box-Promoter Joachim Göttert ins Schwärmen. Damals hatte

Charly, Sohn einer Mannheimer Arbeiterin und eines schwarzen US-Gefreiten, gerade bei ihm einen Profi-Vertrag unterschrieben.

Seinen Vater hat Charly nie kennengelernt; denn der wurde von der Army zurückkommandiert, als sein Sproß gerade laufen lernte. Als er vier Jahre alt ist, fordert er seine Mutter auf, sich zu schminken, damit sie auch so schön braun aussehe wie er. Später aber muß der junge Charly bitter erfahren, was es heißt, „Nigger" zu sein.

„Ich bin in den Mannheimer Benzbaracken aufgewachsen, und das war nicht gerade die erste Adresse..." sagt Charly.

„Wenn ich gefragt wurde, wo ich wohne, bekam ich Minderwertigkeitskomplexe. Dazu kam noch meine Hautfarbe. Überall war ich nur der ‚Bimbo'..."

Charly wird zum Außenseiter gemacht, zum Underdog. Er besucht die Sonderschule, nicht weil er dumm ist, sondern weil er anders ist. „Bimbo" liefert sich erste Schlägereien, er wehrt sich. Als er merkt, daß er bärenstark ist, meldet er sich im Gewichtheberclub an. Ein Jahr später wird er Deutscher Jugendmeister: Im Dreikampf bringt er 345 Kilo hoch. Mit sechzehn Jahren! „Ich wollte Anerkennung, wollte raus. Und da habe ich gemerkt, das geht nur über den Sport."

Mit siebzehn wechselt der starke Charly zum Boxen über und bestreitet seine ersten Kämpfe. Für die lokale Boxszene ist der „braune Bomber" eine Attraktion. Staubige Turnhallen und muffige Kneipensäle platzen aus den Nähten, wenn Charly boxt. Die Leute wollen ihn sehen.

„Das war anders als beim Gewichtheben, da war Stimmung im Saal. Mich hat das unheimlich aufgebaut. Ich fühlte mich erstmals anerkannt..." Charly schickt alle seine Gegner vorzeitig auf die Bretter und wird – mit einer Ausnahmegenehmigung – mit 17 Jahren Profi. Sein erster Fight in der rauhen Profiluft endet wie gehabt: In der Frankfurter Festhalle bezwingt er seinen Landsmann Lutwin Hahn in der ersten Runde durch K. o. Charlys erste Gage: 500 Mark. Auch die nächsten Kämpfe gewinnt er. Allesamt durch K. o.! Mit 19 ist er ein Star am Profihimmel. Seine Linke räumt auf. Fans und Fighter liegen ihm gleichermaßen zu Füßen. Die Boxfans feiern ihn als den „Muhammad Ali von Waldhof".

Den „Ali-Shuffle“, eine Art Tanzschritt im Ring, beherrscht Charly fast so gut wie Ali der Größte.

Keine Frage: Alle sehen in dem braunen Kraftpaket aus dem Mannheimer Arbeiterviertel Waldhof den neuen Champion. Vor allem Promoter und Manager; denn, wie gesagt, „der Kerl sieht aus wie eine Million . . .“

Doch der Schein trog. Die raschen Erfolge von Charly waren nicht Ausdruck von Stärke, sondern willkommene Möglichkeit, von den tiefsitzenden Komplexen abzulenken. Denn hinter der athletischen, einmeterachtzig großen Fassade türmten sich starke Minderwertigkeitsgefühle und Hemmungen: „Damals war ich naiv. Anerkennung bekam ich nur als Boxer, nicht aber als Mensch. Außerhalb des Rings war ich der ‚Bimbo‘ . . .“

Charly war sensibel, verletzlich und labil. Nach wie vor litt er unter seiner Herkunft und Hautfarbe. Doch im Profilager gilt es als schwach, Gefühle zu zeigen. Darum kompensierte er seelische Schwäche mit Demonstration körperlicher Überlegenheit.

Insider spürten das. Sie sahen, daß dieses junge Boxtalent zwar körperlich stark, aber seelisch überfordert war. Und auch Charlys einmalige Erfolgsbilanz, die ihn zeitweise gar auf Rang drei der europäischen Rangliste gebracht hatte, sahen sie nüchtern: „Die ersten sechs Kämpfe boxte der doch nur gegen Fallobst“, sagt einer von damals.

Doch die geldgeilen Manager pokerten zu hoch: Sie schickten ihm mit dem alten Ringfuchs Ivan Prebeg einen Gegner in den Ring, den sie unterschätzt hatten. Der alte Haudegen brauchte ganze sechs Runden, um das neue deutsche Kraftpaket auseinanderzuschnüren.

Tatsache war, daß Charly weniger aufgrund von harten Treffern vorzeitig zu Boden ging, sondern weil ihm nach fünf Runden die Puste ausgegangen war. Das Naturtalent hatte nach den leichten Siegen das Training vernachlässigt. Die Niederlage drückte Charlys Marktwert und stoppte seinen Eifer. Besonders was seinen Beruf anging:

„Nach der Niederlage habe ich gemerkt, wie schnell mir die Anerkennung und die Freundschaft wieder entzogen wurde. Alle sahen mich nur als Boxer, und nun war ich gleich nicht mehr der kommende Champion, und alle ließen mich stehen. Das hat eine

Trotzreaktion bei mir ausgelöst. Ich bin einfach geflohen, habe mit allem abgebrochen. Ich wollte mir selbst beweisen, daß ich nicht nur Boxer bin, sondern ein Mensch ..."

Charly verschwindet aus dem Trainingscamp und vermasselt sich seine Bundeswehrzeit durch wiederholte „eigenmächtige Abwesenheit" von der Truppe. Ihn zieht es zurück nach Mannheim, ins Milieu. Dort findet er Jobs, dort werden seine starken Fäuste gebraucht.

Er hat kaum mehr bezahlte Kämpfe im Ring, dafür Schlägereien auf dem Kiez. Unbehagen verdrängt Charly mit Alkohol, Drogen und Tabletten. Die Hemmschwelle sinkt, das Gefühl für die Realität verschwimmt. Der Anfang vom Ende.

Grafs Name wechselt von den Sportseiten in Polizei- und Gerichtsberichte. Charly gerät von der Rolle: Wegen Körperverletzung, Zuhälterei und Glücksspiel landet er schließlich im Knast. Doch Charly, der verhinderte Champion, das Power-Paket, verschafft sich hinter Gittern rasch Respekt bei den harten Jungs. Seine Fäuste sprechen die Sprache, die in der Knasthierarchie verstanden wird. Und die Mithäftlinge bewundern ihren „braunen Bomber". So wie damals im Bruchsaler Gefängnis, wo Charly die hauseigene Boxstaffel anführte.

Es war an einem sonnigen Samstag nachmittag, der Ring stand mitten im Hof, die Atmosphäre wie aus einem Film: der rote Backsteinbau mit den Gitterfenstern, Gesichter, die aus ihren Zellen auf den Hof starrten, die Boxarena, von hohen Betonmauern eingerahmt. Langsam trotteten die Gefangenen aus ihren Zellen, während die Knast-Band auf einer ausrangierten Anlage von Sänger Tony Marshall den Aufmarsch der Fighter begleitete. Dann wurden die Gäste vorgestellt: keine Laiengruppe, sondern die Jungs vom Karlsruher SC, eine Boxstaffel aus der 2. Bundesliga. Allen Knackies rund um den Ring war klar, da wird nur der Charly eine Chance haben.

Charly hat dann seinen Fans demonstriert, daß mit ihm noch zu rechnen ist. Er zeigte alle Feinheiten des Boxens – und das, obwohl sein Gegner Polizist im Zivilberuf war.

Charly hätte ihn aus dem Ring fegen können, doch er nahm Rücksicht. Seine Fairneß steckte auch die Knackies an. Kein Zuruf wurde laut, wie etwa „laß den Bullen doch den Mundschutz schlukken“. Nach dem Fight wird Charly von seinen Knastbrüdern als Sieger gefeiert. Der Applaus legte sich wie Balsam auf seine wunde Seele.

„So komisch es sich anhört, aber der Knast hat mich damals auch reifer gemacht...“ verrät Charly, und wäre es nach ihm gegangen, hätten solche Kämpfe hinter Mauern während seiner Knastzeit öfter auf dem Resozialisierungsprogramm stehen können: „Gerade für einen Mann wie mich, der ja Boxen als Beruf ausübt, war das wichtiger als vieles, was die da mit mir angestellt haben.“

So wie in den USA, wo Boxen als Mittel zur Wiedereingliederung von Straftätern längst erprobt und anerkannt ist. US-Gefängnisse unterhalten eigene Boxstaffeln und treten zu Vergleichskämpfen gegeneinander an. „Denn“, so ein amerikanischer Psychologe, „die Jungs bauen im Ring Aggressionen ab und sind dann zu sich und anderen verträglich.“

Auch Urlaub zum Boxen außerhalb der Mauern ist möglich: Der Boxer Bobby Lee Hunter gehörte – zunächst unter Bewachung, dann gegen Ehrenwort, pünktlich in die Zelle zurückzukehren – zur US-Mannschaft für die Panamerikanischen Spiele. Niemals nach draußen durfte hingegen der schwarze Profi James Scott. Wegen Mordes verbüßt der kahlköpfige Moslem eine lebenslange Haftstrafe im Sicherheitsgefängnis von Rahway. Doch auch hinter Mauern konnte sich Scott in die Weltrangliste im Halbschwergewicht durchboxen. Der boxbegeisterte Knastchef machte es möglich: Seine Gegner reisten nach Rahway in den Knast. Weil das Fernsehen die wichtigsten Kämpfe live übertrug, verdiente Scott bisher runde 100 000 Dollar.

Männer wie Scott propagieren den Boxsport als Lebenshilfe und wehren sich gegen Forderungen nach einem Boxverbot hinter Gittern: „Die können nur von satten Wohlstandsbürgern kommen, die ihren Weg nach oben hinter sich haben. Von Leuten, die nie im Knast waren, nie in der Scheiße gesessen haben.“

Hierzulande gehen Kritiker des Profiboxsports noch weiter: Sie wollen nicht nur keine Boxkämpfe im Knast, sondern am liebsten gleich ein generelles Verbot für den „legalisierten Totschlag im Ring“.

Ohne Zweifel, es gibt abschreckende Beispiele genug: Boxer,

die an den Folgen des Kampfes gestorben sind. Oft genug waren die Boxer nicht austrainiert oder standen unter Drogen.

Im Boxring haben Männer immer wieder eine Chance gesucht, die anderswo nur schwer mithalten konnten: Gustav „Bubi" Scholz, Erich Schöppner, Karl Mildenberger oder der legendäre Peter Müller, den sie in Köln nur „de Aap" nannten. Alles Kämpfer, die aus der Unterschicht kamen und sich später sozial hochgeprügelt haben.

Deutschlands begabteste Jungprofis von heute sind die Brüder Ralf und Graziano Rocchigiani sowie José Varela, Kinder von Gastarbeitern. Die Europameisterschaft im Superweltergewicht holte sich vor Jahren der Münchner Georg Steinherr; der „Hammer-Schorsch" hat eine deutsche Mutter und einen schwarzen Vater. Genauso wie Charly Graf, womit wir wieder bei dem Mann sind, der wegen „Rädelsführertum" im Sommer 1982 aus dem Mannheimer Gefängnis, wo er wieder mal eine Strafe abzusitzen hatte, nach Stuttgart-Stammheim zwangsverlegt wurde.

„In Mannheim gab's kräftig Putz. Wir Gefangenen meuterten wegen der miesen Haftbedingungen, vor allem war das Essen nicht genießbar. Ich soll damals einer der Anführer gewesen sein; da wurde ich nach Stuttgart in eine Gummizelle gebracht, total isoliert . . ."

Suttgart-Stammheim, das ist der Terroristenknast, Sicherheitsstufe eins, totale Betonburg.

Dort begegnet Charly, der mittlerweile wegen Glücksspiels, Körperverletzung, Zuhälterei und anderer Straftaten schon mehr als fünf Knastjahre auf dem Buckel hat, einem Mann, der zwar mit Terror nicht die Welt verändern konnte, aber mit Einfühlsamkeit offenbar den Boxer Graf.

„Wir hatten unseren Hofgang gemeinsam, von den anderen Gefangenen getrennt, oben auf dem Dach. Da habe ich ihn kennengelernt. Erst haben wir uns mißtrauisch angeschaut, dann sind wir ins Gespräch kommen. Und der Kerl war schonungslos offen zu mir."

Der Kerl hieß Jürgen Peter Boock, war als RAF-Mitglied zu mehr als einem halben Jahrhundert Knast verurteilt worden; unter anderem soll er an der Ermordung des Arbeitgeberpräsidenten Schleyer beteiligt gewesen sein.

„Dem habe ich viel zu verdanken", sagt Charly, „erst hat er mich ‚Blender' genannt und einen Typ, der es nur in den Fäusten, aber nicht im Kopf hat ... Das hat zunächst Aggressionen bei mir ausgelöst, aber auch zum Nachdenken angeregt. So sind wir zusammengekommen." Beide stellen fest, daß sie sich gut ergänzen: „Der Boock hat mich geistig aufgebaut und ich ihn sportlich."

Dem Ex-Terroristen hat Charly zu verdanken, daß er überhaupt den Plan faßte, wieder ein Mann der Faust zu werden. Aus der Haftanstalt Ludwigsburg, wohin er von Stammheim verlegt worden war, schreibt er an Karl Lodermair, einen Stuttgarter Box-Promoter, und lügt ihm vor, die Anstaltsleitung gäbe ihm Ausgang, wenn Lodermair ihm einen Boxkampf besorgen würde.

Lodermair, ein smarter Fünfunddreißigjähriger, betreibt in der Schwabenmetropole diverse Lust-Etablissements, und die müssen so einträglich sein, daß er sich sein Boxhobby einiges kosten lassen kann. Er unterhält einen internationalen Boxstall und veranstaltet Boxabende. Auch wenn, wie im Vorjahr, eine Veranstaltung mal zum Flop gerät (Verlust runde 30000 Mark), verliert Lodermair nicht den Spaß an der Ringprügelei: „Was soll's, mir geht es nicht um die Kohle, sondern um den Boxsport." Lodermair sieht sich als letzter Aufrechter im korrupten Boxbusiness! „Fair und integer vor allem meinen Boxern gegenüber."

So selbstlos kann nur einer im Boxmetier auftreten, der sein Geld woanders macht. Aber uns interessiert hier der Charly Graf – und für den reibt er sich auf.

Lodermair verhandelt mit dem Anstaltsleiter, und der gibt grünes Licht: Boxen im Namen der Resozialisierung. Ein Knastbeamter, selbst Boxfan, ist mit einem Mann namens Eugen Gruber befreundet, und dieser Gruber war in Stuttgart einst ein Publikumsliebling im Ring. Ein Spaßmacher, ein Haudrauf mit viel Herz und Können. Mit 37 Jahren war Schluß für ihn, mußte er wegen neuer Bestimmungen seine Karriere beenden. „Mit meinen Mätzchen wäre ich ein guter Profi geworden", sagt er, „jetzt ist es zu spät." Gruber macht seither auf Trainer bei den Profis – und eben auch bei Charly. Dem hat der smarte Lodermair inzwischen wieder eine Profilizenz besorgt.

Zweimal in der Woche ist Gruber in den Knast gegangen, montags und freitags ab 18.30 Uhr, jeweils eine starke Stunde. Er hat den Charly aufgebaut und gequält, „wenn es sein mußte, bis zum Kotzen“.

Wochenlange, schweißtreibende Arbeit. Sein Programm: zehn Kilometer Laufen auf dem Knastgelände, 4 Runden mit Gruber Sparring, 10 Minuten volle Power auf den Sandsack, danach nochmals vier Runden Schattenboxen. Wenn Charly zurück in seine Zelle ging, spürte er alle seine Knochen, da ging nichts mehr. Vom 127 Kilo schweren, verfetteten Insassen wurde auf knapp 105 Kilo „abgespeckt“.

Graf und Gruber arbeiteten so unermüdlich, daß die Anstaltsleitung einem Kampf in Stuttgart zustimmte. Der endet mit einer Sensation: Graf fällt den bislang unbesiegten holländischen Schwergewichtsmann André van de Oetelaar in der zweiten Runde mit einer mächtigen Linken.

Elf Wochen danach gelang dem wieder erstarkten Charly zwar kein Volltreffer, aber bei seinem Unentschieden gegen den Newcomer Classen stellte der Hafturlauber fest, daß er nun Luft für sechs Temporunden zu je drei Minuten hatte. Das damalige Kampfurteil empfindet Trainer Gruber noch heute als Schmach: „In der siebten Runde wäre der Classen weg vom Fenster gewesen, der hat ja nichts mehr drauf gehabt . . .“ Manager Lodermair sieht das Unentschieden wirklichkeitstreuer: „Im Profiboxen sind nur Intriganten am Werk . . .“ An die 50 000 Mark will er an diesem Abend verloren haben, weil er auf den Sieg seines Schützlings gewettet hatte. „Alle haben doch gegen den Charly gewettet, wie soll er denn dann gewinnen? Dann müssen die ja zahlen.“

Trotz Unentschieden: Charly machte mächtig Eindruck. Dort, wo er als siebzehnjähriger Profi seinen ersten Fight ausfocht, begann er in der letzten Runde wie Muhammad Ali in seinen besten Tagen durch den Ring zu tanzen. Begeistert rief einer aus dem Publikum: „Charly, wir holen dich raus!“ Die Zuschauer spendierten zur 4000-Mark-Gage 2000 Mark zusätzlich.

Wenige Wochen nach diesem Kampf ist der Charly wirklich „draußen“: Seine Exfrau, die als Küchenhelferin in Mannheim nachts jobt, um sich und den gemeinsamen Charly jun. durchzubringen, hat ihn mit 3000 Mark Kredit rausgeholt. Damit hat sie Schulden bezahlt, für die Charly noch ein Weilchen hätte brummen müssen. Charly gerührt: „Was diese Frau für mich in den letzten Jahren alles gemacht hat, das werde ich nicht vergessen. Ich will mich, so gut es geht, dafür revanchieren ..."

Im Boxcamp des Stuttgarter Box-Clubs Leonberg quält er sich nach seiner frühzeitigen Entlassung rund um die Uhr: „Tagsüber habe ich knallhart trainiert, und selbst zum Einschlafen habe ich mir die Kampfsituation vorgestellt." Charlys Ziel: Deutscher Meister! Trotz allem Auf und Ab der letzten Jahre, trotz Knast, Drogensucht und Lebensangst, er will es sich und anderen noch einmal beweisen.

Ob er denn „glaubt, mit seiner starken Linken auch seine Probleme lösen zu können"? wird Charly vor dem Kampf gefragt.

„Mir geht es wie dem Heinrich Böll", sagt der Charly, „der ist einmal gefragt worden, warum er so gut schreibt, und da hat er damals gesagt, weil's mir so schlecht geht. – Mir geht es auch schlecht. Und solange es mir schlecht geht, boxe ich." Tatsächlich geht es Charly schlecht – vor allem finanziell: Zwar zahlt ihm sein Manager Lodermair 300 Mark Taschengeld pro Woche und das Pensionszimmer von 38 Mark täglich, dazu die Kosten für Trainer und Masseur; doch vor dem Kampf fühlt sich Charly oft einsam: „Wärme und Freundschaft fehlen mir" erzählt er mir wenige Tage vor dem entscheidenden Fight. Von der Gage, die mit knapp 18 000 Mark die höchste seiner langen Karriere ist, bleibt nicht viel: 35 Prozent behält der Manager, und jede Menge Schulden wollen erst mal beglichen werden ... Daß der Charly den sieben Jahre jüngeren Titelverteidiger Rainer Hartmann bezwingen wird, daran gibt's vor dem entscheidenden Fight keinerlei Zweifel: „Der Hartmann", so der Manager stellvertretend, „steht keine 10 Runden; denn der Charly ist voll durchtrainiert und hat außerdem die härteste Linke in Europa ..."

Ein paar Tage später erfüllt Charly mit seinem gefürchteten linken Haken die Prophezeiung: Hartmann wird – ziemlich lädiert – in der siebten Runde aus dem Kampf genommen. Die Boulevardblätter haben ihre headline: „Ex-Knacki Graf wird Meister!"

Er hat es gepackt, er ist Champion. Mit 33 Jahren! Jetzt will er mehr, endlich „mal an das große Geld kommen". Charly selbstsicher: „Ich will jetzt Europameister werden!"

Und was ist, wenn seine Linke in Zukunft nicht mehr so wirkungsvoll trifft? Dann wird sich Charly hoffentlich an seinen Anstaltspfarrer erinnern, der schon vor seinem letzten Kampf zu ihm in die Kabine gekommen ist und gesagt hat: „Ob Sie jetzt gewinnen oder verlieren – wichtig allein ist immer nur der Charly Graf."

Charly der Boxer, der immer auch als Mensch gesehen werden möchte, wird schon bald wieder seine Boxhandschuhe anziehen. Nicht, weil es ihm so schlecht geht, sondern weil dieser 180 Zentimeter große, 109 Kilo schwere Teddybär mit dem Bodybuilding-Appeal so eine mitfühlende Seele hat.

Nach dem Titelkampf war er seinem Gegner nochmal kurz in der Halle begegnet: „Der hat mich beglückwünscht, ich hab' ihm ins Gesicht gesehen und gemerkt, er meint es ernst ..."

Charly hat ihm gleich eine Revanche angeboten, und Rainer hat sich dafür bedankt.

Wochen später hat Charly seinen Titel verteidigt. Doch dann wurde es still um den Champion. Zwei oder drei mittelmäßige Kämpfe, schlechte Gagen ...

Und heute, drei Jahre nach dem Titelgewinn?

Der Traum von der zweiten „großen" Karriere ist jäh geplatzt. Charly mußte erkennen, daß die Veranstalter mittlerweile andere Helden suchen. Jüngere, Nachwuchsfighter, bei denen sich die Investitionen lohnen. Gut, sie gaben Charly noch hier und dort ein Angebot für einen Rahmenkampf. Aber als Hauptkämpfer, als einer, der die Arenen füllt, war Charly out, zu alt.

Europameister zu werden, nannte er sein großes Ziel. Doch Charly fand keinen Manager und Promoter, die die Börse dafür zahlen wollten. Charly, der „braune Bomber", der sich hochgeprügelt hatte, der nie aufgab, ist letztlich daran gescheitert, daß er erst so spät Champion wurde. Zu spät. „Solange es mir schlecht geht", hat Charly gesagt, „boxe ich". Mittlerweile hat er die Boxhandschuhe endgültig an den Nagel gehängt. Ob es ihm jetzt besser geht?

Das ganz normale Ende eines Helden ...

Das richtige Leben beginnt erst,
wenn man mit dem Fußball aufhört.“

Günter Netzer, Ex-Fußballprofi

Gefallene Götter oder: Der tiefe Sturz der Idole

Armin Hary, Kurzstreckenläufer, Sprinter, hat es nie auf der Stelle gehalten, er wollte immer weg. Als Jugendlicher konnte er schneller rennen als die anderen, damit fing es an. Er rannte so schnell, daß er den Talentsuchern des Firmenvereins Bayer Leverkusen auffiel, die schon in den fünfziger Jahren eine renommierte Athletentruppe Reklame laufen ließen. Hary erkannte die Gelegenheit, gründlich die Umgebung zu wechseln. Von der Bergmannssiedlung im Saarland zog er an den Rhein, und von nun an ging's bergauf. Hary wurde der schnellste Mann Deutschlands, der schnellste Sprinter Europas, er wurde der schnellste der Welt. Er lief als erster Mensch die 100-Meter-Strecke in der Fabelzeit von 10,0 Sekunden; zuerst in Friedrichshafen, aber da hatte die Bahn ein um neun Millimeter zu starkes Gefälle. Ungültig. Beim zweitenmal, 1960 in Zürich, glaubte der Starter Hary als Frühstarter gesehen zu haben. Aus Zorn lief er eine halbe Stunde später ein zweites Mal – abermals 10,0! Nach diesem Weltrekord war für Armin Hary nichts mehr so, wie es vorher gewesen war. Von seiner Teilnahme hing es ab, ob zu einem Abendsportfest 20 000 oder nur 2000 Menschen kamen. Es hagelte Angebote, und von ihm hing es ab, ob Veranstalter und Vereine Pleite oder Geschäfte machten. Sie bettelten um seine Teilnahme, zückten die großen Börsen. Dann kam Olympia, und Hary zeigte allen, daß seine Rekorde keine Eintagsfliegen waren. Zwei Goldmedaillen; eine über 100 Meter, die zweite in der 4×100 Meter-Staffel. Jetzt kam noch mehr Bewegung in sein Leben. Schon aufs Siegerpodest in Rom stieg der Held mit zweierlei Schuhen, einem von der Firma adidas und einem von der Firma Puma – Hary wollte es mit keinem verderben, beide sollten zahlen. Goldmedaillen, Fahnen und Fanfaren verstellten ihm nicht den klaren Blick: Dieser Augenblick – das wußte er – war geeignet wie kein anderer, abermals die Umgebung zu wechseln. Er ließ die ratlosen Funktionäre wissen, daß er keine Lust mehr zum Laufen habe.

Hary geht 1961 nach München, übernimmt eine Versicherungsvertretung, fängt an, mit Immobilien zu handeln. »Ich möchte als Mensch und Geschäftsmann geachtet werden" sagt er, „nicht als ehemaliger Sportler". Er trennt sich von seiner Umgebung. Die nimmt ihm das übel. Sportfunktionäre, denen Hary auf den Schlips getreten ist, versuchen sich zu rächen. Ehemalige Freunde distanzieren sich. Am schlimmsten bekommt es der Wunderläufer „Mr. 10,0" von den Journalisten zu spüren. Die hatten schon lange Ärger mit dem arroganten Hary – immer aber auch Gesprächsstoff.

Dann heiratete Hary die Tochter eines millionenschweren Ziegeleibesitzers aus Liebe, wie nicht nur er, sondern auch seine Freunde bekunden. Mitzuheiraten waren die elf Zimmer im Schloß am Starnberger See, die 30 000 Quadratmeter Grund, die Beziehungen, die feine Welt.

Fortan war Hary ein gemachter Mann, und die Geschäfte liefen prächtig. Als Teilhaber der Firmen „Isar Südbau" und „Ribau" beteiligte er sich in den Bauboomjahren am Bau und Verkauf von 2000 Eigentumswohnungen. Armin Hary war wieder ein Champion. Bei Banken und Käufern genoß er das Ansehen eines „cleveren Burschen" und zuverlässigen Geschäftsmannes.

Bis 1980; denn da wurde der schnelle Hary, der allen gezeigt hatte, was in diesem Land auch nach den Wirtschaftswunderjahren noch möglich ist, verhaftet. Die Anklage lautete auf Beihilfe zum Betrug und zur Untreue. Gemeinsam mit seinem Geschäftspartner hatte er – so die Anklage – die Erzdiözese München-Freising bei Grundstücksgeschäften um über 3 Millionen Mark gebracht. Hary kam wegen Verdunkelungsgefahr in Untersuchungshaft und erst gegen eine Kaution von 70 000 DM wieder auf freien Fuß. Später wurde er zu 18 Monaten mit Bewährung und 20 000 DM Geldstrafe verurteilt.

Prozeßbeobachter erinnern sich: einsilbig und schüchtern saß der einst gefeierte Sportstar auf der Anklagebank und gab dem

Richter artig Auskünfte. Auch über seine Einkommensverhältnisse: auf monatlich DM 2000,– bis 3000,– bringe er es, die Einnahmen eines ihm gehörenden Minigolfplatzes am Starnberger See mit eingeschlossen. Trotz geschäftlichen Ruins braucht er sich als Schwiegersohn eines Schloßbesitzers nicht zu sorgen. Wenn er Sorgen hat, dann hat er sie mit sich selbst. Denn Armin Hary, das Sportidol von einst, der als Geschäftsmann der Konkurrenz ebenso eine Nasenlänge voraus sein wollte wie auf der Aschenbahn, er ist aus dem Tritt gekommen; das hat ihn, den Siegertyp, nachdenklich gemacht.

„Die Geschichte hat mich sehr mitgenommen. Vor allem, daß die Presse alles so breitgewalzt hat. Überall war zu lesen: »Hary der Millionenbetrüger“, so etwas steckt man nicht so einfach weg. – Ich habe gemerkt, wie nahe Popularität und Buhmann zusammenliegen . . .“

Armin Hary ist gestolpert, andere sind tief gestürzt. So, wie ein Mann namens Reinhard Libuda.

Als im Kohlenpott auf Plakatwänden der Aufruf „An Jesus kommt keiner vorbei!“ zu lesen war, fügten ungläubige Fans hinzu „. . . außer Libuda“. Die Eingeweihten – und das sind, was Fußball betrifft, hier alle – wußten sofort, was gemeint war und um wen es ging. Um Reinhard „Stan“ Libuda, einen Sohn des Reviers, dem das fachkundige Kicker-Publikum so etwas wie den „Oskar“ der Fußballer verlieh: „Stan“ nannten sie ihn, und sie hatten dabei an Stanley Matthews gedacht, Englands legendären Fußball-Sir, den Erfinder der Finte. Keiner aus der Kickerzunft konnte weltweit mit seinem Triple-Kick fertig werden. Der Gegner, wer immer es war, wurde zur tragischen Figur, zur Lachnummer. Das beherrschte der große Stanley Matthews, und das beherrschte hierzulande auch der Reinhard Libuda. Deshalb nannten sie ihn „den größten deutschen Dribbelkünstler der Nachkriegszeit“. Dagegen wirkte ein Fritz Walter bieder und einfallslos, und selbst „Boß“ Helmut Rahn wäre von „Stan“ Libuda schwindelig gespielt worden.

Seine Dribblings und Tore haben Fußballgeschichte gemacht: das 2:1 für Borussia Dortmund in der Verlängerung des Europa-Cup-Finales 1966, die Bogenlampe aus 35 Metern, die erst an die Latte klatschte und dann ins Liverpooler Tor sprang. Oder das 3:2 für die deutsche Nationalelf im WM-Qualifikationsspiel 1969 gegen die Schotten, das unsere Kicker zur Weltmeisterschaft nach Mexiko brachte. Das war die Zeit, als „Stan“ ein Volksheld war. Und das schlug sich auch auf seinem Konto nieder. Die Hunderttausende sackte er ein wie andere das 13. Monatsgehalt. Ein Vermögen dribbelte er sich zusammen: ein Mietshaus mit einigen Parteien nannte er sein Eigentum, sein Bankkonto schwoll an. Wer hierzulande ein Fußballstar ist, der braucht sich um die Finanzen nicht zu sorgen.

Und dann heiratete er Gisela, eine Schönheit aus dem Revier, um die ihn alle beneideten. Auch der Nachwuchs ließ nicht lange auf sich warten, und schon bei der Namensgebung machte „Stan“ auf das Niveau aufmerksam, mit dem er sich künftig umgeben wollte: Matthias Claudius – nomen est omen. Das Leben der Libudas – oder eine deutsche Fußballkarriere. Fast wie im Film. Wie Uwe Seeler, der heute als Repräsentant der Drei-Streifen-Firma noch immer große Kasse macht, wie Wolfgang Overath, der als *adidas*-Repräsentant sein Geld verdient, oder Günter Netzer, der nach seiner Ära als Manager beim Hamburger SV heute als Werbekaufmann in der Schweiz arbeitet. Nicht zu vergessen die große Bayernriege: Sepp Maier, der in Anzing bei München sein Tenniszentrum rund um die Uhr vermietet, der „Franzl“ Beckenbauer, der nach erträglichen Geschäften in den USA, wo er bei „Warner Bros.“ auf der Gehaltsliste stand, jetzt den Nationalkikkern wieder zu neuen Ehren verhelfen will, oder wie der „Bomber der Nation“ Gerd Müller, der vor Jahren mit seinem Steakhouse „Ambry“ in Fort Lauderdale im heißen Florida für sein Auskommen gesorgt hat. Und Libuda? Der lacht nur noch, wenn er von der Vergangenheit spricht. „Stan“ Libuda – das ist mit 42 Jahren ein Sozialfall, ein Häufchen Unglück, eine Ansammlung Pech, ein einsamer Mann. Sein Haus hat er verkauft, und auch der Rest ist weg: der Zigarettenladen am Schalker Markt ebenso wie der Führerschein. Und in der Ehe krachte es: sie ging mit dem Messer auf ihn los, er brach ihr das Nasenbein. Das war dann das Ende. Und die Medien hatten ihre Story.

„Irgendwie ist das schon bitter . . . da gibt es wieder Schlagzeilen mit dem Namen Libuda – doch es sind alles andere als gute. Der blutige Streit mit meiner Frau, die Pleite mit dem Tabakladen, meine Arbeitslosigkeit – da ist viel auf mich eingestürmt«, sagt der

„Stan“ nachdenklich. Jetzt muß er einen hohen Preis für den Ruhm von früher zahlen.

„Wäre ich nicht der ehemalige Fußball-Profi Libuda, mein Schicksal wäre eines unter vielen – unbeachtet, ohne Schlagzeilen. Dann wäre es auch leichter zu ertragen, es bliebe mir zumindest das Spießrutenlaufen hier in Gelsenkirchen erspart.“

Er hofft auf Freunde aus alten Zeiten, die ihm aus der Patsche helfen, doch die sind rar: „Ich habe eigentlich nie wirkliche Freunde gehabt. Schon als Profi habe ich mich nach den großen Spielen lieber zurückgezogen, bin lieber zum Skat in meine Stammkneipe gegangen ...“ Doch jetzt, wo er unten ist, kann er auf seine Skatbrüder nicht setzen. Die sind von „ihrem“ Star enttäuscht und haben sich abgewandt. Dennoch, ein Rest Hoffnung bleibt: „Meine Frau und ich sind jetzt wieder zusammen, bei Schalke 04 besteht Aussicht auf eine Beschäftigung als Jugendtrainer, und mit dem Alkohol gibt's keine Probleme mehr. Es wird wieder aufwärtsgehen ...“.

Über solch einen Aufstieg würde sich auch ein gewisser Rudolf Brunnenmeier freuen. In seiner Glanzzeit roch er die Tore wie Gerd Müller und schoß so hart wie Uwe Seeler. Die junge Bundesliga feierte ihn damals als einen ihrer ersten Helden. 1965 wurde er mit 24 Saisontreffern Torschützenkönig der Liga. Und ein Jahr später schoß er die „Sechziger“ aus München zur Meisterschaft. Doch es ging noch höher auf der Karriere-Leiter: er machte fünf Länderspiele und avancierte gar für kurze Zeit zum Kapitän der Nationalelf. Heute ist er 44 Jahre alt und residiert zwischen ein paar barbusigen Damen des Animiergewerbes als Geschäftsführer hinter der Theke der „Dolly-Bar“, einen Steinwurf vom Münchner Hauptbahnhof gelegen. Seine Heimspiele hat er nicht mehr – wie früher, in seinen großen Tagen – als Mittelstürmer des 1860 München, unter dem Jubel der Massen auf Giesings Höhen. Nein, seine Heimspiele hat er heute im intimeren Rahmen, dort, wo Subkultur und Unterwelt, Discos und Tanzcafés, Puff-Gewerbe und Nachtschwärmerei ein schmuddeliges Konglomerat bilden. Nicht, daß der Rudi mit der Polizei hier Probleme hätte – ganz im Gegenteil: nein, er kam in die lokalen Schlagzeilen in einer völlig neuen Rolle – als Lebensretter. Das war, als Münchens Zuhälterkrieg einen heißen Höhepunkt erlebte: ein Loddel warf dem anderen einen

Brandsatz in den Schuppen, das „Liverpool“ brannte, und Rudi, nicht ratlos, wuchtete uneigennützig zwei Frauen aus dem brennenden Etablissement heraus. Sportlich ist er also immer noch – trotz zehn Kilo mehr als damals – gut in Form. Davon konnten sich auch die Zuschauer 1983 im Olympiastadion überzeugen, als er beim Abschiedsspektakel von Paul Breitner nochmals der runden Kugel nachlief. Da wurden für Augenblicke alte Erinnerungen wach. Blenden wir zurück: 1965. In seinem ersten Länderspiel schoß der Neuling gleich ein Tor. Ohne dieses Tor Brunnenmaiers zum 1:1 gegen Schweden hätte Schöns Team nie die Qualifikation zur Weltmeisterschaft nach England geschafft, wäre niemals als stolzer Vize-Weltmeister von der Insel zurückgekehrt. Doch da war der Rudi schon nicht mehr dabei. Daß es dazu nicht kam, sagen alte Kameraden, lag einzig und allein an seiner Leidenschaft für den Mond. Wenn der aufging, verwandelte sich der Rudi Brunnenmaier. Aus dem sentimental-ruhigen Bayern wurde ein wilder Haudrauf. Schluck um Schluck, Auge um Auge, Zahn um Zahn – wenn er einige Gläser leer getrunken hatte, ging Rudi keinem Zoff aus dem Weg. „Damals versoff ich meine Zukunft...“, weiß er heute. Die Wahrheit ist noch trauriger. Er versoff sie gleich zweimal. Nachdem er in München total ausgespielt hatte, bekam er eine zweite Chance in der Schweiz. Dort heuerte ihn Xamax Neuenburg an – doch auch dort gab's bald Probleme, Promille, Prozesse. Er kam in den Knast, man nahm ihm seinen Führerschein und – warf ihn schließlich aus dem Land. Damals sagte er jedem, der es hören wollte: „Ich bin kein anonymer Trinker, sondern ein populärer Säufer!“ Doch mit der Popularität ist es mittlerweile vorbei. Wenn er abends in Jeans und T-Shirt die Kunden in seiner „Dolly-Bar“ (Bierpreis 4,60 Mark) mustert, erkennt ihn keiner mehr.

„Ich will irgendwann eine gemütliche Kneipe aufmachen“, sagt er. Das sei sein Ziel, dann „ist Schluß mit dem Tingeltangeljob im Amüsierviertel.“ Ein Ziel, dem er wohl vergebens hinterherjagen wird. Der einstige Kapitän der Nationalmannschaft muß Leuten heute ein Bier servieren, die dort, wo dieser Rudi einst war, nicht einmal durch die Tür gekommen wären. Doch Rudi ist dort gelandet, wo er früher nicht sein wollte: im Abseits.

Libuda und Brunnenmaier – zwei Beispiele dafür, wie schwierig

sich der Umstieg vom Leben eines vielbejubelten Sportstars ins bürgerliche Dasein gestalten kann. Einst die großen Helden des Volkes, haben sie den Wechsel in die Anonymität nicht verkraftet. Die körperliche, psychische und wirtschaftliche Umstellung traf sie unvorbereitet, sie waren überfordert und scheiterten. Oder aber sie wurden – wie Rudi Brunnenmaier – mit den Wechselbädern von Popularität und Buhmann nicht fertig. Als der Jubel der Massen verklungen war, stürzten beide tief.
So wie den beiden erging es auch anderen großen Sport-Stars von einst: Rik van Steenbergen, der Radweltmeister, den sie „Kaiser" nannten, wurde nach Ende seiner Karriere zum Säufer, verlor sein gesamtes Vermögen und landete schließlich hinter Gittern. Heute fristet er ein eher bescheidenes Dasein in der Nähe von Brüssel. Sein belgischer Landsmann Eric de Vlaeminck war in seiner Glanzzeit ebenfalls einer der Großen im Radsport-Metier: mehrfacher Querfeldein-Weltmeister und Landesmeister. Gegen Ende seiner Karriere war er in Drogengeschäfte verwickelt, bekam Ärger mit der Polizei, wurde zu einer Haftstrafe auf Bewährung verurteilt. Die Richter ließen nicht deshalb Gnade walten, weil de Vlaeminck ein Sportidol war, sondern weil sie nicht übersehen konnten, daß er selbst zum Opfer der Drogen geworden war. Insider vermuten den Anfang seiner Sucht in seiner aktiven „Glanzzeit": Als hart geforderter Radprofi nahm er – wie die meisten seiner Berufskollegen – ständig und immer höhere Drogen von Medikamenten zu sich. „Doping" – um seine Leistungen zu steigern, um der strahlende Sieger zu sein, den das Sportvolk sehen möchte.

Die Liste klangvoller Namen von einst, die heute zu tragischen Figuren geworden sind, sind ellenlang. Ex-Stars aus allen Disziplinen finden sich hier als gescheiterte Sozialfälle. So wie jener Mann, der einst als der legitime Nachfolger der großen Läufer wie Paavo Nurmi und Emil Zatopek galt. Die Presse nannte ihn ein Jahrhunderttalent: Henry Rono aus Kenia. 1978 lief er innerhalb von acht Wochen Weltrekorde über fast alle Strecken. Egal ob über 3000 oder 10 000 Meter, er hatte immer die Nase vor der Konkurrenz. Da war die Welt des Henry Rono noch in Ordnung, pro Start erhielt er 6000 Dollar. Und Rono lief überall auf der Welt. Der Knick seiner Karriere begann wenige Monate vor den Olympischen Spielen in Los Angeles; denn da machte Rono erstmals nachhaltig Bekanntschaft mit Alkohol. „Wenn du Henry sehen willst – mußt du in den Bars suchen…" verrieten seine Team-Kollegen den fragenden Presseleuten, wenn diese gekommen waren, um den Favoriten Rono bei den Vorbereitungen zuzuschauen. Olympia fiel für Rono aus – wegen andauernden Suffs. Beim nacholympischen Tingel-Tangel der Medaillensieger rappelte er sich noch einmal auf: mit 13:06,20 lief er beim Kölner ASV-Sportfest einen neuen Weltrekord über 5000 Meter. Doch das ist lange her. Von solch einem Husarenstück träumt er heute nur noch. Denn von Rono, dem schnellen Mann vom Stamme der Nandi, ist nur noch ein übergewichtiges Wrack übriggeblieben. Im Sommer 1986 tauchte er bei einem Leichtathletik-Meeting in Brüssel plötzlich wieder aus der Versenkung auf. Skrupellose Veranstalter hatten ihn seines Namens wegen engagiert und machten ihn so zum öffentlichen Gespött, zur Lachnummer. Rono lief dem Feld weit hinterher – mit einer Alkoholfahne. Die Demütigung hätte man ihm ersparen sollen, doch Rono brauchte Geld, und die Veranstalter eine Attraktion.

Nach dem makabren Spektakel fanden sich alte Freunde, Mit-Konkurrenten von einst, die Spenden sammelten. Rono sollte sich mit dem Geld einmal mehr einer Entziehungskur unterziehen. Einmal mehr versuchen, dem Alkohol davonzulaufen, ihn zu besiegen.

Rono ist nicht am Alkohol gescheitert; der war letztlich nur die Rolltreppe nach unten, nein, er ist an seinem Ruhm gescheitert, auf den er nicht vorbereitet war. Der war eine Nummer zu groß für den einfachen Mann aus Kenia, der außer schnell Laufen nichts gelernt hatte. Und so geht es den meisten Sportstars, die einst wie Kometen aufstiegen und dann die Leiter des sozialen Abstiegs wieder hinabgepurzelt sind. Tatsache ist, daß nur wenige Sportler nach dem Ende ihrer Karriere allein von ihrer Popularität leben können: Beckenbauer, Seeler, ein Erhard Keller und eine Rosi Mittermaier, ein Rudi Altig oder Max Schmeling gehören zu ihnen. Sie waren Top-Stars und vor allem – sie hatten die richtigen Berater.

Diese haben – selbstverständlich gegen Honorar – für ihre Schützlinge Verträge ausgehandelt und Rücklagen für eine Existenz nach der aktiven Zeit gezielt angelegt. Ihre Devise: „Titel und Meisterschaften sind eine Ehre – Geld aber ist dauerhafter."

Andere haben es auch ohne geschäftstüchtige und weitschauende Manager zu einer abgesicherten Existenz gebracht. Bescheiden zwar, aber immerhin: „Schorsch“ Georg Schwarzenbeck, einst Stammspieler beim FC Bayern München und in der Nationalelf „Ausputzer der Nation“, steht heute in der bayerischen Metropole hinter dem Ladentisch seines Schreibwarenladens; Rolf Wolfshohl, einst gefeierter Radstar, verkauft heute Fahrräder in seinem Kölner Radsport-Geschäft, andere arbeiten als Versicherungsagenten und Sportartikel-Repräsentanten oder aber sind im Metier geglieben: als „Sportliche Leiter“ lassen sich Ex-Tennisstar Wilhelm Bungert bei Turnieren und Ex-Radprofis, wie Rudi Altig und Sigi Renz, bei Sechstagerennen ihre Dienste gut honorieren. Ex-Fußballer wie Otto Rehagel (Bremen), Helmut Benthaus (Stuttgart) und Ernst Happel (Hamburg) arbeiten wie viele andere heute als Trainer. Ins Sportmanagement sind Stars von einst vorgestoßen: Uli Hoeneß, Günter Netzer, Rudi Assauer. Sie nutzen ihre langjährige Erfahrung und Berufspraxis am gleichen Wirkungsort – nur mit veränderter Rolle. Waren sie vor Jahren noch Regisseure auf dem Spielfeld der Bundesliga-Stätten, führen sie jetzt hinter dem Schreibtisch Regie.

Für viele aber hat nach dem Ende ihrer Sportkarriere der Abstieg begonnen. Einigen hat man böse mitgespielt, andere hatten Pech gehabt. Viele aber unterlagen einem fatalen Grundirrtum: sie hielten ihre sportliche Karriere, die ihnen Reichtum und Anerkennung brachte, auch für eine menschliche und gesellschaftliche. Der Sportjournalist Horst Vetten hat Sportstars einmal „Menschen mit enormem Können, aber ohne Eigenschaften“ genannt. Und weiter: „Es handelt sich hier um eine Berufsgruppe, die ausschließlich aus Emporkömmlingen besteht.“

Sie werden von Millionen Menschen bewundert und beneidet, finden oft aber weder Kontakt zu dem Milieu, aus dem sie kommen, noch zu Berufsgruppen, die in der gleichen Verdienstspanne liegen wie sie. Sie gelten als die „Aufsteiger der Nation“, und doch sind die „volksnahen Helden“ weit weg vom Volk. Sie haben Jahre in Trainingsquartieren, Stadien, Sportanlagen und Hotels verbracht. Nach Ende ihrer Laufbahn müssen sie oft feststellen, daß soziale Kontakte, daß Beziehungen zu Freunden und Bekannten selten und oberflächlich sind. Was zuvor durch die Hektik des

Berufs nicht offenkundig werden konnte, ist jetzt schmerzhaft spürbar: die soziale Isolation.

Viele Sport-Profis sind nach ihrer Karriere an dieser Hürde gescheitert oder flüchteten in den Alkohol und andere scheinbare Freudenspender und Hoffnungspillen aus Angst „vorm Aufhören". So wie Horst „Schimmi" Szymaniak, der Ende der 50er, Anfang der 60er Jahre in 43 Länderspielen „Fußball in Vollendung zeigte" (so die damalige Sportpresse). Damals, da sprach Deutschlands Fußballvolk nur von Uwe, dem Sturmtank, und Horst, dem Strategen im Mittelfeld. Horst „Schimmi" Szymaniak, das war der Erfinder des 45-Meter-Passes. Heute spricht keiner mehr von ihm. Vom Wuppertaler SV war er einst in den Süden aufgebrochen. Dort, am Fuß des Ätna, hatte er noch ganz große Jahre. Er machte große Kasse und wurde für die Fußballwelt zum berühmtesten Sizilianer seit Lucky Luciano. Von Catania ging es nach Varese, dann in die Schweiz, später gar in die US-Profiliga. Zurückgekehrt, wurde er Spielertrainer in der Bezirksklasse. Hier verliert sich Schimmis Fußballspur. Fortan hörte man nur noch von ihm, wenn es um Promille ging. Alles versoffen, heuerte er vor Jahren bei den Engländern in Osnabrück als Busfahrer an; doch auch das ging nicht lange gut.

Vor Jahresfrist spielte die Uwe-Seeler-Traditionself für ihn auf: Resultat: ein nagelneuer VW-Passat und 15 000 Mark – damit ist dem 52jährigen Horst Szymaniak fürs erste geholfen – immerhin.

Hary, Libuda, Brunnenmaier, Szymaniak – sind nur Beispiele dafür, wie schwierig sich der Umstieg vom vielbejubelten Sportstar ins bürgerliche Leben gestalten kann. Einst die Helden der Nation, haben sie den Wechsel ins Privatleben nicht verkraftet. Es gab viele Fans, aber wenige Freunde, kaum Vertraute.

Klaus Peter Thaler, seit Jahren einer der besten Radprofis und nach einer kurzen Episode als Nationaltrainer der Amateure im letzten Winter noch einmal zu Weltmeisterehren im Cross-Radsport gekommen, nennt Gründe dafür:

„Als Sportler muß man vor allem an den Wochenenden unterwegs sein. Darunter leidet zwangsläufig das Familienleben und der Kontakt zu Freunden oder Nachbarn. Großartige Feiern oder Partys sind ohnehin zu meiden: man darf nicht rauchen oder trinken, und wenn's richtig losgeht, ist für hart arbeitende Sportprofis

Schluß. Das bedeutet, daß man über Jahre aus dem gesamten sozialen Leben ausgeschlossen bleibt: Zwar kennen einen alle, aber man selbst gerät durch dieses völlig auf den Sport abgestimmte Leben in eine bestimmte Isolation ...".

Thaler: „Wer diese Gefahr nicht schon während seiner aktiven Zeit sieht und etwas dagegen unternimmt, der kann nach Beendigung seiner Laufbahn große Probleme bekommen."

Es ist eine lange Liste klangvoller Namen, die nach dem Ende ihrer Karriere plötzlich „ganz unten" waren. Besonders ehemalige Champions aus dem Box-Metier finden sich als gescheiterte Sozialfälle: Gerhard Zech, Ex-Schwergewichtsmeister, verdiente seinen Lebensunterhalt mit Gelegenheitsarbeiten, Norbert Grupe, ehemals großmäulig als „Prinz von Homburg" im Ring, boxte zeitweise nur noch im Hamburger Reeperbahnmilieu oder im Knast. Und der Mann, den alle nur „Bubi" nannten und der als der legitime Nachfolger von Max Schmeling galt, sitzt heute ebenfalls im Knast: „Bubi" Gustav Scholz. Auch er war zum Mann des Alkohols geworden. Im Rausch erschoß er seine Ehefrau. Jetzt sitzt er seine Strafe im Berliner Gefängnis ab. Nach der Tat fragte der STERN: „Ist kein Verlaß mehr auf Idole?" Es wird wohl so sein.

Oder wer erinnert sich noch an die großen Faustkämpfe des Karl Mildenberger? Er war der Mann, der nach „Bubi" Scholz kam; als Europameister im Schwergewicht hielt „Karl der Große" aus Kaiserslautern, dessen Heimatring immer die Frankfurter Festhalle war, am 10. September 1966 sogar Cassius Clay über 12 Runden stand. Hierzulande ist Mildenberger nahezu völlig in Vergessenheit geraten. Vom Ruhm der sechziger Jahre ist so wenig geblieben wie von seinem Reichtum.

„Wenn man aufhört, hat man sein bisheriges Leben satt. Immer nur Training, Kämpfe und Entbehrungen. Für nichts anderes hat man Zeit, da frißt man alles in sich hinein. Kein Wunder, daß auch ich einen Punkt hatte, wo ich mal richtig leben wollte ... und dabei habe ich damals die Kontrolle etwas verloren. Aber dann mit vierzig wurde ich wieder vernünftig, fragte mich, was das eigentlich soll."

Doch bevor diese Selbsterkenntnis einsetzte, geriet Mildenberger nicht nur öfters „außer Kontrolle", sondern war zeitweise „völlig von der Rolle". Nach dem Verlust seines Europa-Meistertitels, den er 1968 an den Engländer Henry Cooper verlor, begann die soziale Talfahrt. Was er auch anpackte, er scheiterte. „Es war für mich verdammt schwierig, im sogenannten bürgerlichen Alltag Fuß zu fassen. Als Box-Profi hatte ich ja jahrelang wie in einem Ghetto gelebt, nur Trainingslager und Kampfvorbereitungen. Es waren immer die gleichen Leute, mit denen ich zu tun hatte. Als ich dann aufhörte zu boxen, habe ich gemerkt, daß sie alle zwar Kumpels, aber keine Freunde waren. Da war plötzlich eine richtige Leere, und damit kam ich nicht zurecht . . .“

Nach der Scheidung von seiner ersten Frau flüchtete er in den Alkohol: „Aus Kummer habe ich viel gekippt – aber versoffen war ich nie“, meint er rückwirkend. Dennoch: 1,5 Millionen Mark an Gage hatte er in den zehn Jahren seiner Karriere zusammengeboxt; geblieben ist ihm nur sein Zweifamilienhaus in Kaiserslautern-Hohenecken.

Mildenberger fing sich, als er seine zweite Frau Miriam kennenlernte; 1976 wurde Sohn Sascha geboren. Beruflich jedoch fand der Boxer nicht das Richtige. Da erinnerte er sich an ein Versprechen, das ihm der frühere Kaiserslauterner Oberbürgermeister Jung einmal gegeben hatte: Die Stadt werde schon eine Stelle für ihn finden. Nur fand sich diese Stelle nicht so schnell. Mildenberger arbeitete beim Neubau des Stadions am Betzenberg mit. In diese Zeit fiel die Geschichte einer Boulevard-Zeitung, die über Mildenbergers Situation berichtete und dabei Mildenbergers Wunsch zitierte: „Ich will Beamter werden.“ Die Stadt Kaiserslautern erfüllte ihm diesen Wunsch. Seither lautete seine kommunale Stellenbezeichnung: „Staatlich geprüfter Schwimm-Badeaufseher“.

Im Sportgeschäft zählt nur eines: der Erfolg. Nur Sieger lassen sich gut verkaufen und verdienen genügend, um nach ihrer Karriere davon leben zu können.
Um vorne zu sein, wird gespritzt und geschluckt, ohne Rücksicht auf die Gesundheit.
Sportmanager, Sponsoren und die Medien brauchen Siegertypen, und die Profis wissen längst:
Von der olympischen Idee reden nur noch naive Funktionäre ...

Dabeisein ist nichts

„Spitzensport ist der kürzeste Weg zum Frührentnertum."

Prof. Hollmann, Sportmediziner

Profis weinen nicht oder: Ein Athlet gibt nicht auf

„Du mußt wieder rein!" Fast beschwörend redet Eintracht Frankfurts Trainer, Friedel Rausch, auf seinen verletzt am Boden liegenden Mittelstürmer Harry Karger ein. Doch der krümmt sich vor Schmerzen und winkt ab. Das war im Mai 1980, in jenem ersten UEFA-Cup-Endspiel gegen Borussia Mönchengladbach, als Karger, den sie in Frankfurt wegen seiner gefährlichen Kopfbälle alle „Schädel-Harry" nennen, nach einem Kopfball bei der Landung mit seinen 18-Millimeter-Stollen im Rasen hängenblieb, umknickte und mit „wahnsinnigen Schmerzen im Knie" liegenblieb.

Am nächsten Tag pumpten sie ihm erst Sauerstoff ins Knie und saugten dann das dort angesammelte Blut ab. „Verdacht auf Kreuzbandriß" hieß die Diagnose. „Da das UEFA-Cup-Rückspiel bevorstand und sie mich brauchten, kümmerten sich alle um mich: der Trainer, der Masseur, die Ärzte, die Mitspieler. Als aber feststand, daß ich nicht mehr fit werde, hörte das Interesse fast schlagartig auf", sagte Harry Karger. Es war ein erster bitterer Vorgeschmack auf das, was in viel stärkeren Dosen auf ihn zukommen sollte. Eine einzige Unachtsamkeit im besagten Spiel machte aus dem stets zu Späßen aufgelegten „Schädel-Harry" einen nachdenklichen Mann. Was folgte, waren Stimmungen zwischen Angst und Hoffnung. Ungezählte Stunden in Krankenhausbetten, bei Ärzten, Sportphysiotherapeuten, Krankengymnasten und „Fitmachern". Die erste Operation dauerte dreieinhalb Stunden, anschließend mußte Harry Karger sieben Wochen Gips tragen.

„Ich habe mir in dieser Zeit noch keine Angst um die Zukunft gemacht." Es folgte das Aufbautraining ohne Ball. Bei zwei Spezialisten, sogenannten „Fitmachern", ging Harry durch eine körperliche Hölle, der alsbald die seelische folgen sollte: Training am Sandsack, an der Kraftmaschine, Sprints, all dies gehörte zum täglichen Programm, ehe er erstmals wieder einen Ball berührte.

Das war im Oktober 1981. „Ich hatte überhaupt keine Schmerzen." An einem Mittwoch vor dem Europa-Cup-Spiel gegen die niederländische Mannschaft aus Utrecht nahm er wieder am normalen Training des Bundesliga-Kaders von Eintracht Frankfurt teil. „Dann kam das Spiel. Wir lagen zurück. Ich wurde nach der zweiten Halbzeit eingewechselt, und schon nach fünf Minuten ein Tor. Das war ein traumhaftes Gefühl: Der Jubel auf den Rängen, die Freude in der Mannschaft." Harry Karger war wieder wer, kein Invalide, sondern eine von Mitspielern und Publikum anerkannte Größe. Doch die euphorische Phase hielt nicht lange an. Es kam anders.

Abschiedsspiel im Frankfurter Waldstadion für Jürgen Grabowski, langjähriger Mannschaftskapitän und „Aushängeschild" der Frankfurter Eintracht sowie mehrfacher Nationalspieler, gegen die Nationalmannschaft. „Harry, heute kannst du zeigen, was noch in dir steckt", machten ihn nahestehende Freunde „heiß", und auch Trainer Buchmann, inzwischen für Rausch in Frankfurt, gab das Seine dazu: „Harry, das ist heute wieder eine Probe für dein Knie, zeig, was du kannst!"

Harry nahm sich die Worte zu Herzen und schoß drei Tore. Eines schöner als das andere. Doch seine Freude wurde alsbald gedämpft. „Sag mal, spinnst du? Du kannst doch in so einem Spiel gegen Beckenbauer und Co. dem Sepp Maier nicht drei Dinger reinhauen!" Worte von Insidern und Experten. Harry hatte gegen die Show-Regeln verstoßen.

„Ich habe mich gefreut, drei Tore, keine Schmerzen, und dann sahen mich alle so komisch an. Ich wußte nicht, wie man sich bei so einem Abschiedsspiel verhält. Wollte eben zeigen, daß es noch läuft bei mir", erinnert sich Harry heute. Drei Tage später im Bundesliga-Spiel gegen Bayer Uerdingen: Tiefer Boden, denn es hatte geregnet. „Es war so in der zwanzigsten Minute. Ich wollte den Ball erlaufen und knickte plötzlich mit dem rechten Bein weg. Ein Schmerz, ein Schreck und die Erkenntnis, daß jetzt endgültig alles aus ist. Wieder Pause, wieder Untersuchungen, Arzt- und Masseurbesuche, Aufbautraining, Quälereien. Harry Karger humpelte Wochen, ja Monate herum, hatte wieder Schmerzen und vor allem Angst. Endlich: In der Vorrunde kommt er noch einmal zum Einsatz. Im Spiel gegen Borussia Dortmund. „Ich hatte Angst, fürchterliche Angst und versiebte prompt todsichere Dinger." Kommentar des damaligen Managers Udo Klug: „Harry, wenn du Angst hast, dann hat es keinen Sinn." Später, im Training, verletzt er sich erneut. Wieder wochenlanges Pausieren. Sein Trainer Buchmann glaubt ihm langsam die ständigen Verletzungen nicht mehr. Harry ist verzweifelt. „Mein Vertrag lief aus. Jetzt begann ich mir Gedanken zu machen, wie es weitergehen sollte. Der Heilungsprozeß kam nur langsam voran. Ich war auch nicht mehr so brennend bei der Sache. Meine Energie war aufgebraucht. Ich war nur noch ein Nervenbündel."

Einige Erlebnisse aus dieser Zeit wird Harry nie vergessen. So die, als er sich vor einem Heimspiel im Mannschaftsquartier unter die Kollegen mischte, mit ihnen am Tisch saß, Trainer Buchmann ihm aber dann unmißverständlich zu verstehen gab, daß er als Kranker hier nichts zu suchen habe. Oder bei einem Auswärtsspiel, als er in die Mannschaftskabine humpelte, um wieder einmal die vermißte Atmosphäre zu schnuppern, folgte der Rausschmiß. „Ich war total fertig. Das hatte ich vorher nie erlebt. Ich wollte doch nur den Kontakt nicht verlieren."

Doch noch gab Harry nicht auf. Nach einer neuerlichen Meniskusoperation mobilisierte er noch einmal alle seine Kräfte. Mit einem türkischen Trainer begann er wieder zu trainieren. „Ich bin 500mal aus der Hocke gesprungen, habe Hunderte Flugkopfbälle gemacht, habe an der Kraftmaschine geschuftet, bis mir jeder Knochen einzeln weh tat. Dann habe ich mich ins Bett gelegt und versucht zu schlafen, mit all der nutzlosen Kraft."

Harry wollte es noch einmal schaffen, wollte seinen Beruf als Bundesliga-Fußballer bei Eintracht Frankfurt nicht aufgeben. Dafür quälte er sich. Tag für Tag.

Doch es kam anders.

Am 29. April 1982 schickte der Vorstand der Frankfurter Eintracht den Kündigungsbrief. Seither bekommt er keinen Pfennig mehr. Mit seiner ebenfalls arbeitslosen Freundin Sibylle lebt er monatlich von 1200 DM, die sie von der Berufsgenossenschaft bekommen. In den „goldenen Fußballerjahren" brachte er monatlich das Fünf- bis Sechsfache mit nach Hause. Erste Folgen: Das größere Auto wurde verkauft, Kargers sind in eine kleinere Wohnung gezogen.

Da Harry erst relativ spät zum Profi-Fußballer kam, hat er eine abgeschlossene Ausbildung. Ein Vorteil gegenüber jüngeren Profis, die oft von der Schule weg zum bezahlten Fußball wechseln und keinerlei Auffangnetz in ähnlichen Situationen haben. Harry ist Bauzeichner – doch auch hier gibt es nur geringe Aussichten, wieder reinzukommen. „Da hat sich in den letzten Jahren zu viel verändert, und die allgemeine Arbeitsplatzsituation hat sich stark verschlechtert."

Vom hessischen Amateurclub FC Burgsolms hatte sich Harry einst aufgemacht, die Fußballwelt zu erobern. Sein Stern ging auf wie ein Komet bei der Frankfurter Eintracht. Er wurde gefeiert, die Schar der Schulterklopfer war groß. Jetzt ist er vergessen.

Mit Freundin Sibylle bummelt er manchmal durch Frankfurt, trinkt einen Kaffee und versucht zu verdrängen. Sibylle, lange unermüdliche Seelentrösterin, hat ihre moralische Kraft ziemlich aufgebraucht. Trotz allem: Harry bereut den Sprung in den Profifußball nicht. „Ich habe halt Pech gehabt." Würde er einiges anders machen? „Vielleicht in frühen Jahren langsamer aufbauen, der Verschleiß ist gerade am Anfang sehr groß."

Das Leben ohne seinen Beruf „Fußballspieler", ja ohne aktiven Fußball überhaupt, kann sich Harry noch immer nicht richtig vorstellen. Manchmal träumt er davon, daß er noch einmal wiederkommt, daß er im Waldstadion noch einmal das entscheidende Tor köpft, seine Spezialität, die die Fans inspirierte, ihn „Schädel-Harry" zu rufen.

Noch immer sucht er die Nähe zu einer Szene, die ihn längst aussortiert hat. Mit achtundzwanzig Jahren.

Harry Kargers Fall ist keine Ausnahme im gnadenlosen Bundesliga-Geschäft. Nicht anders erging es seinem Vereinskollegen Holger Anthes. 1981 noch war er der „Rohdiamant". Im Endspiel um die Junioren-Europameisterschaft in Düsseldorf gegen Polen schoß er das goldene Tor zum 1:0 Sieg der Deutschen. Die Frankfurter Eintracht gab ihm danach einen Profivertrag. In seiner ersten Bundesliga-Saison bestritt er fünfzehn Spiele und schoß immerhin vier Tore. „Du kannst mit deiner ersten Profisaison zufrieden sein", sagte Eintracht-Trainer Buchmann am Ende der Spielzeit, die nächste Saison sollte den Durchbruch bringen. Zwei Wochen später war Buchmann Trainer des Nachbarclubs Kickers Offenbach, der Österreicher Senekowitsch kam. Beim Training, wenige Wochen später, blieb Anthes beim Warmmachen mit den Stollen in einem Grasbüschel hängen. Ein Stechen im linken Knie, zwei Tage später war der Innenmeniskus entfernt.

Ähnlich wie bei Karger begann die Zeit der Leiden. Nach der Operation investierte Holger Anthes täglich acht Stunden für Training und ärztliche Versorgung. Die Profikarriere und das hoffentlich nahe Comeback hatte er im Visier.

Doch auch hier kamen ihm die Manager zuvor: „Wir kündigen Ihnen fristgerecht Ihren Vertrag zum 30. Juni und wünschen Ihnen für Ihre weitere sportliche Laufbahn viel Erfolg." Absender: Arbeitgeber Eintracht Frankfurt.

Holger Anthes hatte es schwarz auf weiß. Er war nicht mehr erwünscht. Mit wenigen Sätzen aussortiert. Einst zahlten sie für ihn 250000 DM an den Lokalrivalen FSV Frankfurt. Jetzt war er ihnen nur noch 2,80 DM Porto für ein Einschreiben wert.

Aber auch andere Profis – Radrennfahrer, Eishockeyspieler oder Boxer – haben aufgrund erzwungener Verletzungspausen ihren Beruf verloren. Wenn nicht fristlos, so nach Vertragsende. Die Vereinsbosse und Sponsoren wollen keine Sportler, die monatelang wegen Verletzungen fehlen. Für sie zählten allein Fitneß und Leistung, Sieg und Erfolg. Denn nur das ist gute Werbung, und dafür zahlen sie schließlich Hunderttausende von Mark. Wer da als Profi nicht mithalten kann, wer ständig an Verletzungen herumlaboriert, fliegt raus, ist weg vom Fenster.

Das wissen die Profis. Verletzungen sind für sie ein einkalkuliertes Berufsrisiko. Für einige – besonders im Motorsport – sind sogar tödliche Risiken einkalkuliert. Auf die Frage, wovor sie am meisten Angst haben, antworten Profis durchweg mit dem stereotypen Satz: „Vor Verletzungen und dem dadurch bedingten vorzeitgen Ende der Karriere."

Die weitsichtigeren unter ihnen schließen teure Versicherungen ab, für den Fall, daß ihnen eine Verletzung oder gar Schlimmeres zustößt. Die Versicherungsprämien sind hoch. Bis zu 2000,– DM müssen monatlich bezahlt werden. Viele – gerade jüngere – Profis verdienen zu wenig, um solch hohe Summen zahlen zu können. Sie vertrauen auf ihre jugendliche Gesundheit und Leistungsfähigkeit. Doch nicht nur die Beispiele eines Harry Karger oder Holger Anthes zeigen, daß es keine Sache des Alters ist, zum Sportinvaliden zu werden. Aber es sind keineswegs nur die spektakulären Unfälle, die Profis über Nacht zu Invaliden machen, sondern vielmehr die scheinbar nicht so „ernsthaften" Verletzungen, die sich über die Jahre hinweg summieren. Gerade dann, wenn sie nicht auskuriert werden. Welcher Profi wartet schon, bis er wieder völlig gesund ist! Einsatz bedeutet bares Geld.

Aus der Angst heraus, längere Zeit aussetzen zu müssen und kein Geld verdienen zu können, werden alle Warnungen und gutgemeinten Ratschläge ignoriert. Und wegen einer zwar schmerzhaften Oberschenkelzerrung auf eine prämienträchtige Begegnung verzichten? Das kann sich nur ein absoluter Star leisten – und davon gibt's nur wenige. Kleine Verletzungen werden mit allen medizinischen Tricks und Mitteln in kürzester Zeit geheilt; notfalls helfen schmerzlindernde Spritzen und allerlei Medikamente.

„Spitzensport ist der kürzeste Weg zum Frührentnertum", soll der Kölner Sportmediziner Professor Dr. Wildor Hollmann einmal gesagt haben. Und der Freiburger Internist Dr. Josef Keul, ebenfalls einer der führenden Sportmediziner in der Bundesrepublik, öffnete allen potentiellen Hochleistungssportlern die Augen. „Mir tun all diejenigen unendlich leid, die sich jahrelang quälen, sich schließlich zum Invaliden trainieren und trotzdem nicht zur Spitze gelangen, wo sich der Leistungssport bei wenigen auszahlt." Nach seiner Meinung könnten viele Spitzenathleten auf dem freien Arbeitsmarkt ohne weiteres eine Rente wegen 30prozentiger Berufsunfähigkeit beantragen. Bei zahlreichen Profis dürften es nach Abschluß der Karriere noch mehr sein. Doch darüber will keiner gerne reden: der Sportler nicht, der Vereinsmanager nicht, die Sponsoren nicht. Im Gegenteil: Die bittere Realität verleugnend, werden Verletzungen und Unfälle zum Teil sogar verherrlicht. Sie gehören zum Geschäft, sie sind Bestandteil der Show. Der Mythos hält sich hartnäckig: Ein Athlet gibt nicht auf, kämpft weiter, steht die Tortur durch. Notfalls mit Pillen und Spritzen, mit Doping.

„Mit Selterwasser allein ist die Tour nicht zu fahren."

Rolf Wolfshohl, Ex-Radprofi

Siegen mit dem Weißen Riesen oder: Drogenszene Sport

Gespannt wartete der Läufer auf das Ergebnis seiner Dopingkontrolle. Endlich war es soweit. Befund: Negativ – doch brachte seine Urinprobe zutage, daß er Mutterfreuden entgegensehe. Des Rätsels Lösung: der „schwangere Mittelstreckler" hatte sich in der Sorge, die Kontrolleure könnten Reste eines schnellen Pülverchens entdecken, mit einer versteckten Kanüle ausgerüstet, deren Inhalt er von seiner Freundin ausgeliehen hatte. Der phantasiereiche Doping-Trickser wurde disqualifiziert, obendrein gab's ein Jahr lang Startverbot bei Wettbewerben.

Die Geschichte macht noch heute unter Leichtathleten die Runde. Und gelacht wird jedesmal lauthals. Wie hoch indes der Wahrheitsgehalt ist, weiß niemand zu sagen. Wahr dagegen ist die Schwindel-Blamage von „Didi" Thurau, Deutschlands Radstar Nummer eins. Nach der Radweltmeisterschaft 1980 wurde er bei der Dopingkontrolle mit einem positiven Befund erwischt. Doch Thurau bestritt energisch, unerlaubte Mittel benutzt zu haben, und forderte einen Gegentest. Und siehe da, diesmal war nichts Verbotenes drin. Außer starken Nikotinresten, was ja nicht verboten ist... Nur, Thurau ist als Nichtraucher bekannt. Danach begann die Talfahrt vom „lächelnden Radstar im Gelben Trikot, den alle lieben" (Bild) zum schlichten Mittelmaß-Profi. Den Schatten, der durch den Schwindel-Eklat auf seine Karriere fiel, ist er bis heute nicht mehr losgeworden. Mit dem gleichen schäbigen Doping-Trick scheiterte auch ein anderer Großer der Radler-Zunft: Der Belgier Michel Pollentier mußte nach einer Etappe der Tour de France als Träger des Gelben Trikots zum obligatorischen „Pipi Reglementaire". Da es bei ihm wegen „Wassermangels" nicht klappte, wurde ihm die Frist um zwei Stunden verlängert. Bei seiner Rückkehr fiel dem Kontrolleur eine Verdickung unter der Bekleidung auf. Pollentier hatte versucht, ein Gefäß mit fremdem Urin zu schmuggeln. Nach dem peinlichen Schwindel-Coup konnte der Belgier seine Klamotten packen. Er wurde ausgeschlossen.

Insider konnten sich schon damals darüber kaum erregen. Sie nennen die radelnde Karawane der „Tour de France“ nicht ohne Grund scherzhaft auch „die rollende Apotheke“.

„Radsport und Doping“, sagt ein Fachjournalist, „sind eine unheilige Allianz“. Tatsache ist: Der Wunsch, mit unerlaubten Wundermitteln der Pharmazie schnellere Beine zu bekommen, ist so alt wie der Radsport selbst. Schon beim ersten Sechstagerennen 1879 nahmen die Fahrer Kokain als Stimulans. Und die Radprofis hielten das Thema „Doping“ auch in der Folgezeit in den Schlagzeilen.

13. Juli 1967: Südfrankreich, 13. Etappe der „Tour der Leiden“, wie die Tour de France bei den Fahrern heißt. Die Akteure quälen sich zum Mont Ventoux hinauf, die glühende Hitze zwingt zur letzten Entfaltung der Kräfte. Knapp 1500 Meter vor dem Gipfel stürzt der Brite Tom Simpson. Helfer heben ihn wieder auf sein Rad. Er stürzt erneut. Tour-Arzt Dumas nimmt eine Mund-zu-Mund-Beatmung vor, fordert schließlich den Rettungshubschrauber an. Der 29jährige Radprofi wird in das Krankenhaus nach Avignon geflogen: um 17.40 Uhr ist der ehemalige Weltmeister tot. Die Autopsie ergibt: Tom Simpson war gedopt.

Die Fahrerkollegen waren damals geschockt. Alle wußten: das hätte auch mir passieren können. Rolf Wolfshohl, damals einer der Besten im Metier, sprach aus, was die meisten dachten: „Mit Selterswasser allein“, so der Kölner, „läßt sich so eine Strapaze nicht bewältigen.“ Doch gegenüber Kritikern gibt sich die Profi-Gilde bis heute abstinent und schweigsam. Nur wenige haben bisher offen bekannt: „Ich war gedopt.“ Einer von ihnen, der legendäre Star Jacques Anquetil, gab dies offen gegenüber einer französischen Zeitschrift zu. Der fünffache Toursieger wurde sofort gesperrt; an seinem 10000 Franc-Honorar hatte er wenig Freude. Er galt fortan als Nestbeschmutzer der Zunft. Dabei gab er nur zu, was längst ein offenes Geheimnis ist: Alle Großen – die

Kleinen um so mehr – im Radsport haben geschluckt und gespritzt: Charly Gaul, Raymond Poulidor, Rik van Steenbergen, Rudi Altig...

Und ihre Nachfolger tun dies ebenfalls. Als die letztjährige Tour de France zu Ende war, sagte einer der begleitenden Ärzte: Wenn man die Dopinganalysen der ersten zwanzig veröffentlicht hätte, keiner würde mehr einen Pfifferling für den Profi-Radsport geben. Die Listen blieben unter Verschluß.

Keine Frage: Der Griff zum Doping grassiert mittlerweile wie eine Seuche. „Man muß schon etwas wagen, um zu gewinnen", scheint die Devise der Profis zu sein, auch wenn sie sich durch ständigen Dopinggebrauch gesundheitlich ruinieren. Das Schlagwort von der „Pille im Urin – schneller Ruin" läßt sich im Radsport vor allem so lesen: Hoher Geldverdienst, hoher Dopingmittelverbrauch, schneller körperlicher Verfall.

Daniel Morelon, mehrfacher Bahn-Weltmeister und heute Trainer der französischen Bahnradfahrer, beschuldigte vor Jahresfrist in einem Interview mit der Pariser Sportzeitung „lÉquipe" sogar sämtliche Radsportler des Dopings. „Der Radsport ist zu einem einzigen Drogenmarkt geworden. Die Fahrer brauchen Präparate, um einzuschlafen, um wach zu werden und vor allem um Leistung zu bringen. Es geht nichts, solange sie nicht ihre tägliche Spritze haben." Man könne, so Morelon weiter, die Radsportler sämtlicher Verbände als „schlicht und einfach süchtig" bezeichnen. Morelon ist Kenner der Szene: Wenn schon Amateure nach Doping greifen, wie sieht es dann erst aus bei jenen, die Radfahren zu ihrem Beruf gemacht haben?

Doch nicht nur Radrennfahrer schlucken, schnupfen und spritzen. In fast allen Sportbereichen ist die Pharmazie der Wegbereiter für Siege und Rekorde. Anabolika, Cortisone, Amphetamine, Strychnin, Kokain – ein kleiner Ausschnitt aus der Dopingsskala.

Kokain? Ja, richtig: Kokain. In den USA beklagt der Profisport schon mehrere Todesfälle prominenter Sportler. Todesursache: Kokain.

Im August 1980 raste Terry Furlow, Basketball-Profi der Utah Jazz mit seinem Sportwagen in den Tod. Als die Polizei das Unfallwrack des noch immer chromblitzenden Autos durchsuchte, fand sie jede Menge Stoff, aus dem eigentlich nicht die Träume von Sportlern sind: Kokain.

Das Alltagsleben des Profis geriet ins Rampenlicht. Nicht nur der „Glamour" der Sportstars, sondern auch die Schattenseite seiner Karriere interessierten danach die Medien. Doch die Reporter wurden nicht fündig: Die Polizei gab an, weiterhin im dunkeln zu tappen, die Spielerkollegen taten so, als hätten sie das Wort „Kokain" bislang noch nicht gehört, und die Vereinsmanager mühten sich um die Version des Einzelgängers, der Terry Furlow innerhalb des Teams gewesen sei. Also nur ein Ausnahmefall?

Heute weiß man es besser: kaum ein Tag vergeht, ohne daß die amerikanischen Medien nicht über Drogenskandale von Profi-Sportlern berichten. Fälle, bei denen Stars der Baseball-, American Football- und der Basketball-Profiliga betroffen sind, erregen dabei besonders großes Aufsehen.

Daß in der rauhen Szene der US-Profiboxer kräftig gedealt, geschluckt und geschnuppert wird, ist bekannt. Ehemalige Box-Champions, wie Sonny Liston oder Joe Frazier, kämpften nach ihrer aktiven Karriere vor allem gegen die Sucht. Aber Baseball, dieses flotte Spiel langer Collegeboys, schien den Sport-Fans sauber.

Um so größer war die Aufregung, als erste Berichte über Drogenmißbrauch von Baseball-Profis bekannt wurden. Vier Spieler der Kansas City Royals mußten das Spielfeld mit einer Zelle vertauschen. Sie hatten nicht nur Kokain geschnupft, sondern auch Kollegen damit versorgt. Die Aussagen ergaben, daß mehr als 20 Profis in den Deal verwickelt waren. Jetzt wurden Vereine und Namen genannt, der Skandal war da. Manager fürchteten um ihre sportbegeisterten Fans und traten die Flucht nach vorne an. Der Präsident der Montreal Expos fand heraus, daß „mindestens acht unserer Spieler auf dem Drogentrip waren . . . Das kostete uns die Meisterschaft."

Die große amerikanische Tageszeitung „New York Times" schrieb nüchtern: „Die Droge hat den Sport erschüttert". Zwar sprachen alle über die drogensüchtigen Baseball-Stars, gemeint aber waren auch Profis aus anderen Disziplinen. Daley Thompson, Welt-, Europameister und Olympiasieger im Zehnkampf, äußerte sich zum Thema Drogen bei Leichtathleten: „Es ist viel ernster, als die Leute meinen. Das Problem muß energisch bekämpft werden." Und daß das Drogenproblem keineswegs nur auf die USA zutrifft, zeigen Thompsons Äußerungen über die Situation in seinem Heimatland: „Rund ein Drittel der britischen Topstars greifen zu Drogen."

Yannick Noah, französisches Tennis-As, gestand in einem Interview mit der Musikzeitschrift „Rock et Folk" freimütig: „Ich rauche Haschisch und ich kenne andere Spieler, die Kokain nehmen". Namen nannte Noah wohlweislich keine, sonst könnte er gleich seinen Tennisschläger abgeben.

Doch es ist ein offenes Geheimnis: Nicht nur die Pop-Stars der Musikbranche greifen auf der Bühne oder zwischen den Konzerten mal zu den gefährlichen Muntermachern, sondern zunehmend auch die Sport-Stars. Ebenso wie die Idole der Pop-Musik sind sie die Objekte der Medien, der Fans. Sie werden hochgejubelt und fallengelassen. Sie müssen Leistung bringen – auf dem Spielfeld oder auf der Bühne. Wer versagt, ist weg vom Fenster.

„Du merkst, daß da ebenso viele Burschen so gut wie du oder besser sind, das macht Angst..." gesteht der Ex-Baseball-Profi Dock Ellis einem TV-Reporter. Tatsache ist: Millionen von Spielern tummeln sich auf den US-Sportplätzen, jede Hochschule hat eine Basketballmannschaft, die hierzulande in der ersten Liga mitmischen könnte. Talente gibt's genügend. Wer es zum Profi gebracht hat, von dem wird viel verlangt: vier bis fünf Spiele pro Woche, dazu bis zu 2 Endrundenspiele. Andererseits schaffen die bis zu einer Woche dauernden Reisen zu Auswärtsspielen lange Wartepausen, die für viele Spieler zum Trauma werden. So geht es nicht nur Baseball-Profis, sondern auch Tennisspielern, Leichtathleten, Eishockeycracks oder Boxern. Überall ist es das gleiche: Langeweile zum einen, Streß und Erwartungsdruck zum anderen, und letztlich eine Menge Geld. US-Baseballprofis haben ein Durchschnittseinkommen von 360 000 Dollar pro Jahr, Superstars wie Keith Hernandez von den New York Metropolitans („Mets") an die zwei Millionen Dollar. Die Stars der anderen Disziplinen gehören ebenfalls zu den Großverdienern. Teures Kokain oder andere Drogen können sie sich leisten. Gelegentlich gibt's den Stoff von reichen Fans auch gratis. Die Verlockung ist groß, der Weg in die Sucht programmiert.

Im Herbst 1983 sah sich die NBA-Spielergewerkschaft gezwungen, Vorschläge auszuarbeiten, um die Drogensucht in den Griff zu bekommen. Die Liga stimmte schließlich dem Anti-Drogen-Programm zu: Ein Spieler, der wegen Drogenmißbrauchs überführt wird, wird für die Dauer einer Entziehungskur gesperrt, erhält aber sein Gehalt weiterhin. Bei einem Rückfall wird entsprechend verfahren, nur die Zahlung des Gehalts eingestellt. Ein zweiter Rückfall schließlich bedeutet für den Spieler lebenslange Sperre für die Profi-Liga.

Dieses „Drug-Rehabilitation-Programm" erregte in den Vereinigten Staaten großes Aufsehen, vor allem, weil es von den Spielern selbst ausging. Profitiert haben von diesem Modell schon einige namhafte Akteure: heute sind die von den Drogen weg.

Vielleicht sollten sich Trainer, Funktionäre und Aktive auch hierzulande über ein solches Programm einmal Gedanken machen. Zwar haben wir hier keine amerikanischen Verhältnisse, und spektakuläre Drogenfälle sind nicht an die Öffentlichkeit gekommen. Bei uns wird noch immer sauber unterschieden: hier Doping – dort Drogen. Daß die Grenze fließend ist, daß die Substanzen austauschbar und in ihrer Wirkung gleichermaßen gesundheitsgefährdend sind, darüber wird geschwiegen. Der Weg vom leistungsversprechenden Doping zur Sucht ist oft nur kurz, und Insider bestätigen, daß auch bei uns der Pillen- und Medikamentenkoffer zur Wettbewerbsausstattung gehört.

Dazu der Münchner Sportarzt Wolfgang Pförringer: „Der nicht gedopte Athlet wird bald der Vergangenheit angehören. Auf der anderen Seite findet der Sportarzt, der es ablehnt, Doping-Pharmaka zu verabreichen, bald keinen Platz mehr im Leistungssport. Der Wahnsinn bekommt Methode."

Tatsache ist: Trainingslager entarten zu Intensivstationen für Gesunde; Startvorbereitungen ohne den Griff in die biochemische Trickkiste gelten als dilettantisch; Trainer ohne pharmazeutische Spezialkenntnisse haben kaum eine Chance, als Erfolgstrainer zu reüssieren. Neben Handtüchern, Trainingsanzügen und Sportschuhen sind zwischen Socken und Unterwäsche die Pillen und Ampullen verwahrt. Im Gepäck so manchen Sportlers, der zu internationalen Wettbewerben anreist, sind die Drogenhunde der Zollbeamten in letzter Zeit häufig fündig geworden. Koffer, vollgestopft mit Anabolika, Spritzen und Wässerchen, die nicht nur für den Eigenbedarf gedacht sind, werden, als Handgepäck oder Sportgerät getarnt, mitgeführt.

Als vier kanadische Gewichtheber von der letztjährigen Weltmeisterschaft im fernen Moskau im heimischen Montreal landeten, fischten ihnen die Zollbeamten 22515 Anabolika-Tabletten, 714 Testosteron-Tabletten und zahllose Spritzen aus den Sporttaschen. Kaum anzunehmen, daß die schwergewichtigen Athleten die kraftspendenden Präparate im freien Verkauf in einer Moskauer Apotheke erworben haben. Die vier Sportler wurden vor Gericht gestellt; denn die Einfuhr von Anabolika wird in Kanada wie ein Rauschgiftmittel geahndet. Urteil: Geldstrafen mit Bewährung.

Daß große internationale Wettbewerbe sich längst zu ambulanten Drogenmärkten entwickelt haben, wissen Insider. Ob Weltmeisterschaften oder Olympia: die Drogen-Versorger und Endverbraucher geben sich hier ein Stelldichein. Und manche sind gar Dealer und Verbraucher in einer Person – ganz wie in der Drogenszene. Karl-Heinz Radschinsky, bundesdeutscher Muskelmann und gefeierter Goldmedaillen-Gewinner von Los Angeles, verdiente sich so eine Goldene Nase.

Nach tagelangen Verhören gestand der Gewichtheber, jahrelang mit lebensgefährlichen Dopingmitteln gehandelt zu haben. Er schluckte nicht nur selbst, sondern versorgte auch die Konkurrenz. Wenn's sein mußte, auch die eigene. Doch Radschinsky flog auf, und die Gründe dafür sind so undurchsichtig wie die Wege, die die Pillen vom Erzeuger bis zum Verbraucher nahmen. Nach dem Geständnis kam er erst einmal in Untersuchungshaft. Radschinsky: „Das war ein Schock für mich, als die mich in Handschellen in den Knast abgeführt haben. Die ganze Nacht bin ich auf der Pritsche wachgelegen und habe nachgedacht: einige Jahre Knast können mir jetzt drohen ... Da ist mir erst richtig klargeworden, wie tief ich in der Scheiße sitze."

So eine Behandlung war „Radi", wie ihn seine Fans nennen, wirklich nicht gewohnt. Als bundesdeutsches Gewichtheber-Idol und Olympiasieger sah man ihm bei Empfängen und Partys, gab's für ihn Ehrungen und Einladungen. Mit Auftritten in Frank Elstners „Wetten daß ..." war es damit ebenso vorbei wie mit gutdotierten Autogrammstunden in Fitness-Centren der muskelbildenden Republik.

Statt auf den Sportseiten steht sein Name seither unter der Rubrik „Kriminalität". Sportstar Radschinsky ist ein Fall für die Justiz geworden. Das endgültige Urteil steht noch aus.

Fest steht: der Muskelprotz aus Franken war nicht ein kleiner Amateurhändler, sondern ein Anaboliker-Dealer großen Stils.

Auf der langen Liste der verbotenen Dopingmittel stehen Anabolika an oberster Stelle. Der Wiener Doping-Experte Dr. Ludwig Prokop weiß von mindestens 70 Sportler-Todesfällen in den letzten Jahren, die auf „das Teufelszeug" zurückzuführen sind.

Seine Erfahrungen mit Anabolika schildert Uwe Beyer, bundesdeutscher „Siegfried" und Medaillengewinner im Hammerwerfen bei den Olympischen Spielen in Tokio, so: „Die Eßgewohnheiten ändern sich. Ich hatte immer einen riesengroßen Appetit. Plötzlich wog ich 120 Kilo. Mein Normalgewicht liegt bei 108 Kilo."

Den Preis für das regelmäßig Anabolika-Doping zahlte Beyer nach eigener Beobachtung, als er die obligatorische Pillenpause einlegte: „Nach drei Tagen war alles weg. Ich wurde lustlos, depressiv; ja, es ging hin bis zur Hoffnungslosigkeit und Resignation. Ich litt regelrecht an Entziehungserscheinungen wie ein Drogenabhängiger, und dabei hatte ich noch nicht mal allzu hohe Dosen genommen."

Beyers Leiden wiederholten sich im großen Stil, als die Schwerathleten in Montreal bei der Weltmeisterschaft wegen Kontrollen gezwungen waren, kurze Zeit auf ihre ständige Begleiterin „Anna Bolika" zu verzichten. Aus den Quartieren der Kolosse drangen Berichte nach außen, die sich von Krankenberichten in einer Nervenklinik nur wenig unterscheiden. Das heulende Elend waberte durch die Trainingshallen der Weltstärksten, von denen ein großer Teil plötzlich an Gewichten scheiterten, die sich noch wenige Wochen vorher „im Schlaf" zur Hochstrecke gebracht hatten. Andere Anaboliker kamen nach Überzeugung der Pillengegner nicht so billig davon. Auf das Konto der Dopingsucht schreiben sie Potenzstörungen, Amokläufe, Selbstmordversuche. Dazu kommen ungewöhnliche Ausdehnungen von Nieren und Leber sowie Körper- und Muskeldeformationen, die den Anabolika-Sportlern das Schimpfwort „Monster" eingetragen haben.

Vor allem die schwergewichtigen Hantelmänner nehmen exzessiv Anabolika – mit fatalen Risiken. Beispiel: der Finne Olavi Kangasniemi.

In Mexiko City gewann er 1968 die Goldmedaille, zwischen 1968 und 1972 stemmte der Mann aus dem Norden 17mal Weltrekordlasten hoch. Sein eigenes Körpergewicht nahm in dieser Zeit von 82 auf 110 Kilo zu. In den Jahren vor seinen großen Erfolgen hob Kangasniemi wöchentlich 50 bis 70 Tonnen Eisen. Doch das war ihm und den Funktionären nicht genug. Ein Arzt verschrieb ihm Anabolika, vor allem gegen eine Schwäche der Bauchmuskulatur. Der Finne fühlte sich stärker und stärker. Fortan schluckte er täglich seine Pillen, und als Dessert gab's noch eine Spritze. Doch die gewaltig geschwellten Muskelstränge und der überforderte Bewegungsapparat hielten dem Ehrgeiz des finnischen Champions immer weniger stand. Häufige Verletzungen, erste Operationen. Danach wurde der vermeintliche Prachtathlet von den Ärzten mit Cortison wieder hochgepäppelt.

Eines Tages im Herbst 1975 wuchtete der Finne bei einem Provinz-Turnier eine mit 160 Kilo beladene Hantel hoch. Mitten im Effort riß in der linken Schulter ein Muskel. Das Zentnergewicht fiel dem 34jährigen Gewichtheber auf den Kopf und dann auf die Nackenwirbel. Kangasniemi verlor sofort das Bewußtsein. Zwei Jahre später, als er mühsam humpeln gelernt hatte, wog er noch kümmerliche 70 Kilo. Heute lebt er als Invalide zurückgezogen auf dem Land. Ein menschliches Wrack mit morschen Knochen, zerstört von Anabolika und Cortison, dieser unheilvollen biochemischen Kombination: Anabolika potenzieren den normalen Trainingseffekt so lange, bis das Skelett, Sehnen und Bänder der Belastung der überdimensionierten Muskulatur nicht mehr standhalten; das Cortison, das die Qual lindert, greift schließlich die Knochensubstanz an.

Doch nicht allein die starken Männer treiben ein gefährliches, ja oft lebensgefährliches Dopingspiel, auch leichtfüßige Sprinter mischen kräftig mit.

Edwin Moses, Musterathlet und Olympiasieger, bezichtigt die ganze Leichtathleten-Zunft: „Die Hälfte aller amerikanischen Leichtathleten nehmen Anabolika, um ihre Leistungen zu steigern", erklärte der 400-Meter-Mittelstreckler in einer New Yorker

Tageszeitung. Und er? „Ich gehöre zu den wenigen, die auf Doping verzichten“, sagt Moses, „aber wir sind eine Minderheit“. Wir wollen es ihm glauben.

Anaboliker-Monster gibt es aber nicht nur im Männersport; auch die weiblichen Stars greifen nach der Pille. Zum Beispiel bei den letztjährigen Schwimm-Weltmeisterschaften: Die Zuschauer trauten ihren Augen nicht, als die Sowjet- und DDR-Mädels am Beckenrand auftauchten. Schultern wie Gewichtheber, Arme wie Möbelpacker, Brüste wie Twiggy und Stimmen wie Kerle.

„Die sollen schwimmen, und nicht singen“, sollen die Ost-Trainer damals gesagt haben. Die Muskelmädchen holten 12 von 13 Goldmedaillen.

Professor Keul, bundesdeutscher Doping-Experte, schüttelte damals den Kopf: „Die bleiben so männlich. Beim Kinderkriegen gibt's Probleme.“

Bestätigt wurden diese Annahmen von einer DDR-Sportlerin, die sich aus der DDR abgesetzt hatte und über ihre körperlichen Veränderungen auspackte: die Sprinterin Renate Neufeld.

„Beide Beine nahmen schnell an Umfang zu, verbunden mit äußerst schmerzhaften Muskelverhärtungen, so daß ich selbst beim normalen Gehen oft Schmerzen hatte. Meine Stimme war häufig heiser und fiel öfters aus. Außerdem bekam ich leichten Bartwuchs. Oft blieb bei mir die monatliche Regel aus.“

Bewirkt wurde diese Tortur durch Pillen, die ihr Trainer aus einem Vitamintablettenröhrchen regelmäßig verabreichte. Einige der Pillen brachte die Athletin mit über die Grenze. Professor Manfred Donike, so etwas wie der ‚Doping-Guru‘ hierzulande, hat sie untersucht. Eindeutiger Befund: Anabolika.

Doch die Zeiten walkürenhafter Athletinnen, die bar jeder Weiblichkeit zu sein schienen und Weltrekord auf Weltrekord schwammen, liefen und warfen, um anschließend mit tiefer Baßstimme zu verkünden, man habe eben einen erneuten Sieg für den Sozialismus errungen, scheinen vorbei. Mittlerweile präsentiert die DDR einen neuen Typ der Siegerinnen. Schön, schnell und siegreich – scheint das neue Leitmotiv zu sein. Als bei den letztjährigen Leichtathletik-Europameisterschaften in Stuttgart die beiden DDR-Diskuswerferinnen Diana Sachse und Martina Opitz-Hellmann das Stadion verließen, wäre niemand darauf gekommen, in den beiden ranken Sächsinnen zwei kräftige Werferinnen zu vermuten.

Die neue DDR-Formel für den Sieg der beiden hieß denn auch nicht mehr wie in der Vergangenheit „Masse multipliziert mit Beschleunigung“, sondern „bewußte Zielstellung plus bewußte Methodik“. Aus dem verschleiernden Kader-Chinesisch der DDR übersetzt: die Wissenschaftler waren gefordert, in kürzester Zeit Dopingmittel zu entwickeln, die keine Gewichtszunahme mehr bewirken. Natürlich streitet die DDR-Sportführung solcherart Aufträge rundweg ab, was auch leicht möglich ist. Der Grund: die Wissenschaftler hatten zugleich den Auftrag, Dopingmittel zu entwickeln, die nicht nachweisbar sind. Die DDR-Forschungsergebnisse werden innerhalb der nächsten Jahre auch in anderen Ländern Anwendung finden. Das „Geheimnis der Sieger“ spornt die Konkurrenz an, ebenfalls nach neuen Substanzen zu forschen. Tatsache ist: gleich ob Frau oder Mann, ob Gewichtheber oder Sprinterin, unter dem Deckmantel des internationalen Sportsyndikats grassiert die Doping-Sucht. Die einen wollen ihre Nerven beruhigen und benützen die aus der Herztherapie kommenden Betablocker, die anderen putschen sich auf und schlucken Amphetamine.

Geschluckt und gespritzt wird quer durch alle Disziplinen: vom Sportschützen über Ski-Langläufer bis hin zu Boxern, Schwimmern und Eishockey-Cracks. So sprach der bundesdeutsche Spitzen-Referee Jupp Kompalla von „erstarrten Gesichtern und von Wachsfiguren, mit Schaum vor dem Mund“ und meinte damit Eishockey-Profis der hiesigen Bundesliga. Nach Brutalfouls in der letzten Saison plädierte er für Dopingkontrollen nach den heißen Schlachten auf kaltem Eis. Mittlerweile hat sie der Eishockey-Verband stichprobenweise eingeführt. Seither geht es auf dem Eis wieder etwas ruhiger zu. Dic Kollegen von der kickenden Zunft haben auf absehbare Zeit keinerlei Kontrollen zu fürchten. Obschon ein Insider, immerhin kein Geringerer als der ehemalige Nationalkeeper Toni Schumacher in seinem Bestseller „Anpfiff“ gestand, selbst zu Doping-Mitteln gegriffen zu haben und klipp und klar feststellte: „In jeder Mannschaft sind Spieler gedopt“, stellte der Deutsche Fußball-Bund (DFB) bislang in puncto „Doping“ alle Ohren auf Durchzug. Einzige Reaktion der DFB-Funktionäre: Für Schumacher folgte nach seinem „Anpfiff"-Buch der Abpfiff. Er flog aus der National-Mannschaft. Besonders der finanzielle Aufwand mußte in den letzten Jahren immer wieder als Rechtfertigung für die Nichteinführung von Kontrollen in den Bundesliga-Kabinen herhalten. Dabei kostet eine Probe nur rund 400 Mark, und selbst bei 20 Stichproben an einem Bundesliga-Samstag müßte der DFB nicht allzu tief in die Taschen greifen. Bayern Münchens Mannschaftsarzt Dr. Müller-Wohlfahrt ist ein klarer Befürworter von Kontrollen: „Ich sehe keinen Grund, warum bei uns Dopingkontrollen nicht eingeführt werden können."

Hat der DFB Angst vor den Ergebnissen? Das Institut für Biochemie in Köln jedenfalls ist gerüstet. Institutsleiter Donicke: „Das ist keine Frage unserer Kapazität. Wenn der DFB ernsthaft die Einführung von Kontrollen wollte, wären wir bereit." Doch die Fußballfunktionäre diskutieren noch, ob's denn wirklich so notwendig ist. Probleme mit Zuschauerzahlen gibt es schon jetzt, und ein Dopingfall in der Bundesliga würde vielleicht noch den letzten gutgläubigen Fan vergraulen. Das will man sich nicht antun.

Andere meinen: Kontrollen sind nur da, damit sie umgangen werden können. Und ihre Skepsis ist berechtigt. Wo immer Kontrollen eingeführt oder verschärft wurden, ließen sich die Manipulatoren etwas Neues einfallen.

Und da entwickelt die Doping-Allianz von Ärzten, Trainern und Managern schon ein probates Mittelchen für „ihren" Sportler. Beispiel: „Blut-Doping".

Dabei macht der Athlet nichts anderes, als sich 1 bis 1,2 Liter Blut abzapfen zu lassen. Der kostbare Saft wird eingefroren und kurz vor dem Wettkampf wieder zurückgepumpt. Dadurch erhalten die arbeitenden Muskeln mehr Sauerstoff, sind ausdauernder und ermüden nicht so schnell. Wissenschaftler haben errechnet, daß dadurch die Leistungsfähigkeit des Athleten bis zu 9 Prozent zu steigern ist. In der Praxis: bei einem 10 000-Meter-Läufer sind das 100 Meter, die über Sieg oder Niederlage entscheiden. Sie fühlten sich, als hätten sie den Tiger im Tank, erzählten die Gedopten. Öffentlich zugegeben hat's freilich kaum einer. Der frühere finnische Hindernismeister Mikko Ala-Leppilampi bekannte, daß ihm sein Blutaustausch bei den Olympischen Spielen in München sehr geholfen habe. Auch seine Mannschaftskollegen hätten dasselbe getan. Nirgendwo steht geschrieben, daß man sich nicht das eigene Blut abzapfen und wieder spritzen lassen darf. Mit den Nebenwirkungen müssen sie dann selbst fertig werden: die akute Kreislaufmehrbelastung kann zum Kollaps führen. Der allerletzte Schrei der Dopingszene war jedoch den Schwimmern vorbehalten. Ein findiger Tüftler war auf die Idee gekommen, daß sich ein Mensch um so schneller im Wasser bewegt, je geringer sein spezifisches Gewicht ist. Er mußte also leichter, sprich luftiger gemacht werden. Was die Sportmediziner vornehm „Gasinsufflation" nennen, bedeutet schlicht, dem Schwimmer zwei Liter Luft in den Hintern zu blasen. Der Deutsche Schwimmverband hat es ausprobiert, aber dann von dem luftigen Plan abgelassen. Nicht weil die Gesundheit der Athleten auf dem Spiel stand, sondern aus rein praktischen Gründen: In den Hallen gab es keine geeigneten Räume, wo man hätte heimlich pusten können . . .

Die Aktion „Luftklistier" zu einer tragisch-komischen Art von Manipulation herunterzuspielen, die immerhin den Vorteil habe, nicht mit den Regeln zu kollidieren, wie es selbst Sport-Boß Willi Daume verniedlichend in einem Interview mit der „Süddeutschen Zeitung" getan hatte, entzürnte die Kritiker.

„Das wird immer perverser. Es geht nur noch um Rekorde und Siege, egal wie . . .", so ein Sportjournalist.

Keine Frage: Es wird methodischer und wissenschaftlicher gedopt als je zuvor. Die Zeit der primitiven Giftmischerei mit Aufputschdrogen ist passé. Gedopt wird heute mit Substanzen, die nach gewisser Zeit im menschlichen Organismus nicht mehr aufzuspüren sind. Gedopt wird vor dem Startschuß. Wenn der Wettkampf beginnt, ist der Betrug längst vollzogen. Die Dopingkontrollen nach dem Finale sind meist negativ.

Seit Jahren findet außerhalb der Arenen ein hektisches Verfolgungsduell statt: Die Doping-Kontrolleure jagen die Doping-Spezialisten. Hat die Analysetechnik ein weiteres Mittel nachweisbar gemacht, haben die Verfolgten bereits eine neue Kombination entdeckt.

Ja, es gibt hierzulande eine Anti-Doping-Charta; wir haben eine Grundsatzerklärung des Deutschen Sportbundes gegen das Doping. Nur, die Wirklichkeit ist anders – keiner hält sich daran. Da bleibt die Frage, ob nicht allein die Forderung nach einem „sauberen Sport“ nicht schon etwas blauäugig ist. Hat eine Gesellschaft, die sich selbst mit Medikamenten vollstopft, überhaupt das Recht, Doping im Sport zu verurteilen? Jeder zehnte von uns greift laut einer Umfrage des Allensbach-Instituts hierzulande regelmäßig zu Drogen: Nikotin, Alkohol, Tabletten und Härteres.

Werner Schneyder, scharfsinniger Kabarettist und Sportjournalist, hat einmal gesagt: „Der Sport ist so käuflich, korrupt oder so kaputt wie die Gesellschaft, in der er stattfindet“.

Und weiter: „Doping wird nicht aus der Welt geschafft, indem Experten das Doping bekämpfen, sondern allenfalls dadurch, daß wir das extreme Leistungsdenken im Sport bekämpfen, das zum Doping führt.“ So sieht es auch der Boxer Charly Graf. Und der weiß, wovon er redet. Mit 18 Jahren wurde er Boxprofi, und die Manager am Ring sagten: „Der sieht aus wie eine Million“. Doch nach den ersten Niederlagen kam der soziale K.o. Der Abstieg begann. Doch Charly prügelte sich wieder hoch. Trotz Jahren im Knast, trotz mittlerweile 32 Jahren. Im Vorjahr wurde er Deutscher Champion im Schwergewicht. Charly Graf, der Fighter, spricht:

„Sport und besonders Profi-Sport ist Kampf. Ein Kampf nicht nur um Sieg oder Niederlage, sondern um „oben“ oder „unten“. Das will der Zuschauer sehen, dafür bezahlt er. Ihm ist es gleichgültig, ob wir dopen oder nicht – er will nur einen harten Kampf sehen.

Wer nicht mitmacht, braucht gar nicht erst anzutreten. Doping gehört zum Leistungssport, da soll keiner den Saubermann spielen . . .“

Der Sport ist eine Ware, auch eine Unterhaltungsware. In der Skala der beliebtesten Fernsehprogramme steht Sport ganz vorne. Grund für die Geschäftemacher, ihre Produkte via Sport an den TV-Zuschauer zu bringen. Eine Hand wäscht die andere, alle mischen mit: die Industrie, die Sponsoren, die TV-Stationen – und die Moderatoren. Auch wenn der Fan vor lauter Reklametafeln mitunter die Akteure nicht mehr sieht . . .

Der Fernseh-Sport

„Eine immer attraktivere Programm-Ware“

Reinhard Apel, ZDF-Chefredakteur

TV-Sport total oder: Eine Hand wäscht die andere

Vor Jahren blockierten empörte Fans die Telefonleitungen des ZDF: Vor dem Matchball im Wimbledon-Finale zwischen Björn Borg und John McEnroe hatten die TV-Macher pünktlich zu den Mainzelmännchen umgeschaltet. Das geschah nicht zum erstenmal. Heribert Faßbender, heute WDR-Sportchef, „vergißt ein Leben lang nicht“, wie die Regie auch ihn aus Wimbledon vor dem ersten Sieg eines Farbigen, des heutigen Kapitäns des US-Daviscup-Teams, Arthur Ashe, gegen Jimmy Connors, ausknipste. Statt dessen folgte „Die Sendung mit der Maus“.

Tatsache ist: Lange Jahre hatten die TV-Verantwortlichen die Bedürfnisse der Sportfans nach mehr Live-Übertragungen und flexibler Anpassung an die Dramaturgie sportlicher Wettkämpfe ignoriert. Das hat sich, dank Boris Becker, mittlerweile grundlegend gewandelt. Seit „das Wunderkind“, so das US-Magazin *Newsweek,* damals in Wimbledon erstmals triumphierte und das Privatfernsehen beim Sport kräftig mitmischt, erleben die Fernsehzuschauer die Sportereignisse bis zum Spielende live. Nun sind es, umgekehrt die Kultur- und Kindersendungen, die politischen Magazine, die aktuellen Sportübertragungen weichen müssen.

Den Zuschauern ist es meistens recht. Die Fernsehanstalten liegen mit ihrer Kurzkorrektur voll im Trend. Nach einer Umfrage, die das Kölner „Institut für Empirische Psychologie“ (IFEP) im Auftrag der Kölner *Sport-Illustrierten* im Frühjahr 1986 durchgeführt hat, gibt es keinen Bundesbürger mehr, der sich grundsätzlich aus dem Fernsehsport ausklinkt. 37 Prozent sehen sich „sehr oft“ Sportsendungen an, 63 Prozent gelegentlich; „selten“ und „nie“ gibt es kaum mehr.

Das ist der Markt, nach dem alle schielen und auf dem mit Einschaltquoten gekämpft wird: die TV-Macher, die Sport-Manager und vor allem die Sponsoren, die sich neue Käufergruppen versprechen. Die Umfrage zeigt: Das Interesse des Konsumenten, auf diesem Markt mit den Augen dabeizusein, hat gewaltig zugenommen. Die Nation wird zur Sport-Nation. Am liebsten sehen die bundesdeutschen Fans Fußball und Tennis, dann folgen Reiten, Skilaufen, Eiskunstlaufen und Leichtathletik, vor Boxen, Eishockey und Motorsport.

Allerdings stellten die Interviewer auch fest, daß sieben von zehn TV-Kunden von Wettkampf-Übertragungen neben Information vor allem spannende Unterhaltung erwarten. Diesen Erwartungen versuchen die TV-Sport-Redaktionen immer mehr nachzukommen, besonders seit sie wissen, daß Sportsendungen bei den Zuschauern dicht an die Unterhaltungs-Renner herankommen. Dieter Kürten brachte sogar Otto, den Lachmann der Nation, ins „Aktuelle Sportstudio", und sein Kollege Harry Valérien präsentierte den Popsänger Elton John. Sport, gemischt mit Show und Spektakel, das ist die Mischung, die im Lande ankommt. Und was ankommt, wird zum Programm. Denn es zählt nur eines: die Einschaltquote.

Das Umdenken fiel den TV-Anstalten um so leichter, als Wettkämpfe weit „billiger kommen als die Juhnkes", so *ZDF*-Sportredakteur Wolfram Esser. Eine Peter-Alexander-Show kostet 1,5 Millionen Mark, ein Fußball-Länderspiel oder eine Europacup-Match einen Bruchteil davon. Denn zu finanzieren sind nur die Lizenzgebühr und der technische Aufwand, aber weder Darsteller, noch Bühnenaufbauten und Hallenmieten wie bei Unterhaltungsproduktionen.

Etwas höhere Summen muß das Fernsehen indes künftig doch überweisen: Der Deutsche Sportbund (DSB) verdoppelte den Preis für einen Fünfjahres-Globalvertrag auf 30 Millionen Mark. Dafür dürfen *ARD* und *ZDF* von allen Sportarten außer Fußball und Eishockey übertragen. Die Eishockey-Bundesliga hat einen gesonderten Vertrag ausgehandelt und erhält pro Saison 440 000 Mark, die Erste und Zweite Fußball-Bundesliga kassieren bislang rund zehn Millionen Mark.

Doch die cleveren DFB-Funktionäre haben erkannt, daß da

noch manche Mark zu holen ist. Seine Rechte an Pokal- und Länderspielen vergab der DFB zur Vermarktung deshalb an einen Profi aus dem Showgeschäft, den ehemaligen Udo-Jürgens-Manager Hans R. Beierlein. „Das ist ein Opening", hofft Beierlein; denn der „DFB hat so eine Art Leitfunktion für die anderen Verbände". Bis wenigstens 1990, ehe private TV-Unternehmen zumindest 40 Prozent der bundesdeutschen Haushalte erreichen, bleiben, so Beierlein, „ARD und ZDF die großen Zampanos". Aber Beierlein verhandelt auch mit *RTL plus* aus Luxemburg und SAT 1. Bislang kostete die TV-Macher ein Länderspiel bis zu 350 000 Mark. Mit Beierlein dürften die Preise der Vergangenheit angehören; „denn ich möchte da schon marktgerechte Preise herausholen", so der Medienmanager. Nicht nur zum Vorteil des DFB, sondern auch zum eigenen: Beierlein ist auf Prozentbasis immer dabei. Wen wundert's, daß er im Sportbereich große Möglichkeiten sieht? „Jeder will Sport, und wo so große Nachfrage ist, kommt der Markt in Bewegung", so der wendige Beierlein.

So sieht es auch *ZDF*-Chefredakteur Reinhard Apel: in der neuen Konkurrenzsituation, angesichts der auf den Markt drängenden privaten TV-Stationen, ist für ihn der Sport „eine immer attraktivere Programmware geworden". Dabei, so Apel, sei es ihm seinerzeit nicht leichtgefallen, „am ersten Daviscup-Tag sogar „heute" zu verschieben ..."

Keine Frage: Wenn bedeutende sportliche Ereignisse anstehen, fürchtet die jeweilige Konkurrenz vom anderen Kanal, daß Zuschauer von ihrem Alternativprogramm zum Sport desertieren.

Was liegt also näher als ein eigener „Sport-Kanal", sagen TV-Insider, mit Live-Übertragungen, News, Magazinen und – das darf nicht fehlen – natürlich viel Werbung. Zwei Drittel der Bundesbürger, auch das brachte die zitierte Umfrage zutage, finden die Idee eines eigenen „Sport-Kanals" gut und würden das Angebot auch nützen. Die anderen TV-Zuschauer freuen sich, so die Befürworter, weil dann auf ihren Kanälen nicht so viel Sport gesendet würde. Einen Fernsehkanal mit nichts anderem als Sportreportagen, Nachrichten und Magazinbeiträgen gibt es bereits in den USA. Dort läuft seit sieben Jahren auf dem Fernsehkanal „Entertainment and Sports Programming Network" fast rund um die Uhr – 22 Stunden lang in 27 Millionen angeschlossenen Haushalten –

die totale Wettkampf-Show, mit Football, Base- und Basketball. Kein Spielfilm, kein News-Programm wird abgeblockt, wenn Profi-Golfer und Tenniscracks stundenlang um den Sieg fighten; es läuft nichts außer Sport auf dem Kanal.

Kicker-Teamchef Franz Beckenbauer, lange Zeit selbst als Sport-Legionär in den USA, spricht zwar noch von „Zukunftsmusik", sieht der Entwicklung hierzulande aber „mit Interesse entgegen". Denn: „Ich kann mir da später mal, nach Erfüllung meiner Aufgabe beim DFB, eine interessante Tätigkeit vorstellen." Und auch die *ARD*-Sportchefs sind begeistert von der Idee.

Hans-Heinrich Isenbart, Ex-*ARD*-Sportkoordinator: „Alle reden von der Traumvorstellung eines Sportkanals." Eine Chance mit dem totalen Sport-TV sahen Franz Beckenbauer und sein Manager Robert Schwan, als sie vor Jahren aus den USA heimkehrten, wo Beckenbauer mehrere Jahre Profispieler bei Cosmos New York war. Sie wollten die Idee vom Sportkanal importieren. „Wir waren" sagt Schwan heute, „von der Idee einfach begeistert..."

Nach dem Bonner Regierungswechsel und dem Verkabelungsstart im Herbst 1982 begannen die beiden an einem eigenen Sendekonzept zu basteln, erst einmal für die Kabelfernseh-Projekte in Ludwigshafen und München. „Sportler moderieren Sport", hieß die Devise des Duos, das redegewandte Athleten für das Kabel-TV anheuerte: Ex-Kicker Paul Breitner, Rennfahrer Walter Röhrl, das Pisten-Pärchen Rosi Mittermaier und Christian Neureuther und den Gipfelstürmer Reinhold Messner.

Anderthalb Jahre dauerten die TV-Planspiele ihrer gemeinsamen Firma *Rofa,* ein Buchstaben-Analogon der Namen Robert und Franz. Dann platzte das Projekt. Die Firma wurde liquidiert, „weil Post und Politiker pausenlos falsche Zahlen und Versprechungen" für die Verkabelung abgaben", wie sich *Rofa*-Programmplaner Elstner in München erinnert. Damals übernahm *Bunte*-Chef Hubert Burda, mit seinen Brüdern selbst im Kabelfernsehen engagiert, kurzerhand den verwaisten Troß der *Rofa*-Sportler ins Privatprogramm SAT 1, wo sie seither freitags im *„Männer-Magazin"* den Sportteil moderieren.

Auch wenn der Start eines „Sport-Kanals" hierzulande nicht

richtig in Gang kam, so ist das Thema keineswegs begraben. Im Gegenteil: Viele private TV-Anbieter planen nach wie vor ein sportträchtiges Programm. Das Privatfernsehen, kündigt Chefredakteur Lutz Bergmann vom Münchner *Burda-TV* an, werde „den Sport für die künftige Entwicklung noch aktivieren". Stars, wie Boris Becker, der Schwimmer Michael Groß und der Golfer Bernhard Langer, seien doch, sagt Bergmann, für alle Altersschichten ein starker „Identifikationsfaktor, weil da lauter neue Helden nachwachsen".

Und neue Helden braucht das Land, beziehungsweise die Industrie, damit via Sport-TV-Held die jeweils neuen Produkte an den Fan gebracht werden.

Der Anfang ist gemacht. Die privaten TV-Anbieter haben die Sport-Tür schon aufgestoßen. So schnappten die *SAT-1*-Funker, bei denen das Hamburger Axel-Springer-Fernsehen für aktuelle Sportübertragungen zuständig ist, den öffentlich-rechtlichen Programmen schon manche attraktive Sportsendung weg und sendeten exklusiv Fußball-Pokalspiele oder ein Bundesliga-Spitzenmatch. Die Bundesliga-Präsidenten sind bei der Vergabe nicht zimperlich: Wer am meisten zahlt, bekommt die Übertragungsrechte. Doch Ärger steht ins Haus: *ARD* und *ZDF* pochen auf ihren Global-Vertrag, der allein ihnen die Rechte an den Bundesligaspielen garantiert. Nur, es gibt auch noch Pokalspiele – und die werden gesondert angeboten. Meist behält das öffentlich-rechtliche TV-Monopol in diesem Pokerspiel die Oberhand, aber die private Konkurrenz meldet sich mehr als deutlich. Keine Frage: Sport ist eine heiße Ware.

Ob es allerdings je einen deutschen Sportkanal geben wird, ist unter den Experten dennoch umstritten. Der frühere *Rofa*-Planer Elstner glaubt, daß sich so etwas „in einem kleinen Land wie der Bundesrepublik nicht lohnt", zumal auf dem TV-Sportmarkt schon jetzt die Ware Sport mit das Teuerste sei. Auch *ZDF*-Kürten meint, „daß es so 'ne große Menge supranationaler Sportereignisse gar nicht gibt", um die Zuschauer ständig mit Sport zu unterhalten.

Aber was nicht ist, kann ja noch werden: Sportmanagement-Firmen entwickeln neue Wettbewerbe, gesponsert von der Industrie, die ihrerseits mit Werbung immer im Bilde ist. Und der Zuschauer? Wird der nicht völlig übersättigt? Hat er überhaupt soviel Zeit und Geld, so häufige Sportveranstaltungen zu besuchen?

Die andere Frage ist, ob er überhaupt noch benötigt wird. Das totale Sport-TV inszeniert sich seine Kulisse selbst. Zum Beispiel so:

Der Superdome von New Orleans ist kein Gotteshaus, sondern ein Football-Stadion mit 100 000 Sitzplätzen. Da ist Stimmung in der Arena, wenn der Laden voll besetzt ist. Aber wenn das Fernsehen von dort live ein Spiel überträgt, herrscht gähnende Leere im weiten Rund. Bisweilen verlieren sich dort nicht mal mehr als zehntausend Zuschauer. Dann spielt sich nichts ab an Atmosphäre. Doch der Football-Fan zu Hause im Fernsehsessel wähnt sich im Hexenkessel: dröhnende Begeisterung hört er, die Ränge scheinen voll besetzt.

Der Trick ist raffiniert und einfach zugleich: Die Plätze im Superdome sind in den verschiedensten Farben bemalt und so angeordnet, daß der brave Sportfan im Wohnzimmer glaubt, die leeren Ränge seien besetzt. Und die Mikrophone sind so geschickt am Spielfeldrand aufgestellt, daß die paar tausend Zuschauer im Stadion eine große Geräuschkulisse vorgaukeln.

Der TV-Sportfan soll schließlich nicht das Gefühl haben, er sei alleine. Er soll in Stimmung gebracht werden, aufnahmefähig und interessiert sein. Vor allem für die Werbung, die bei jeder passenden Spielunterbrechung sofort eingeblendet wird. Keine Frage: Die Werber erreichen auf diese Weise den Konsumenten besser als im Stadion. Und weil Werbung das eigentlich Wichtige an dem ganzen Spektakel ist, zahlen die TV-Stationen der Football-Liga gerne eine Menge Dollars für die Übertragungsrechte, auch auf die Gefahr hin, daß dann das Stadion nur spärlich gefüllt ist, weil der Fan sich das Match lieber zu Hause im gemütlichen Sessel anschaut. Etwaiger Verlust wird den Vereinen gleich miterstattet. So ist jeder zufrieden: der TV-Fan, die Vereine und vor allem die werbende Wirtschaft. Da ist alles perfekt, das Miteinander zwischen Sport, Medium und Wirtschaft.

Ist das nur ein amerikanisches Phänomen? Live-Übertragungen zum Beispiel so, wie aus dem Superdome von New Orleans?

Hierzulande ist die Gratwanderung zwischen Sport, Sponsoren und Spielverderbern auch schon längst im Gange. Mit einer Invasion von Veranstaltungen, die zwar von den Sportverbänden noch getragen werden, ihnen aber immer mehr entgleiten.

Bei der traditionellen Rotsee-Regatte der Ruderer gab es einen Sprintwettbewerb über 500 Meter, „um unseren Sport für das Fernsehen und damit für die Werbung treibende Wirtschaft interessant zu machen"; so einer der Ruder-Funktionäre. Michael Kolbe, Deutschlands Ruder-As, schimpfte „amputiertes Rudern" und trat nicht an. Der Multi-Konzern Mobil Oil gibt Geld für 16 Leichtathletik-Sportfeste in 14 Ländern. Die dürfen sich dann „Grand-Prix" nennen. Für die Athleten gibt es zwischen Berlin, Zürich und sogar Moskau eine Stange Geld zu verdienen – nicht nur mit Erlaubnis des internationalen Verbandes, dessen Präsident, der Italiener Primo Nebiolo, sogar ein eifriger Propagandist des Spektakels ist, was ihm (so wird gemunkelt) sogar Vertreter-Provision einbringen soll. Warum auch nicht? Warum sollten im Wirtschaftsbereich Sport andere Gepflogenheiten üblich sein als in anderen Bereichen? Hier etwas Propaganda, dort eine Empfehlung – warum nicht auch gegen Provision?

Das Sportkarussell kommt dabei richtig in Fahrt – die Sponsoren sorgen für den nötigen Schwung. Zum Beispiel jagt der Internationale Ski-Verband die Fahrer des Weltcup-Zirkus im alpinen Sport mitten im August zu Abfahrten in den argentinischen Winter: nach Las Lenas in den Anden. Dort besitzt Fleischfabrikant Ernesto Löwenstein sein eigenes Skizentrum und möchte es – via Satelliten-Übertragungen – auch in Europa bekanntmachen. Den Fahrern spendierte der Industrielle Flug und Aufenthalt. Was für die Ski-Funktionäre absprang, ist nicht bekannt. Markus Wasmeier, der deutsche Weltmeister im Riesenslalom, hält das Ganze für „so überflüssig wie einen Kropf". Aber gestartet ist er doch. Die sportlichen Regeln zwangen ihn dazu. „Weil man wegen der WM-Saison auf Rennen und Weltcup-Punkte als Fahrer nicht verzichten kann".

Der Internationale Schwimmverband will einen Weltcup einführen. Vereinsmannschaften, die Besten aller Länder, sollen sich da das Wasser abgraben. Bezahlen soll der amerikanische Bouletten-Hersteller *McDonald's;* dem ist der Schwimmverband ohnehin eng verbunden, seit er in Los Angeles das olympische Schwimmstadion spendiert hat. Das hieß dann offiziell *„McDonald's Schwimmsta-*

dion", und die US-TV-Moderatoren nannten während der olympischen Schwimmwettbewerbe vor allem einen Namen pausenlos: *McDonald's*.

Der japanische Computer-Hersteller *Casio* ließ vor dem Start der Bundesliga vier Top-Mannschaften in einem Turnier gegeneinander antreten. Bayern München, Werder Bremen, Hamburger SV und Borussia Mönchengladbach bekamen je 100 000 Mark für ihre Spielkünste. An den zwei Tagen kamen nur knapp mehr als 21 000 Zuschauer; trotzdem soll das Turnier alle Jahre vor Saisonbeginn neu aufgelegt werden. Gladbachs Manager Grashoff sieht Unheil aufziehen: „So kurz vor der Saison die zugkräftigste Konkurrenz zu präsentieren, halte ich beim Kampf um die Zuschauer für einen Fehler." Doch Sponsor *Casio* interessierten nicht die Zuschauer im Stadion, selbst dann nicht, wenn das Turnier an zwei Tagen ausverkauft gewesen wäre. Die Sponsoren verkauften – zu Schleuderpreisen – die Rechte an das Fernsehen und hatten somit ihr Ziel erreicht: *RTL plus* sendete live.

Rudi Michel, Sportchef des öffentlich-rechtlichen Südwestfunks und sehr oft Vordenker in der *ARD* in sportlichen Fragen, warnt: „Was da zur Zeit passiert, kann für den Sport schlimm ausgehen. Die vielen gesponserten Veranstaltungen sind doch nur künstliche Wettbewerbe. Das Fernsehen darf sie nicht unterstützen, sonst haben wir bald nur noch Faxen auf dem Bildschirm. Das nächste Kasperltheater, das kommt, ist die Fußballrunde in der Halle."

Selbst Vertreter der privaten Anstalten, die auf Einnahmen aus der Werbung angewiesen sind und deshalb den Sponsoren herzlich zugetan sind, werden schon nachdenklich. Ulrich Petofski, Sportchef bei *RTL plus:* „Bei einer Übersättigung der Sportübertragungen kann man nicht ausschließen, daß sich etliche Zuschauer ausklinken werden."

Das ist nur die eine Seite. Die Frage, die sich die Sportverantwortlichen stellen müssen, heißt: Machen wir uns nicht selbst kaputt mit all diesen aufgeblasenen Luftballon-Veranstaltungen? Devise: bunte Hülle – kein Inhalt?

Hans-Heinrich Isenbart, Ex-*ARD*-Sportkoordinator, spricht offen von der Macht der Sponsoren: „Immer mehr Veranstaltungen werden nur deshalb ins Leben gerufen, um Werbung im Fernsehen machen zu können. Wie etwa der *Casio-Cup* vor Beginn der Bundesligasaison. Dieses Turnier hat zwar durchaus ein Berichtsinteresse, weil hier die neuformierten Spitzenteams der Liga vorgestellt werden. Doch die Veranstaltung steht einzig unter der Überschrift, die Erzeugnisse der Firma *Casio* hierzulande einer breiten Öffentlichkeit bekannt zu machen. Für *ARD* also kein Grund zur Übertragung. Statt ständig von der Macht des Fernsehens würde ich eher von der Macht der Sponsoren sprechen." Das ist richtig, aber nur die halbe Wahrheit. Auch die *ARD* ist mitbeteiligt an der „Macht der Sponsoren"; sie hat in der Vergangenheit allzu oft mit den Werbeinteressenten kooperiert und sich tolerant verhalten. Kaum ein großes Sportereignis, bei dem, wenn nicht der Name, so doch der Schriftzug der Sponsoren groß ins Bild gerückt wurde. Die Zeiten der schamvollen „Schleichwerbung" von der Bande am Spielfeldrand ist vorbei. Heute wird offensiv und aggressiv das Werbeprodukt des Sponsoren gezeigt. Manchmal sieht der Fan vor lauter Reklametafeln die Athleten nicht mehr. Hat sich die *ARD* schon jemals ausgeblendet?

Tatsache ist, auch wenn die öffentlich-rechtlichen Manager lamentieren: Sport, Fernsehen und Wirtschaft sind eine Interessengemeinschaft. Je mehr sich das private Fernsehen auch hierzulande durchsetzen wird, desto dominanter wird die Wirtschaft. TV-Anstalten haben sich den Werbeinteressen der Multis unterzuordnen. Ohne bezahlte Werbung läuft nichts mehr im Sport, keine Fußball-Weltmeisterschaft, kein Tennis-Grand-Prix, kein Formel-1-Rennen, und auch vor dem heiligen Olympia macht der Kommerz nicht halt, Los Angeles war ein Vorgeschmack auf zukünftige werbebunte Fernseh-Olympiaden.

Und weil auch die kommenden Olympischen Spiele ein grandioses Business-Spektakel sind, müssen die, die sich noch für Sport interessieren, hierzulande früh aufstehen, wenn sie via Satellit die Athleten um Medaillen kämpfen sehen wollen. Deutschlands TV-Sportler werden nur „Nachtspiele" oder bestenfalls „Frühstücksfernsehen" erleben. Der von amerikanischen Sendeanstalten weitgehend bestimmte Zeitplan von Seoul legt die attraktiven Finals der Leichtathletik, im Turnen und Schwimmen in die koreanische Mittagszeit. Dann sitzen in Asien mittags und in den USA am Abend zur besten Sendezeit Millionen an den TV-Geräten – in Deutschland ist es dann 5 Uhr morgens.

Der deutsche IOC-Sportdirektor Walther Tröger, eine Art Olympia-Profi, fragt naiv: „Warum können die europäischen Fernsehanstalten sich gegen die Amerikaner nicht durchsetzen?“ Die Antwort weiß er selbst: weil dies gegen ein vom US-Sender *NBC* allein für die amerikanischen Exklusivrechte garantiertes Mindesthonorar von 300 Millionen Dollar nun mal schwerfällt. Die Eurovision zahlt den Koreanern weniger als ein Fünftel.

Weil auf dem amerikanischen TV-Markt Werbespots am teuersten nach 20 Uhr zu verkaufen sind, müssen im fernen Seoul die publikumswirksamen Sportler zum Kampf um olympisches Gold früh aufstehen. Die Endkämpfe der Leichtathleten, sonst stets in den frühen Abendstunden, finden in Seoul zwischen 12 Uhr und 14 Uhr statt (5 bis 7 Uhr MEZ). Die Schwimmer bestreiten ihre Vorläufe und Finals um 9 und 12 Uhr (2 und 5 Uhr MEZ), und die Turner, bei allen bisherigen Olympischen Spielen ausgesprochene Spätartisten, müssen diesmal schon um 13 Uhr (6 Uhr MEZ) an die Geräte. Die Boxer, ebenfalls bislang nur abends im Ring, müssen um 10 Uhr morgens gegeneinander antreten. Dann ist es in New York 20 Uhr. Beste Sendezeit für den US-Boxmarkt, sprich: beste Sendezeit für die US-Werber.

Bedenken, die Sportler könnten mit den für sie ungewohnten Zeiten Probleme bekommen, halten sich in Grenzen. Veranstalter, Olympia-Manager und Funktionäre sind sich einig: Der Sport hat sich – soll die ‚olympische Idee‘ überhaupt noch gerettet werden – den Interessen der weltweiten Multis unterzuordnen. Wer zahlt, der bestimmt!

Das Interesse der Industrie war und ist, für ihr Geld eine optimale Bildschirmpräsenz via Sport zu bekommen. Axel Gietz, Pressesprecher des Chemiekonzerns *BASF,* Hauptsponsor des Ski-Weltcups, sagt frei heraus: „Wir möchten auf dem internationalen Markt mehr von unseren Tonbandkassetten verkaufen. Kassetten kaufen vor allem jüngere Menschen, und die erreichen wir am besten über den Sport.“

Genauso denkt und redet auch die Sprecherin des Elektrounternehmens *Casio,* Gerda Jakob: „Unsere Überlegung Nummer eins ist, daß wir über den Breitensport Fußball unsere Produkte bekannt machen können.“ Kämen hier weitere PR-Manager und Werbestrategen zu Wort, sie würden alle ähnliches verlauten lassen. Gleich ob Formel-1-Rennen im Ostblockland Budapest, Ski-Slalom mitten in den Großstädten, Hallen-Fußball-Turnier, Sechstagerennen, Daviscup oder Schwimmer-Meeting, gleich ob Kikker-WM oder Olympia – es geht um Märkte, Absatzgebiete, neue Käufergruppen.

Der Sport ist immer noch ein vergleichsweise preiswertes Transportmittel der Werbung. Wird der Markt enger, härter, konkurrenter, ist mehr Werbung notwendig, ein Produkt durchzusetzen. Also werden immer neue Sport-Werbe-Veranstaltungen inszeniert und via Sport-TV in die Konsumenten-Haushalte gebracht.

Dr. Wolfgang Klein, smarter Präsident des Hamburger Sportvereins und Sprecher der Medienkommission der Bundesliga, sieht das alles weniger dramatisch:

„Mehr Sportveranstaltungen können dem Sport nicht schaden, auch zusätzliche Fernsehübertragungen nicht." Klein liebäugelt mit den privaten TV-Anbietern und hält es für „eine Selbstverständlichkeit, daß der Profi-Fußball in das Geschäft mit Video und Kabelfernsehen einsteigt." Es geht vor allem darum, wer die Übertragung eines Spieles bekommt, wie es aufbereitet und verwertet wird. Alles professionell! Und professionell heißt: Wo wird am meisten verdient? Deutlicher: Es geht um die totale Vermarktung der Ware „Sport".

Es droht aber eine schreckliche Gefahr, und die ist im Grunde viel größer als die Verlockung des totalen Fernsehsports, gleich ob privat oder öffentlich-rechtlich: das stumpfe, sinnlose Abfilmen von Aktionen nach dem Motto „einfach Kamera draufhalten". So geschieht es in Amerika, wo der Zuschauer dann ganztags auf dem Sportkanal action auf action verfolgen kann – ohne Höhepunkte. Und auch bei uns gibt es schon Anzeichen dafür: Zu winterlichen Zeiten lassen die TV-Macher in monotoner Reihenfolge ein Männlein nach dem anderen den Berg hinunterstieben, und der Fan in seinem Heimkino mag nicht den geringsten Unterschied erkennen, wer nun der Bessere ist. Die Minimalunterschiede lichtet eine elektronische Uhr ins Wohnzimmer. Unter am Bildschirm prangt unübersehbar der Name des Elektronikunternehmens. Hinzu kommt – einzige Abwechslung – ein Kameraschwenk nach oben zur Startrampe, wo behelmte Läufer – oder sind es Läuferinnen? – den Namen des Sponsors groß auf der Brust tragen.

Ob Sport dann noch jenes faszinierende Spektakel ist, wo Leidenschaften explodieren und Gefühle in Wallung geraten, bleibt mehr als fraglich. Deshalb drängelte das Fernsehen einst in den Sport, der nach keinem Drehbuch abzulaufen versprach. Live – das war das Zauberwort für Spannung schlechthin.

Doch die Zeiten sind vorbei. Live – heißt heute überwiegend kalkulierte, starr inszenierte Langeweile, endlose Wiederholungen.

Für Überraschungen sorgen die Werbespots. Sieger ist stets der Sponsor – gleich, wer gewinnt.

„Die Langweiler der Sport-Nation"

Tip-Magazin, Berlin

Wir schalten um!
oder:
Unsere moderaten Sportreporter

Samstag ist für die bundesdeutschen TV-Sportler Feiertag. Rund 20 Millionen Fans hocken Wochenende für Wochenende vor Glotze und Radio, um mit ihren Lieblingen zu feiern oder zu trauern. Allein die Sportschau schart rund 8 Millionen um sich, das „Aktuelle Sportstudio" aus Mainz über 6 Millionen. Seit 1963 gibt es schon diese Sendung, und in der Beliebtheitsskala der Sportfans steht sie auch heute noch unangefochten auf Rang eins. Das hat vor allem mit einem Mann zu tun, der seit Beginn mit dabei ist: Harry Valérien. Sein Chef, der Intendant des Zweiten Deutschen Fernsehens *(ZDF),* hat einmal gesagt: „Der Harry ist immer noch unser jüngster Reporter". Und Deutschlands beliebtester. Vom Werkzeugmacher aufgestiegen zum TV-Star der Sportnation. Harry ist der Größte, Harry ist der, dem man seinen bayrischen Dialekt nicht krummnimmt. „Alle lieben Harry", textete der *SPIEGEL* in einer Überschrift und zitierte ein Umfrageergebnis, wonach 98 Prozent der sportinteressierten Deutschen den Namen Valérien kennen.

Damit ist er bekannter als der Bundeskanzler; denn hierzulande interessieren sich mehr Menschen für Sport als für Politik. Keine Frage: Harry Valérien ist der Star der Sportreporter-Zunft.

Ein alter Hase im Geschäft, der die Unterhaltungsware ‚Sport' locker und routiniert verkauft – und damit sich selbst. Seine Popularität nutzt er für allerlei lukrative Nebentätigkeiten: als Autor und Herausgeber von Sportbüchern, als Moderator und Interviewpartner. Jede Sendung festigt seinen Marktwert; denn das „Aktuelle Sportstudio", samstags um 22 Uhr, versäumt kein echter Sportfan.

Das wissen auch die Studiogäste. Sie kommen gerne, auch für

wenig Geld. Zum Einheitspreis von 500 Mark plus Reisespesen posieren die Stars, die bis zu 10 000 Mark pro Autogrammstunde kassieren, vor der *ZDF*-Kamera. Den Etat gesprengt haben bislang nur Boxer Cassius Clay alias Muhammad Ali, und Formel-1-Rennfahrer James Hunt. Clay kostete 1500 Dollar, und Hunt verlangte 1000. Das war der Preis dafür, daß er seine Marlboro-Jacke Minuten vor Sendebeginn doch noch auszog. Damals geisterte noch das Wort von „Schleichwerbung“ durch das Studio, heute präsentieren sich die eingeladenen Sportstars ganz offen als lebende Litfaßsäule. Ob Niki Lauda mit einer Mütze erscheint, auf deren Vorderseite unübersehbar der Schriftzug seines Sponsors *„Parmalat“* aufgedruckt ist, oder ein Tennisstar, der den Werbesticker seiner Ausrüsterfirma ständig in die Kamera zeigt: mittlerweile wird Farbe bekannt. Oder gibt es eine Sportstudio-Sendung, in der nicht wenigstens zweimal – oder der Ausgewogenheit halber abwechselnd – der springende Puma und die bekannten Drei-Streifen das Outfit der Studiogäste werbewirksam unterstreichen? Die Sponsoren können sich freuen und den Gegenwert schnell überschlagen. Eine Minute Werbefernsehen im *ZDF* kostet weit über 80 000 Mark.

Und die Stars wissen, was sie ihren Ausrüstern und Sponsoren schuldig sind. Vertrag ist Vertrag. Verständlich, daß kaum einer der Jungstars mit Jeans und markenlosem T-Shirt ins Sportstudio kommt; sein Sponsor würde ihm wegen „unprofessioneller Einstellung“ keinen neuen Vertrag mehr geben. Doch diese Lektion haben die Sportstars längst gelernt.

Nicht alle sind allerdings so clever wie Deutschlands Super-Golfer Bernhard Langer. Als er im Sportstudio seinen Auftritt hatte, warb er nicht nur unübersehbar für die neueste Sportmode seines Sponsors *„Boss“*, sondern forderte „mehr Golfplätze hier in der Bundesrepublik“, damit, so Langer, „Golf auch hierzulande ein echter Volkssport werden kann.“ Harry Valérien nickte beifällig, und die Zuschauer im Studio klatschten artig Beifall für so viel volksnahes Engagement in Sachen Breitensport. Was im Studio und zu Hause an den Bildschirmen keiner wußte: Langers Bruder Erwin baut mit seiner *„Golf-Professional GmbH“* Golfplätze. Unter anderem. Die beiden Brüder sind auch sonst aktiv. So veranstalten sie in Zusammenarbeit mit der *International Management*

Group (IMG) von Mark McCormack das erste „*German Masters*". Preisgelder: mehr als 700 000 Mark, bezahlt von Sponsoren. Die selbstverständlich wiederum auf die Unterstützung durch das Fernsehen hoffen. Und dies wiederum könnte bewegungsfreudige Bundesbürger motivieren, doch selbst mal nach dem kleinen weißen Ball zu schlagen. Doch dazu braucht es Golfplätze. Keine Frage: ein wirklich weitsichtiger Profi, dieser Bernhard Langer.

Aber auch ohne Gaststar im Studio wird kräftig Werbung gemacht. Zum Beispiel bei einer Wahl des „Senkrechtstarters des Jahres", bei der den Zuschauern vor dem Bildschirm zu Hause immer wieder ein großes Kuvert mit dem Namenszug der größten deutschen Tageszeitung präsentiert wird. Die von Sportstudio-Moderator Dieter Kürten mit unnachahmlichem Charme öffentlich-rechtlich subventionierte Werbebotschaft gilt auch noch einer Automarke, die dem Gewinner großherzig eines ihrer neuesten Modelle spendiert. Wert: 50 000 Mark. Für dieses Geld gibt es werktags beim *ZDF* zwischen 18 und 20 Uhr nicht mal 30 Sekunden bezahlte Reklame. Und schon gar nicht so prominente Unterstützung. Denn als der Gewinner des Autos beim Telefonat zögerte auf die Frage, ob er den gewonnenen Preis auch behalten werde, pries Kürten wie ein Autoverkäufer die Vorzüge des Fabrikats. Ja, wenn es um die wichtigen Dinge im Leben der Deutschen geht – Kinder, Wald und Fußball –, machen die *ZDF*-Manager gerne gemeinsame Sache mit *Bild* und *Hörzu*. Der Großmut der verschlafenen Kontrollgremien ist manchmal unerschöpflich . . .

Dafür revanchieren sich die Massenblätter gerne: die Herren Moderatoren bekommen ihre positiven Schlagzeilen, ihre personality-stories, und das wiederum steigert den Marktwert und die Popularität dieser Herren. Zum Beispiel als Stand-Moderator auf der Münchner Sportartikel-Messe (ISPO); dort verdienen sich die TV-Reporter gerne mal eine schnelle Mark.

Das Medium Fernsehen ist für den Sportbetrieb unentbehrlich. Alle profitieren davon: die Veranstalter, die Manager, die Vereine, die Funktionäre, die Sportler, die Reporter und Moderatoren – vor allem die Wirtschaft, die aus dem Sport eine Branche gemacht hat oder den Sport als Transportmittel nutzt, um Werbung zu machen für ihre Produkte. Ach ja, den Zuschauer gibt es auch noch. Zehntausende in den Stadien, Millionen vor den Fernsehschirmen. Wie gut sind eigentlich jene, die Deutschlands TV-Sport-Fans Woche für Woche informieren, unterhalten, begeistern?

Im Auftrag der Kölner *Sport-Illustrierten* ermittelt das Institut für empirische Psychologie Deutschlands beliebteste TV-Sportreporter. Ergebnis: Valérien lag einsam an der Spitze. Ganz oben in der Gunst der Fans lag nur noch sein Kollege Dieter Kürten. Zwischen den beiden und dem Rest des Bildschirms liegen geradezu Welten. Allein Altmeister Ernst Huberty, vor knapp vier Jahren wegen falscher Spesenabrechnungen bundesweit aus den Wohnzimmern ins Dritte Programm verbannt, kann mit den beiden *ZDF*-Größen einigermaßen mithalten. Wobei allerdings zur Ehrenrettung der Nachfolger des einstigen „Misters Sportschau" gesagt werden muß, daß das Schwergewicht der Umfrage auf dem westdeutschen Raum lag. Aber auch dort, wo Huberty nun schon Jahre nicht mehr zu sehen war, ist sein guter Ruf beinahe ungebrochen.

Valérien, Kürten und Huberty lassen von ganz oben grüßen – und als Schlußlichter glänzen erwartungsgemäß der Kleine aus dem hohen Norden und – überraschend allenfalls für die ARD-Beamten – der Mann, der der Sportschau eigentlich Profil geben soll: Heribert Faßbender, in der Branche auch „Heribert Unfaßbar" genannt, nach einem Lieblingswort des Ungeliebten.

Leisten wir uns an dieser Stelle einen kleinen Exkurs und hören wir ihnen eine Weile zu, unseren Sportreportern.

„Guten Abend allerseits!" sagt Heribert Faßbender, bevor er das Hochamt der Samstagssportschau beginnt. Er strahlt in Schlips und Kragen und ist dankbar, daß er uns wieder ein „Tor des Monats" zeigen darf. Faßbender als Moderator, das ist schon TV-Schmalkost – doch da hält die Regie seine Redebeiträge kurz.

Faßbender als Reporter aber, da leidet der Sport-Fan. Zum Beispiel beim letztjährigen Davis-Cup. Das Publikum in der Frankfurter Festhalle pfiff damals, weil es sich ausgeschlossen fühlte: Heribert Faßbender sprach nach dem Match mit Boris Becker; aber am Ort des Geschehens war aus den Lautsprechern nichts zu hören. Die Leute in der Halle hatten Glück; denn so blieb ihnen erspart, was Millionen TV-Zuschauern da an grinsendem Unvermögen entgegentrat. Ein spannendes Match, Weltklasse-Tennis, aber anschließend Kreisklasse in Sachen Interview.

Wie aufgeregt der adrette Faßbender war, zum erstenmal mit Becker zu reden, war schon peinlich genug. Erstaunlich, daß er sich kein Autogramm geben ließ. Seine tiefschürfenden Fragen, ob Becker immer ein gutes Gefühl hatte während des Spiels, zeigten die Grenzen seiner Wahrnehmungsfähigkeit. Da Boris Becker höflich ist, gab er Faßbender sogar Antworten. Cool und routiniert ließ er das Bla-Bla über sich ergehen. Aber keiner hätte dem Tennisstar verdenken können, wenn er statt dessen lieber den Walkman aufgesetzt hätte. Wen wundert's, daß Faßbender bei den Sportfans seither vollends „ganz unten" ist? Das ist er auch bei vielen Kollegen. Werner Zimmer, der smarte Sportchef des Saarländischen Rundfunks: „Faßbender spielt sich auf, als wäre er der alleinige Chef." Und Rudi Michel, Alt-Profi im Metier: „Faßbender kann alles besser, Faßbender weiß alles besser."

Hintergrund der Kritik: der Kampf um die Sportschau-Moderation entbrannte vor Jahresfrist an allen Fronten. Besonders Faßbenders Glanzrolle als „Mister Sportschau" brachte die Gemüter der Kollegen in Erregung. Dreizehn WDR-Sportredakteure entzogen ihrem Chef zeitweise sogar das Vertrauen und forderten ihn auf, sein Amt niederzulegen. Faßbenders einziges Bestreben sei es, sich möglichst oft auf dem Sportschau-Bildschirm zu präsentieren. Er würde sich zu wenig um die redaktionellen Dinge kümmern. Von dem damaligen WDR-Programmdirektor Hübner aufgefordert, die Vorwürfe zu konkretisieren, machten die Rebellen – unter ihnen vermeintlich gestandene Männer wie Adi Furler und Werner Lux – einen Rückzieher und zogen die Vorwürfe teilweise zurück. Faßbender hatte im Hause nun mal die stärkere Lobby.

Dafür stritten sich ein guter Teil der *ARD*-Chefs um die Präsenz in der guten alten Sportschau. Jeden Sonnabend lockt die Sendung zwischen 18.05 und 19 Uhr rund 13 Millionen Sportfans an den Bildschirm – fast doppelt so viele wie die Gesamtbesucherzahl der Bundesligaspiele einer ganzen Saison.

Klar, daß die Kollegen der Zunft beim Kampf um Bildschirmplätze und Reporterstühle nicht immer nach fair play vorgehen. Ex-*ARD*-Sport-Koordinator Isenbart: „Die Sportschau am Samstag ist so wichtig und hat ein so breites Publikum, daß wir mit unseren besten Männern am Start sein müssen." Ein Anspruch, den jeder Sport-Fan unterschreibt. Nur, die Realität sieht anders aus: nicht Können und Kompetenz sind gefragt, sondern Lobby. Als sich die *ARD*-Sportchefs in München trafen, um ihre Bundesliga-Reporter zu wählen, ging's denn auch heiß zu. Es krachte gewaltig. Über jeden Namen wurde einzeln abgestimmt. So konnte Günter Wölbert, Sportchef des Süddeutschen Rundfunks, seinen Zögling Ziehe erst nach einem Wutanfall durchbringen. Immerhin hatte Ziehe bei einem Test für junge *ARD*-Reporter sehr gut abgeschnitten. Doch Leistungskriterien waren offenbar wieder mal nicht gefragt. Der Bayer Fritz von Thurn und Taxis, der schlechter abgeschnitten hatte als Ziehe, wurde problemlos nominiert. Der Testbeste, Stanley Schmidt vom *Sender Freies Berlin,* hatte das Pech, daß sein Chef Jochen Sprentzel selbst in den erlauchten Kreis strebte. Der wiederum hatte keinerlei Einwände, einen anderen Chef-Kollegen in die erste Reporter-Gilde zu hieven: Ex*NDR*-Sportchef Fritz Klein.

„Klein-Klein" (Spezialität: sein „HSV"), der sich mit seinen säuerlich-monotonen Kommentaren anhört, als verlese er gerade den Geschäftsbericht der Pinneberger Kreissparkasse, ist der Dauerlangweiler der Zunft. Klein – offiziell im Nebenberuf Schickeria-Kneipenwirt – bezeichnet seine Reportertätigkeit als sein „Hobby". Daß dieses Hobby mit rund 10000 Mark Monatsgehalt dotiert ist, könnte dem TV-Sportfan ja noch gleichgültig sein, wenn er eben unter diesem „Hobby" des Kneipenwirts nicht so oft zu leiden hätte. Man fragt sich bei Kleins müden Reportagen immer, warum er ständig lauthals „Achtung!" ruft. Will er damit uns – oder sich selbst – aus dem Dämmer reißen?

Trotzdem: Klein sitzt in der ersten Reporter-Reihe, Jörg Wontorra von *Radio Bremen* dagegen, mit 38 Jahren jüngster *ARD*-Sportchef, wurde damals im ersten Durchlauf abgelehnt. Ein Insider: „Die Alten hatten Angst, daß der junge Wontorra ihnen den Rang abläuft." Erst als Radio Bremen bei Isenbart offiziell gegen Wontorras Rausschmiß protestierte, rührte sich etwas. Seither sind es statt zehn Stars elf. Immerhin eine Mannschaft. Doch keine Frage: nur eine Handvoll hat Bundesliga-Reife. Leute wie Fritz Klein wären selbst für die schleswig-holsteinische Landesliga noch eine Zumutung.

Gottlob gibt es ja nicht nur Fußball und Bundesliga, es gibt noch andere Sportarten – und das *ZDF*. Da sieht es in Sachen Sportreporter zwar etwas besser als bei der ARD aus, doch Langweiler beherrschen auch dort die Szene. Die meisten unserer Sportreporter sind selten enthusiastisch, noch seltener kritisch, sie sind einfach moderat. Warum sollten sie anders sein als ihre Kollegen vom Ressort Politik? Die meisten von ihnen gehören weniger zum Journalismus als zum Hofstaat der Sport-Majestäten. Und davon gibt es viele.

Doch hören wir einigen eine Weile zu. Zum Beispiel dem *ARD*-Tennisexperten Volker Kottkamp. Er kommentiert nicht mitreißend, aber auch nicht störend. Er ist fade, aber doch auch sensibel, „mit einem guten Gefühl zwischen Schweigen und Kommentieren, mit einem guten Auge für Details“, schreibt *„Die Zeit“*. Wie gut Kottkamp kommentiert, merkte der TV-Sportfan erst richtig beim Davis-Cup. Nach einem Wechsel am Mikrofon hatte ein Rainer Deike vom *ZDF* das Wort. Das Tennisfest verwandelte sich zur Tennis-Folterstunde. „Das ist ein Krimi, meine Damen und Herren“ mischte sich Deike ab und an knarrend in den Zauber der bewegten Bilder. Tapfer bekämpfte er das Rauschmittel Sport mit dem Schlafmittel Sprache. Man sehnte sich nach Kottkampf . . .

Hören wir einem anderen zu, einem, der immer nur strahlt: Wolfram Esser (ZDF). Er ist ein richtiger Sportkamerad. Und immerzu dankbar. Erinnern wir uns: Esser war sogar noch dankbar und verständnisvoll, als Jupp Derwalls traurige Truppe ihre trostloseste Vorstellung gab, beim Länderspiel gegen Albanien. Als deutscher Jüngling blieb er dem DFB-Team bis in die Schmach hinein treu.

Freitag abend sehen wir ihn seither. Und Esser strahlt immer noch. Seine Moderation im leutseligen Onkelton verwandelt jede Sportsendung gnadenlos in eine Kinder- und Märchenstunde. Daß die Fußballsaison mit einem Brutal-Foul des Schalkers Olaf Thon beginnt, beeinträchtigt seinen Frohsinn nicht. Aber daß Rudi Völler ein Tor geköpft hat, das freut ihn: „Das wird dem Rudi guttun!“

Für Esser gibt es nur gute Meldungen am Abend. Sport als Kuschelersatz, als heile Welt...

Dann gibt es noch Rolf Kramer (ZDF). Er ist ein Pionier der Fußball-Reportage. Am Mikrofon ein Fachmann: er räsoniert über die „Räume", die es beim Spiel zu „öffnen" oder „engzumachen" gilt. Kaum ein anderer ist besser vorbereitet als er, kaum einer konzentrierter bei der Arbeit. Trotzdem haben seine Reportagen etwas Freudloses. Kramer berichtet mit einer Präzision und Verbissenheit, die dem Sport-Spektakel vollends alle Züge des Spielerischen nimmt. Er redet immer nur zur Sache, nie davon, daß Sport auch Spaß sein kann. Kramer wäre einer der besten Reporter, hätte er nicht diesen geballten Experten-Ernst. Bei ihm hat der Fan das Gefühl: Ernst ist das Leben, ernster der Sport. Er ist der Gegenpol zu Esser. Doch was beiden fehlt, ist kritischer Witz und spontane Lockerheit.

Das ist das Stichwort für den Auftritt von Rolf Töpperwien, derzeit wohl der beste Mann der Zunft. Er ist der Mann des Augenblicks. Kurzatmig tritt er ans Mikrofon – er ist nicht der Experte, er ist der Fan. *„Die Zeit"* nannte ihn einen „Friedrich Luft der Sportreportage...". Und tatsächlich: bei Töpperwien hat der Zuschauer das Gefühl, als kämen seine Berichte nicht aus der Glaszelle des TV-Reporters, sondern aus der Stehkurve.

Ja, und dann gibt es noch eine Dame, die vor Jahresfrist vom WDR zum ZDF wechselte, um dort in die Männer-Domäne einzubrechen: Doris Papperitz. Seit drei Jahren moderiert sie das Aktuelle Sportstudio, und die Leute mögen sie. Bei einer Umfrage wurde die fesche Doris gleich hinter Valérien und Kürten genannt, als es darum ging, wer denn häufiger auf dem Schirm erscheinen solle. Anders als ihre gnadenlos gehetzten unglückselig gescheiterten Vorgängerinnen hat sie sich ihren Platz inzwischen erobert. Sie macht, wie man in der Branche wohl sagt, eine gute Figur. Vor allem macht sie keine Fehler; denn Fehler, die sich eine Frau beim Thema Sport leistet, werden unnachgiebig bestraft. So wie ehedem bei Carmen Thomas, die nur deshalb aus dem Sportstudio verbannt wurde, weil sie den Mittelmaß-Club Schalke 04 einmal „05" nannte und auch ansonsten eine keß-kritische Lippe hatte.

Doris Papperitz kann das nicht passieren; sie hat sich die bewährten Spielregeln zu eigen gemacht: kein neuer Ton, keine

Ironie; sie stellt exakt dieselben blassen Fragen wie ein Karl Senne oder Bernd Heller. Doch Kottkamp, Esser, Kramer, Töpperwien oder Papperitz sind noch die Erträglichsten. Sie sind allemal besser als die notorischen Griesgrämer und Langweiler des Gewerbes, wie ein Fritz Klein, ein Wolfram Kuhlins, ein Hans-Joachim Rauschenbach oder Oskar Wark (Branchenulk: Oskar „Quarck"). Dazwischen das breite Feld solider Facharbeiter: Eberhard Stanjek vom Bayrischen Rundfunk, Radsport-Experte Klaus Angermann, Jürgen Emig aus dem Saarland, der Hesse Holger Obermann, Motorsportkenner Helmut G. Müller oder die ZDF-Leute Palme und Ploog. Spannende Reportagen gelingen manchmal noch einem Dieter Adler oder Eberhard Figgemeier – doch das war's dann auch.

Besonders betrüblich wird es, wenn Interviews angesagt sind; die gehen regelmäßig in die Hose. Was ist davon zu halten, wenn ZDF-Alt-Moderator Werner Schneyder den IOC-Präsidenten mit „Eure Exzellenz" anspricht? Dieser Mann ist ohnehin seit Jahren so etwas wie inoffizieller Weltmeister waghalsiger Formulierungen und Kommentare. Als bei den Olympischen Spielen in Sarajewo das Eishockeymatch zwischen CSSR und Kanada zu übertragen war, meldete sich Schneyder: „Die CSSR ist jetzt mit ihrer besten Besatzung auf dem Eis . . ."

Keine Frage: Es gibt keine spritzigen Interviews und Gespräche, kaum kritische Reportagen und Kommentare. Warum das so ist? Weil in unseren Sendeanstalten alles vermieden wird, was die „heile Welt" des Sports zerstören könnte. Fällt trotzdem mal ein böses Wort wie Doping, dann wird vom Herrn Moderator flugs abgewiegelt. Meist mit der beliebten Floskel „. . . das lassen wir jetzt mal im Raum stehen." Da steht es dann und verstaubt. Die gutdotierten Sportjournalisten der Anstalten wollen es sich mit keinem verderben. Spielverderber kommen schnell unter Beschuß.

So wie Michael Palme und Günter-Peter Ploog vom *ZDF.* Die beiden hatten das müde Gekicke der Nationalelf bissig kommentiert, und ein Sturm der Entrüstung brach los. Vor allem die verhätschelten Elite-Kicker und deren Vereinspräsidenten waren erregt. „Es sind Leute wie Ploog und Palme, die bei ihren Bundesliga-Kommentaren dem Fußball bestimmt keinen Gefallen tun ...“ schimpfte Nationalspieler Matthias Herget. Und der smarte HSV-Präsident Klein sah in den beiden Reportern gar die Schuldigen für zurückgehende Zuschauerzahlen. Originalton Klein: „Wenn auf dem Bildschirm leere Zuschauerreihen zu sehen sind und dann über Arbeitslosigkeit und hohe Eintrittspreise und die schlechten Leistungen der Profi-Kicker geredet wird – die Kommentare schaden dem Fußball.“

Vielleicht sollte Herr Klein sich noch etwas gedulden. Spätestens auf den Sportkanälen der Privat-Fernsehmacher wird jegliche Kritik verstummen. Die einen wollen Hofberichterstattung, die anderen Einschaltquoten. Geschäftemacher und Funktionäre haben dann die Sportberichterstattung, die sie lieben: brav und kritiklos.

Rudi Michel, altbewährter Sportreporter und heute Sportchef beim Südwestfunk in Baden-Baden, hat in einer Kolumne einer großen Programmzeitschrift die Einflußnahme von außen auf die Sportberichterstattung angeprangert. Auch er zog ein betrübliches Fazit: „Die Zuschauerwünsche scheinen nicht mehr vorrangig, sondern die Frage: wer hat die stärkste Lobby?“

Er muß es wissen. Rudi Michel ist der Doyen der bundesdeutschen Sportreporter. Der gute Rudi kann es bis heute nicht fassen, daß es im deutschen Fußball mal einen Bestechungsskandal gegeben haben soll. Rudi ist geprägt von Sepp und Fritz, seinen Freunden Sepp Herberger und Fritz Walter. Wo Rudi Michel ist, da gibt es keine Skandale, da geht es sauber zu. Seine Reporter-Moral: Im Mittelpunkt steht der Sport, sonst nichts. Er gehört zu den letzten „Oldies“ seiner Zunft, zu jenen Reportern, die aus Leidenschaft kommentierten, immer mit Vollgas, oft ohne Punkt und Komma, aber immer mit Atmosphäre. So wie Ludwig Maibohms Ringberichte, Herbert Zimmermanns Fußball-Reportagen („Toni, Toni ...“), Günter Isenbügels Tour-de-France-Kommentare. Da war noch Dampf im Äther. Nicht zu vergessen Oskar Klose und Kurt Brumme. Und wehmütig denken ältere Sportfans an einen Heinz Maegerlein, der immer mal für einen ungewollten Witz gut war: „Tausende standen an den Hängen und P(p)isten ...“ Oder an den 1986 verstorbenen Sammy Drechsel, dessen Eishockey-Reportagen in den Sechzigern schon damals Glanznummern waren: „Jetzt passen Sie auf, jetzt kommt der lange Finne und zieht dem Alois

Schloder, ach herrje, die Beine unterm Allerwertesten weg, und auf dem liegt er jetzt." Sammy Drechsel war kein verbeamteter Berichterstatter. Ausdrücke wie „Eierköppe" und „Sulznasen" gehörten zum Repertoire seiner Kommentare ebenso wie der zeitlos-wertvolle Satz über einen schwachen Puck-Jäger: „Der hat den tiefen Teller auch nicht erfunden."

Und heute? Bruno Moravetz, der ZDF-Oldie, der durch seine öffentliche Suche nach dem Langläufer Behle (... „wo ist Behle? ...") nationale Bekanntheit errang, und Gerd Mehl (ARD) bringen mit ihrer pathetischen Sprache manchmal noch Atmosphäre. Ansonsten wirken unsere Sportreporter überwiegend wie Frostschutzmittel oder Regierungssprecher. Je nachdem. Der Sport-Journalist Horst Vetten, einer der Besten der schreibenden Zunft, hat das Dilemma treffend beschrieben: „In der Fernseh-Arena herrscht Mangel an Leuten, die ihren Job können, ihn gern tun – nicht zu verwechseln mit: gerne behalten. Das klingt sehr schlicht, aber es ist so: Wie die ARD in der Politik nur einen Nowottny hatte, so hat das ZDF als Leute, die Sport brillant verkaufen können, gerade Kürten und Valérien, die ARD gar niemanden." Wo sind die Sportreporter mit dem richtigen Ton, der richtigen Sprache, mit der alles entscheidenden Ausstrahlung? Bleibt uns nur der Druck auf die Aus-Taste?

Sport, wurde mehrfach gesagt, hat mit Faszination und Leidenschaft zu tun. Ein Sport, der völlig kommerzialisiert worden ist, der nur mehr eine Ware ist, über den kann nur berichtet werden, wie es einem Wirtschaftsmagazin ansteht: nüchtern, analysierend, emotionslos. Unsere Sportreporter sind nur ein Spiegelbild dieser Entwicklung.

Sport-Fans gibt es viele. Und sehr unterschiedliche.
Fußball-Fans repräsentieren einen Teil davon.
Viele von ihnen kennen keine Ideale mehr, sondern nur noch Idole.
Hunderttausende von Fußball-Fans entwickeln in ihren Clubs eine neue Subkultur, weil sie keinen anderen Weg mehr wissen, mit ihren Problemen fertig zu werden.
Und das Fußballgeschäft? Es braucht die Fans, wie sie sind . . .

Wir haben gewonnen!

„Das wichtigste am Fan ist, daß er bezahlt."

Max Merkel, Ex-Fußballtrainer

„Die Eintracht darf nicht untergehen . . ."oder: Die Welt der Fans

Mit Bahn und Bussen reisen sie jedes Wochenende quer durch die Republik, von Hamburg nach Leverkusen, von München nach Bremen, und schon bei der Abfahrt dröhnen die Schlachtgesänge. Ihr Ziel sind die Bundesliga-Arenen, in denen der bezahlte Fußball seine Neunzig-Minuten-Spektakel veranstaltet. Die Fan-Clubs, denen sie sich zugehörig fühlen, haben oft Tiernamen: Wölfe, Löwen, Adler oder harmlos Frösche. Daheim und die Woche über sind die meisten von ihnen friedlich, gehen zur Penne oder zur Arbeit, fallen jedenfalls nicht sonderlich auf.

Samstags aber werden die Fans zu Fanatikern und schlüpfen, wie der Frankfurter Soziologe Bott weiß, „in ihre zweite Haut". Dann wird die Kluft angelegt: Jeans mit aufgenähten Vereinsstickers, meterlangen Schals, Lederjacken und Jeanswesten. Einige kommen mit hochgeschnürten Armeestiefeln und dem Aufnäher: „Ich bin stolz, ein Deutscher zu sein."

Viele von ihnen bewaffnen sich: mit Gas-, Schreckschuß- und Leuchtpistolen, Knüppel, Messer und Ketten. Dann kann man sie, wie es der Bonner Psychologe Manfred Koslowski tut, der solche Massenphänomene im Profisport untersucht, „fast mit Gangs vergleichen."

Sie kommen im Pulk, leben Aggressionen aus durch Pöbeleien und Mutproben. Der ganze Frust der Woche, diese angepaßte Normalität, entlädt sich. Manchmal in blankem Vandalismus.

„Die machen Krawall, weil sie ihre Angst vertreiben wollen", glaubt Pfarrer Udo Sopp, vor Jahren Vereinspräsident des 1. FC

Kaiserslautern und in dieser Funktion mit den Fan-Problemen vertraut. „Die haben große Sehnsucht nach einfachen Lösungen, wie bei Karl May oder im Dritten Reich“, meint der Wiesbadener Psychologe Emil Linden, den der *SPIEGEL* zitiert. Und ein anderer, der Münchner Jurist und Soziologe Kurt Weis, hat folgende Erklärung: „Die haben Spaß am Randalieren, der Darstellung nach außen, zumeist der Selbstdarstellung.“ Andererseits konstatiert Weis das „einmalige Phänomen“, daß er so spielerisch gedachte Randal „Teilaspekte von Polit-Demonstrationen, bürgerkriegsähnlichen Straßenschlachten, öffentlichem Aufruhr“ zum Inhalt hat. Da kämc es schon einmal zum „bösen offenen Kampf“ mit „Partisanenmentalität“.

Wer denkt da nicht an die Vorfälle in Brüssel? Einer von denen, die immer dabei sind, wo es hart auf hart geht, ist Udo, genannt „Atze“. Seit Jahren ein „alter Kämpfer“ der Eintracht-Adler-Front, seines Clubs Eintracht Frankfurt. Wo es Putz gibt, ist Atze dabei. Mitten drin. Er mischt mit, „seit er laufen kann“, und blieb, ob in München, Köln oder „auf Schalke“, immer „Punktsieger, gleich ob gegen die Bullen oder die anderen Eierköpfe“.

Die ganze Diskussion über Gewalt der Fans nennt Atze „blödes Bla-Bla, reine Hirnwichserei“. Er, der die Vorfälle von Brüssel „einen bekloppten Betriebsunfall“ nennt, hat eine kurze Antwort auf die Frage, warum er dabei ist: „Weil’s mich total anmacht – die Freundschaft, die Clique, der Club, unsere Power.“

Jeden zweiten Samstag steht er im G-Block des Frankfurter Waldstadions und brüllt: „Hier regiert die S-G-E!“ Geballte Fäuste schnellen hoch, unterstützen rhythmisch das Stakkato des Schlachtrufes. Aus mehr als tausend Kehlen schicken die Fans der SG Eintracht Frankfurt diese Botschaft hinüber zum Block der Anhängerschaft der Gastmannschaft. „Wir wollen keine Bayern-Schweine ...“ Von drüben werden die gleichen Schmährufe skandiert, leicht variiert.

Ob er vom Spiel etwas mitbekommt?

„Na klar, ich bin begeistert – so oder so. Wir stehen hinter unserer Mannschaft, auch wenn sie mit fünf Toren hinten liegt. Eintracht ... Eintracht ...“

Fußball, manche sprechen vom „König Fußball“ – keine andere Sportart begeistert und fasziniert die Menschen auf unserem Planeten – quantitiv gesehen – mehr als ein Fußballspiel.

Die Zahl der Fußballbegeisterten läßt sich rechnerisch nicht ermitteln, sie ist Legion. Demoskopische Erhebungen können nur Hinweise geben. Danach sollen sich in der Bundesrepublik Deutschland an die 60 Prozent der Bevölkerung ständig für den Fußballsport interessieren. Was die Fernseheinschaltquoten von Sportsendungen betrifft, so liegt Fußball mit weitem Abstand an der Spitze.

Woher das alles? Warum übt dieses Spiel, dieser Lederball, eine so magische Anziehungskraft auf so viele Menschen aus?

Woher kommt die Begeisterung, die Faszination? In seinem Buch „Die Westdeutschen“, einer kritischen Abrechnung mit den Zuständen und Lebensformen in der Bundesrepublik, versuchte der Schriftsteller Gerhard Zwerenz eine Antwort zu geben. „Die Sensation beim Fußball“, so Zwerenz, „ist weniger das Spiel als das Feuer, das es in den Menschen anzündet, diese Flamme aus Kindertraum und Jugenderinnerung; der von Mann zu Mann getretene, gejagte Ball zeigt die Stärke der Emotionen an, langsame Gangart läßt die Glut in den Zuschauern erkalten, seine Geschwindigkeit entfacht sie, bis die Flamme hoch auflodert. Dann ist jedes Foul ein Foul des Gegners, und jeder eigene Spieler ein Teil des eigenen Ich, man spürt die Schmerzen, die Triumphe und Enttäuschungen, alle Zuschauer wechseln vom Tribünenplatz ins Innenfeld, es gibt gar keine Zuschauer mehr, nur Spieler, die sich im Kampfgetümmel den Krieg ihres Lebens liefern . . .“ Dichterworte.

Warum so viele Menschen Fußballfans sind oder es werden? „Weil sie net wisse, wie’s ausgeht.“ So pointiert wußte es der Bundes-Sepp, Alt-Bundestrainer Sepp Herberger, auszudrücken, dem wir die zeitlose Zauberformel „Der Ball ist rund“ verdanken. „Die Tragödie in der Arena“, so formulierte Alex Natan, Meisterspringer der zwanziger Jahre aus Berlin, später Hochschullehrer und Journalist in England, das Spektakel Fußballspiel. Natan wurde für einen Artikel mit dieser Überschrift, der in der Wochenzeitung *„Die Zeit“* erschienen war, mit dem Preis des Verbandes Deutscher Sportpresse ausgezeichnet. Für ihn ist das, was sich

Wochenende für Wochenende in den Stadien abspielt, modernes Volkstheater im ursprünglichen Sinne des Wortes und zugleich ein zeitgenössisches Drama mit den Kunstmitteln der Antike. „Fußball bedeutet heute eine gefährliche Konkurrenz für das Theater, einfach weil dieser Sport, bei einer Maximaldauer von zwei Stunden, Konflikt, Katharsis und oft nervenaufreibende Lösungen unter Einhaltung der klassischen Einheit von Ort, Zeit und Handlung garantieren kann. Der Fußball kennt Rückschläge und Höhepunkte dramatischer Art." Den Rang eines gern zitierten Erklärungsversuchs erreicht auch folgende Erkenntnis des Stuttgarter Buchautors und Sportjournalisten Hans Blickensdörfer: „Dringender denn je wird dieser Ausgleich gebraucht in einer Zeit, die immer phantasieloser wird und in der Sport für den unter Fortschritt stöhnenden Menschen die letzte Oase des prickelnden Abenteuers ist. Computer denken für ihn, Autos und Fahrstühle nehmen ihm das Gehen ab. Aber auf dem Fußballplatz hat sich seit Opas Zeiten nichts geändert. Hier kann der Mensch 90 Minuten lang Mensch und Experte sein. Der Fußball gibt vielen Männern, ohne daß sie darüber nachdenken oder es sich eingestehen, ihre Selbstbestätigung zurück."

Gehen wir davon aus, daß Blickensdörfer mit der nostalgischen Übertragung einzig allein die grundlegenden Regeln des Fußballspiels meint; denn ansonsten ist kaum etwas so geblieben, wie es zu Opas Zeiten war. Doch eines bleibt festzuhalten: Trotz Professionalisierung und Kommerzialisierung – die Faszination des Fußballspiels ist geblieben. Eine außerordentlich knappe, dafür aber sinnliche Formulierung zum Geheimnis Fußball gelang dem Journalisten Horst Vetten, dem profunden und kritischen Kenner der Sportszene: „Im Fußballspiel pupt die Volksseele, hier darf sie . . .".

Nicht nur Jugendliche machen sich Luft, sie sind nur die Lautesten. Überall gibt es besessene Fußballfans. Sie sammeln allerlei Schnickschnack, von der Vereinsnadel über den Wimpel bis zu den Hochglanz-Mannschafts-Postern. Sie sammeln Autogramme und Bierdeckel und, wenn es sie gibt, bedruckte Handtücher und sogar Bettwäsche. Fußball ist immer ein zentrales Thema: am Stammtisch, im Betrieb, auf der Straße. „Die Gruppe derer, die sich Fußballfans nennen oder so genannt werden, ist sicher ebenso unübersehbar wie die Schar der Teetrinker, Marlboro-Raucher oder Golffahrer", schreibt der Journalist Ulrich Pramann in seinem Buch „Das bißchen Freiheit", einem kritischen Report über die fremde Welt der Fußballfans. Es gibt ihn nicht, den typischen Fußballfan. Alle sind von diesem Spiel fasziniert: der Direktor, der Arbeiter, der Lehrling, der Arbeitslose, der „rechte Reaktionär" und der „linke Intellektuelle". Eine klassenlose Gesellschaft – die Fans. Doch das gängige Bild vom Fan ist geprägt von den Medien, und gezeigt wird ausschließlich das Bild des typischen Fußballfans: „säuft, grölt, kleidet sich in den Vereinsfarben, macht Putz" und ist letztlich eine bemitleidenswerte, eine tragische Figur. Fan gleich „Fusel, Fahne, Flachmann", wie Pramann schreibt. Ein Horrorbild – weil es unzulässig verallgemeinert.

Die beiden Frankfurter Fan-Polizisten Wolfgang Wehrum und Matthias Bech, die sich in der Fan-Szene gut auskennen: „Es gibt nicht den Fan. Das sind mehrere Gruppen. Manche kommen in die Westkurve in Pullis von Lacoste und Anzügen von Boss...". Keine Frage: Es gibt sie, die alkoholisierten, randalierenden Fans, die viel mit Randal und wenig mit Sport im Sinn haben, doch das Fatale ist, sie allein prägen das Bild der Fußballfans in der Öffentlichkeit. Im Fernsehen wird der Fußballzuschauer nur in zwei Einstellungen gezeigt: als anonyme farblose Kulisse oder als pittoresk aussehender Putzmacher. Hier verhält es sich so wie in der Berichterstattung über Großdemonstrationen von Kernkraftgegnern. Interessant sind nicht die 80 000 friedlichen Demonstrationsteilnehmer, sondern allenfalls die einhundert „Chaoten". Die Massenmedien brauchen ihre Story.

Und Atze, sieht er das auch so?

„Die drüben auf der Tribüne, das sind doch alles nur Schönwetter-Fans. Die wollen gesehen werden, das sind Geschäftsfreaks und Schicki-Micki-Leute. Die kannst du in der Pfeife rauchen. Die gehen heute zum Fußball und morgen zum Tennis... gut, dann gibt es auf der Stehtribüne den normalen Zuschauer, Rentner und so. Die akzeptiere ich. Aber die bleiben auch schnell zu Hause, wenn die Mannschaft mal paarmal verliert oder einen schlechten Tabellenplatz hat... und ja, dann gibt es uns: die Fan-Clubs. Das sind die wahren Anhänger, die Kämpfer, einfach die Elite."

Aber gehört dazu immer Zoff, Alkohol und Gewalt? „Na ja, ich bin ja schon ruhiger geworden. Vor Jahren gab's immer Zoff. Ich immer mitten drin. Heute hier und dort auch noch; denn Angst habe ich keine, und Leute, die eins auf die Birne wollen, gibt's überall. Fan sein, ich meine im Club, das ist wie Sport ... da biste ständig in Bewegung, ständig ist action, nicht nur beim Spiel." Ob sich Atze dem Verein zugehörig fühlt, den Spielern, die alle mehr als 10000 Mark im Monat verdienen (plus Prämie, versteht sich ...)? „Die Jungs können verdienen, was sie wollen, sie sollen nur anständig kicken. Auch wenn sie verlieren, sie sollen kämpfen. Und wir unterstützen sie dabei. Wir machen die Power von der Tribüne ..."

Findet er, daß die Fans von den Vereinen zu wenig unterstützt werden?

„Ja klar, auf jeden Fall. Die Typen vom Präsidium sind doch die letzten Wichser. Die gucken doch nur, daß sie in der Zeitung stehen. Die sollten den Fans verbilligte Karten geben und Busse zu den Auswärtsspielen organisieren. Aber da läuft nichts, die schauen nur aufs Geschäft, klar ... wir stehen hinter den Spielern oder dem Trainer, sonst nichts ..." Stört ihn, daß Fußball zum Geschäft geworden ist? „Klar, alle wollen nur Money machen, alles ist Scheiße, das ganze Geschäft eben auch, klar ... wenn du da an die Ablösesummen denkst ... Es ist die gleiche Kacke wie überall, alles ist Geschäft, warum nicht auch hier ... Trotzdem: Die Eintracht darf nicht untergehen ..."

Ein Fan hat gesprochen.

„Fußball ist eine Art von Krieg."

Johann Cruyff, Ex-Profi und Manager von Ajax Amsterdam

Fußball ist unser Leben oder: The Show Must Go On

Das Böse kam, wie oftmals im Leben, zunächst spielerisch daher, schien eine Mischung aus kraftmeierischem Übermut und pubertärer Rüpelei zu sein. Doch daß Gewalt sich Bahn brechen kann, war schon spürbar, als der erste Sonderzug von der Insel England am Mittwochmorgen, dem 29. Mai 1985, auf dem kleinen Backsteinbahnhof der Brüsseler Vorortgemeinde Jette einlief.

Internationale Züge halten dort ansonsten nie; aber der Bahnhof liegt in günstiger Nähe zum Heysel-Stadion und läßt sich von einigen Dutzend Polizisten leicht hermetisch abriegeln. Polizisten leiteten dann die englischen Fans des FC Liverpool zu Sonderbussen, die sie ins Stadion brachten. Doch viele bevorzugten noch einen Trip in die Brüsseler Innenstadt – und die Probleme nahmen ihren Anfang. Fast alle der schon leicht alkoholisierten Schlachtenbummler weigerten sich, ein Busticket zu lösen. Und weil der Verantwortliche die unliebsamen Gäste so schnell wie möglich aus seinem Territorium haben wollte, redete er den Fahrern gut zu, die Briten dann eben umsonst zu befördern. Wer will schon am frühen Morgen Randale? In der Brüsseler Innenstadt überzogen alsbald englische Fans Grünanlagen und Plätze: grölten, plantschten nackt in den Springbrunnen, vor allem aber tranken sie. Vor der feierlichen Kulisse von Brüssels Grand'-Place können die Kellner das Bier gar nicht so schnell heranschaffen, wie es die Fans aus Liverpool wegsaufen. Aus Supermärkten lassen sie die Getränke gleich kastenweise mitgehen – ohne Bezahlung, weil niemand sich traut, den Kostümierten den Weg zu verstellen.

Sport- und Kleidergeschäfte melden Diebstähle, bei der Polizei häufen sich die Anzeigen. Die aber hält sich zurück. Weil sie es diesmal besonders geschickt anstellen wollten, hatten sich die Brüsseler Sicherheitsbehörden Tage vor dem großen Match, dem Europa-Cup-Finale zwischen Juventus Turin und FC Liverpool, von Spezialisten aus beiden Städten den psychologischen Rat geben lassen, vor allem eines zu unterlassen: die Fans unnötig zu provozieren. Vor allem sollte sich die Polizei im Hintergrund bewegen. Brüssels Bürgermeister Brouhon hatte gar eine Reihe von Polizisten aus diesem Grund in neutrale Monteuranzüge stecken lassen: „So wirken sie nicht aufreizend", so der Bürgermeister zum Verkleidungsspiel. Auch an andere Vorsichtsmaßnahmen hatten die Belgier gedacht. So hielt man sich an die elementare Regel, die feindlichen Fans möglichst weit auseinanderzusetzen. Die Turiner, so war es geplant, sollten neben der Gegentribüne in den Blocks O und N stehen, die Liverpooler in der gegenüberliegenden Kurve mit den Blocks X und Y. Um zusätzliche neutrale Puffer zu schaffen, waren die Karten für die Abschnitte für die dazwischenliegenden Abschnitte in Belgien verkauft worden.

Doch unerwartet fand sich vor Spielbeginn im ausverkauften Stadion innerhalb des Blocks Z, von den trunkenen und aufgeputschten Liverpool-Fans nur durch eine schwache Absperrung aus Maschendraht getrennt, eine Mehrheit von italienischen Zuschauern ein, kaum Belgier. Entweder, so versuchte Belgiens Fußballpräsident Wouters den Mißgriff später zu erklären, hätten in Belgien lebende Italiener die Karten mengenweise aufgekauft, um sie Landsleuten aus der Heimat zu überlassen, oder die italienischen Fans hätten sich die Karten einfach auf dem schwarzen Markt besorgt.

Jedenfalls beginnen die Liverpooler um 19.15 Uhr von den oberen Rängen mit Signal- und Feuerwerksraketen auf die unter ihnen stehenden Juventus-Fans zu feuern. Der Angriff scheint geplant und vorbereitet: In einem Ablenkungsmanöver auf der gegenüberliegenden Stadionseite tut eine Handvoll Briten so, als wolle sie den Eingang zu den italienischen Blocks stürmen. Die Polizei reagiert sofort. Mehrere Hundertschaften rennen zu dem vermeintlichen Krisenpunkt. Für die Liverpooler in der Kurve unter der Anzeigetafel ist damit der Weg frei. Sie reißen den schwächlichen Maschendraht ein, fegen 40 Polizisten, die sie davon abzubringen versuchen, hinweg und stürmen prügelnd auf die

Italiener zu. Diese fliehen in Panik die niedrigen Stufen hinab und werden im Winkel zwischen den Absperrgittern und der Trennmauer eingeklemmt. Unter dem Druck der Menschenmassen geben eisenarmierte Betonpfeiler nach, ein sieben Meter langes Mauerstück stürzt ein.

Minuten lang erleben Europas Fußball-Liebhaber den „schrecklichsten Ausbruch von Fußballgewalt, den die Welt je gesehen hat", so die englische Zeitung „Daily Express".

Hunderte von Menschen in einem wirren Knäuel von zerschundenen Leibern, umgestürzten Betonmauern, Fahnenfetzen, Schuhen, Taschen ... 38 Menschen sind totgetrampelt, erdrückt, erschlagen, erstickt. Es dauert über eine Viertelstunde, bis berittene Polizisten und Gendarmen mit Hunden ins Stadion kommen. Während des Massakers unterbrechen die Fans auf den anderen Rängen nicht einmal ihre Schlachtgesänge. Aus der Menge der vor Wut brüllenden Italiener wird mehrmals auf die belgische Polizei gefeuert. Hülsen des Kalibers acht Millimeter finden die Beamten anderntags. Während oben auf den Tribünen der Stadionkrieg unvermindert anhält, sich immer neue Eskalationen der Gewalt freisetzen, halten die Verantwortlichen des Europäischen Fußball-Verbandes (UEFA) unter der Ehrentribüne makabren Kriegsrat ab: Soll das Spiel trotz der Toten, trotz des Massakers stattfinden? Muß die Fußball-Show dennoch angepfiffen werden?

Präsident Georges ist dafür: „Es muß um jeden Preis gespielt werden", argumentiert er. „Wenn wir 50000 rasende Zuschauer ohne Spiel hier rauslassen, ist ganz Brüssel in einer tödlichen Gefahr." Liverpools Präsident Smith ist auch fürs Spielen. „Ohne Match", glaubt er, „zünden unsere Fans das Stadion an". Die Italiener zögern und machen einen gewichtigen Einwand: „Wenn Liverpool ein Tor schießt, sind die Tifosi zu allem imstande." Draußen im Stadion versuchen indes die beiden Mannschaftskapitäne über Stadionmikrophone ihre fanatischen Anhänger zu beruhigen.

Als die Mannschaften dann mit eineinhalb Stunden Verspätung aufs Feld laufen, brechen die Massen in Jubel aus.

Während die Todesopfer noch nicht abtransportiert sind, noch immer zahllose schwerverletzte Opfer zwischen Leben und Tod schweben, beginnt auf dem Rasen die Fußball-Show ...

Nach 90 Minuten steht es 1:0 für Juventus Turin. Der perverse Höhepunkt des traurigsten Abends der europäischen Fußballgeschichte ist an diesem Mittwochabend um 23.32 Uhr erreicht: Liverpools Torjäger Ian Smith läßt sich von einigen Fans auf die Schultern hieven und in Richtung des englischen Blocks tragen, um den Liverpooler Fans zu applaudieren. In nur wenigen Metern Entfernung von ihm pflasterten noch vor wenigen Stunden Leichen im wahrsten Sinne des Wortes seinen Weg.

Auch die Reaktion der Turiner Spieler, die nach ihrem Erfolg im Finale jubelnd zum Pulk der Azzuris eilen, wirkt völlig deplaziert angesichts des gräßlichen Geschehens.

„Heute haben alle eine schwere Niederlage erlitten“, urteilte nach dem Spiel Michel Hidalgo, der Erfolgstrainer der Equipe Tricolore, die ein Jahr zuvor im eigenen Land die Europameisterschaft gewann.

Sein Musterschüler Michel Platini, Kapitän, Dirigent und Torschützenkönig nicht nur in der französischen Nationalelf, sondern auch bei Juventus Turin, stand an diesem Abend nur per Statistik in den Reihen der siegreichen Italiener. Gerade Platini, dem smarten Sonnyboy und Geschäftemacher, Nummer eins der europäischen Fußballszene, wurde der Zwiespalt deutlich, mit dem die angehimmelten Helden fertig werden müssen, um im Profi- und Profit-Zirkus ihre Rolle zu spielen. Draußen im Stadion ließ er sich noch jubelnd mit der Siegestrophäe fotografieren, er, der den entscheidenden Treffer erzielt hatte und, wie alle anderen Juventus-Spieler, dafür mit einer Sonderprämie von 120 000 Mark bedacht wurde, drinnen – unter den Katakomben wirkte er nachdenklich und ausgelaugt. Als er durch die schier endlose Reporterschar defiliert war, für jeden – ganz Profi – ein Wort übrig hatte, zog er ein letztes Fazit: „Natürlich können wir uns nicht freuen, es bleibt eine Menge Trauer.“ Und auch unter den Katakomben ging nach dem Spiel die Diskussion darüber, ob überhaupt hätte gespielt werden dürfen, in aller Schärfe weiter. Bruce Grobbelaar, Liverpools Torhüter: „Ich war gegen die Entscheidung, das Finale noch zu spielen; aber wir sind Profis und müssen auch unter widrigsten Rahmenbedingungen spielen. So ist eben das Geschäft.“ Anders sah es der italienische Regierungschef Bettino Craxi, der noch in der Nacht von Moskau aus in Brüssel anrief und voll des Zornes war, daß das Spiel abgehalten worden war. Gegenüber dem belgischen Innenminister sprach er von einer „unbedingten moralischen Pflicht", auf das Spiel zu verzichten. Aber für Moral ist in diesem Geschäft selten Platz, vor allem nicht an einem solchen Mittwochabend, wo es um so viel geht.

Auch Italiens fußballiebender Staatspräsident Sandro Pertini meldete sich nach der Katastrophe zu Wort: „Ich bin mein Leben lang ein begeisterter Sportfan gewesen. Wie ein sportliches Fest in Friedenszeiten zu einem Krieg werden kann, ist mir nicht erklärbar."

Nicht nur Pertini suchte nach Antworten. Krieg in Europa auf dem Fußballfeld; dieser Schock zwang Soziologen, Psychologen, Politiker, Manager und Sportler überall in Europa mit Tiefenanalysen in die Fernsehrunden und Diskussionskreise. Das Thema Brüssel stand allerorts auf der Tagesordnung.

Heraus kam meist, was ohnehin schon bekannt ist: Das Problem Sport und Gewalt ist nicht neu, vielmehr eine der Folgen von technischer Zivilisation und Bindungsverlust der Menschen, sagten die einen. Neue Armut, Arbeitslosigkeit, Perspektivlosigkeit, nannten andere. Fazit: Beim Fußball – und das gleiche gilt für weitere Sportwettbewerbe – findet sich immer ein Anlaß zum Dreinschlagen, selten ist der Sport die Ursache kollektiver Aggressionen.

Der Wiener Konfliktforscher Friedrich Hacker befand in einer 140 Seiten starken Studie über „Fußballsport und Gewalt", daß bei Großveranstaltungen zumal dann eine „explosive Mischung" entsteht, wenn sich „das aus verschiedenen Quellen gespeiste Feindbedürfnis mit Nationalismus vermischt."

Sport, zumal Fußball, ist in Italien, dem Land des Ex-Weltmeisters, eine heilige Sache.

„Dic Größe, die Faszination, die Wichtigkeit dieses Spiels", schrieb die römische Zeitung *La Repubblica* am Vorabend der Begegnung in Brüssel, „besteht in seiner Sakralität, in seinen Religionskriegen". Sollte Juventus Turin auch bei seinem dritten Anlauf um die „Coppa dei Campioni" scheitern, könne es hinterher nur „verbrannte Erde" geben. Die ruhmreiche Geschichte der „Juve" stehe auf dem Spiel, darum habe der Verein „seine Leute zum letzten Kreuzzug" aufgerufen.

Der Kreuzzug der 40 000 italienischen Fans endete im Massaker: 31 Schlachtenbummler, Juventus-Anhänger aus ganz Italien, starben einen grausamen sinnlosen Tod.

Am Wochenende nach den Brüsseler Ereignissen glich Italien einem Land, das einen Krieg verloren hat. Die Luftwaffe flog die trikolorengeschmückten Särge der Opfer in ihre Heimatorte. Im süditalienischen Eboli wurde die Zufahrt zum Stadion zur „Straße der Gefallenen von Brüssel" umbenannt.

Auch in England ist Fußball eine heilige Sache. Was sonst? Viele der englischen Fans entstammen einer sozialen Unterschicht, die in der traditionellen britischen Klassengesellschaft nie eine Aufstiegschance hatte.

Liverpool ist eine Stadt, die nur aus Grautönen besteht, mit einem Image „wie Lungenkrebs und Karies zusammen", so der *STERN*. Optimismus ist dennoch offizielle Pflichtübung. Liverpooler Behörden sprechen nicht von einer Jugendarbeitslosigkeit von 90 Prozent. Sie sagen: „Bei uns haben 10 Prozent aller Jugendlichen Arbeit." Liverpools Haushaltsdefizit beträgt 270 Millionen Mark, die Stadt ist pleite. Der neuerbaute Containerhafen Seaforth, ein paar Kilometer nördlich, ist nur zu einem Drittel ausgelastet. Nichts geht mehr: alle Docks sind außer Betrieb, Liverpools berühmter Fluß, der Mersey, ist bald versandet.

Liverpools City gleicht einem riesigen Slum: Nach dem Krieg wurden viele alte Häuser gesprengt und durch billige Provisorien ersetzt. Dann ging den Planern das Geld aus. In den unwohnlichen Betonklötzen wohnen viele farbige Einwanderer, einfache Arbeiter, Arbeitslose.

Fußball ist in dieser Stadt das einzige Freizeitvergnügen: Ein letztes Identifikationssymbol, mit dem sich die Bewohner der Stadt schicksalhaft verbunden fühlen. Von den 550 000 Einwohnern gehen allein 80 000 regelmäßig ins Stadion – eine Hälfte zu den Spielen des FC Liverpool, die andere zum Konkurrenzverein FC Everton. „Auch wenn wir nichts mehr haben, keine Hoffnung, keine Chancen, keine Zukunft", sagt ein Arbeiter und Liverpool-Fan in die Kamera des belgischen Fernsehens, „uns bleiben die Fußballclubs. Für die leben wir." Wer die britischen Fans kennt, weiß, daß bei ihnen die Vereinsfahne vor der Landesfahne kommt. Unter den Bedingungen eines desolaten Alltags, arbeitslos, trostlos, hoffnungslos, bieten der Fußball und der Alkohol noch Möglichkeiten, die Norm der Langeweile zu durchbrechen. Gleich ob in Italien, England oder anderswo: Fußballhelden bieten besonders starke Identifikationsmöglichkeiten für junge Fans. Sie ersetzen versagende Autoritäten, wie Eltern, Lehrer oder die anderen gesellschaftlichen Institutionen. Die Fronten sind klar wie kaum woanders, der Gegner ist sichtbar; die Sprache gewaltig und militärisch: Sieg und Niederlage, Angriff und Verteidigung, Schuß und Bombe, Strategie und Taktik.

In Brüssel haben die Fans nicht mit der Glut gespielt, sondern Feuer gelegt.

Dabei war dieser „Krieg der Fans" in Brüssel kein Einzelfall. Der gleiche Ablauf wie in vielen ähnlichen Katastrophen zuvor. Brüssel ist an der Zahl der Opfer noch nicht einmal die schwerste: 350 Menschen starben 1964 beim Länderspiel zwischen Peru und Argentinien in Lima, 73 im Gedränge nach einem Spiel 1968 in Buenos Aires; 66 Tote gab es 1971 nach einem Spiel zwischen den Celtics und den Rangers in Glasgow.

Aggressionen, Schlägereien und Gewalt gehören mittlerweile in fast allen Stadien der Fußball-Metropolen zum gewohnten Bild. Hinzu kommt seit einiger Zeit ein merkwürdiger Wandel in den Beziehungen zwischen dem Star auf dem Rasen und der Masse seiner Anhänger, zwischen Fan und Verein. Während es nach außen noch scheint, als gehören Club und Fans unverbrüchlich zusammen und die Vereinsmanager nicht müde werden zu beteuern, wie wichtig der Fan für den Verein sei, wächst in Wahrheit die Entfremdung.

Seit im Fußball, gemeint ist hier der Profi-Fußball, nur mehr das Geld regiert, ist der soziale Unterschied zwischen Star und dem Fan in der Westkurve groß geworden. Zu groß.

Die Folge: Besonders junge Fans sind nicht mehr nur Anhängsel, sie nehmen das Heft in die Hand, handeln selber, machen „action", Putz, Randale.

Wer stoppt den gefährlichen Kreislauf? Der Sport, wurde gesagt, bietet nur den Anlaß, er ist nicht die Ursache. Auch nicht für Brüssel. Was aber tut der Sport dazu, welche Anlässe schafft er?

„Nach den Brüsseler Vorfällen müssen wir umdenken", läßt ein UEFA-Funktionär im Fernsehen verlauten. Tatsächlich?

Als bei den Olympischen Spielen 1972 in München Palästinenser ein Blutbad unter den israelischen Sportlern anrichteten, forderte der damalige IOC-Präsident Avery Brundage: „The games must go on!“

Als in den fünfziger Jahren beim 24-Stunden-Rennen von Le Mans bei einem Unfall mehr als 80 Zuschauer getötet wurden, hatte man das Ende des Motorsports vorausgesagt. Jeder kennt den Ausgang dieser Prognose.

Auch im Fußball wird sich nichts ändern.

Kommerzialisierung und Professionalierung heißt auch weiterhin das Übel des Siegen-Müssens um jeden Preis.

Je härter der Kampf auf dem Rasen, desto brutaler die „action“, der Kampf zwischen den Fans auf der Tribüne.

Deutsche Fernsehzuschauer konnten die Brüsseler Katastrophe live am Bildschirm verfolgen. Über 45 Minuten ein Bild des Grauens und der Gewalt. Warum wurde nicht abgeschaltet? Die Bandenwerbung war auch gut zu sehen, trotz Nebelschwaden der Wurfgeschosse und Feuerwerksraketen.

Was die „Deutschen zwischen dem 24. und 30. Mai am liebsten sahen“, verriet der STERN:

1. Die Ereignisse von Brüssel, ZDF, 14,9 Millionen
2. Tatort, ARD, 13,2 Millionen
3. Waidmannsheil, ARD, 12,1 Millionen
4. Polizeirevier Hill Street, ZDF, 11,5 Millionen
5. Ein Fall für Zwei, ZDF, 11,4 Millionen
6. Verstehen Sie Spaß . . .

Auch nach Brüssel – the show must go on . . .

Dr. Gert Wagner

Nachwort: Sport als Alltagskultur

„The show must go on“, mit diesen Worten beschließt Helmut Ortner das letzte Kapitel seiner Überlegungen und Analysen über den „gekauften Sport“. Mich erinnert diese grundlegende Geschäftsweisheit des amerikanischen Showbusiness an die Trauerfeier während der Olympischen Spiele in München 1972. „The games must go on“ hatte Avery Brundage, der greise Präsident des Internationalen Olympischen Komitees, damals apodiktisch erklärt. Beifall kam auf im Münchener Olympiastadion; der tragische Anschlag auf die Delegation aus Israel war bald vergessen. Ich erinnere mich deswegen so gut, weil ich damals als ehrenamtlicher Helfer im olympischen Fernsehzentrum mit dabei war.

Die Spiele haben mich fasziniert und faszinieren mich immer noch; trotz ihrer ganzen Verlogenheit. Vieles bekommt man ja als normaler Zuschauer nicht mit, was man selbst als kleines Licht im DOZ (Deutsches Olympia-Zentrum Radio Television) gesehen hat. Beispielsweise hat sich das ZDF bei der Abschlußfeier bemüht, nur Bilder in Moll zu übertragen. Fröhliche Sportler hätten ja die staatstragende Trauer gestört. Ausgelassene Sportlerinnen und Sportler gab es aber bei der Abschlußfeier zuhauf; diese Bilder wurden jedoch nur von der guten alten BBC übertragen, deren Programm wir im DOZ natürlich auch sehen konnten. Die deutschen öffentlich-rechtlichen Rundfunk- und Fernsehanstalten hingegen haben sich vornehm zurückgehalten.

Mit Helmut Ortner sitze ich 15 Jahre danach in der „Dickworz“, der „alternativen“ Kneipe in Kelsterbach, wo Helmut Ortner Stadtschreiber ist. In dieser Kleinstadt am Rande des Frankfurter Rhein-Main-Flughafens gehörte ich zwei Jahre nach den Olympischen Spielen in München zu den Gründern eines Sportvereins, der sich das krasse Gegenteil des olympischen Rummels zum Ziel gesetzt hatte und hat, was bereits in seinem Namen programmatisch zum Ausdruck kommt: Freizeit Sport Club Kelsterbach e. V. (FSC). Freizeitsportvereine waren 1974 eine rare Ausnahme in der bundesdeutschen Sportlandschaft, während sie – entgegen den Wunschvorstellungen des Deutschen Sportbundes – heutzutage sogar die Mehrheit der Neugründungen ausmachen dürften, die sich in den Landessportbünden anmelden. Inwieweit der FSC Kelsterbach typisch ist, wissen wir nicht, aber es ist für Helmut Ortner und mich klar, daß sehr viele von denen, die auf den Profisport schimpfen und dem Hochleistungssport skeptisch gegenüberstehen, sich selbst freizeitsportlich betätigen (in der Regel auch mit großem Ehrgeiz) und nach dem Training zusammensitzen, um fasziniert Boris Becker zuzuschauen. Im Grunde aber halten wir Sportfans nach wie vor Fußball für interessanter und reden uns am Stammtisch beim „Batzewirt" die Köpfe nur dann wirklich heiß, wenn es um den notwendigen Trainerwechsel (weil der Trainer nie auswechselt) und eine neue Mannschaftsaufstellung bei „der" Eintracht geht.

Helmut Ortner bittet mich aufzuschreiben, wie ich diese Widersprüche einschätze und welche Entwicklungen ich mir als Gesellschaftswissenschaftler vorstellen kann, um den Zuschauersport einerseits besser und ehrlicher zu machen, und wie andererseits mehr Raum für eigenen Freizeitsport geschaffen werden könnte.

Amateuridylle und -verlogenheit

Unser aller Ideal eines Sportlers ist der edle Amateur. Daran messen wir den heutigen professionalisierten Sportler, und er schneidet natürlich schlecht dabei ab. Wir messen den professionellen Sportbetrieb aber auch dann am alten Vereinsideal, wenn es – ansonsten gut verdienenden – Sportlern schlecht geht, sie gar finanziell und persönlich scheitern. Wiederum schneidet der Sportbetrieb schlecht ab. Schließlich glauben wir, daß Breiten- und Freizeitsport wirklich eine Sache „für alle" sei, wo es keine Grenzen zwischen den sozialen Schichten gibt. Im Gegenteil: gerade im Sport könne jeder aktiv sein, ein niedriger Intelligenzquotient sei im Sport sogar eher förderlich. Deswegen sei der typische Sportfan auch ein Mann, der sich für Fußball interessiert.

Bezüglich der idyllischen Vorstellung von „Sport für alle" irren wir ganz bestimmt: Aktiver Sport war bislang keine Sache für alle, sondern vor allem eine Angelegenheit für Männer aus der Mittel- und Oberschicht. Ich werde am Schluß meines Nachwortes noch darauf eingehen. Aber auch für eine Bewertung des Profi-Sports gehen wir mit dem Amateurbild von einer falschen Vorstellung aus: Das Ideal des Amateurs wurde in der englischen Oberschicht des 19. Jahrhunderts entwickelt, um eine weitere Abgrenzung der bürgerlichen Eliten von der arbeitenden Unter- und Mittelschicht zu ermöglichen. Was ist aber an einer derartigen Idealvorstellung des „reichen Sohnes" für uns Normalbürger erstrebenswert?

Wenn wir über die Ungerechtigkeiten klagen, die einem Berufssportler widerfahren, stellen wir uns auf den idealen Standpunkt einer Arbeitsidylle, die wir selbst im Berufsleben niemals erreichen können: Im Vergleich zu einem normalen Arbeitnehmer geht es aber Berufssportlern sogar noch dann sehr gut, wenn sie ernsthafte Probleme mit ihrem Arbeitgeber oder ihren Geschäftspartnern haben. Die entsprechenden Passagen in Helmut Ortners Buch finde ich deswegen ausgesprochen lesenswert: Selbst Rudi Kargus, der sein Schicksal als zeitweilig arbeitsloser Profikicker gut vermarktet, gibt zu, daß es ihm letztendlich immer noch viel besser geht als einem x-beliebigen Arbeiter. Wenn Harry Karger (das war jener ungestüme Mittelstürmer, der Franz Beckenbauer im Abschiedsspiel für Jürgen Grabowski kräftig blamierte) beklagt, daß sich während seiner vielen Verletzungen niemand von der Sportgemeinschaft Eintracht Frankfurt so recht um ihn kümmerte, ist dies zwar menschlich bedauernswert, man sollte sich jedoch einmal überlegen, wie die menschliche Betreuung eines unbekannten Erwerbsunfähigen aussieht.

Die Vielzahl der Auswüchse, die Helmut Ortner in seinem Buch schildert, können nach meiner Überzeugung nicht durch ein Zurück-zum-Amateur-Ideal überwunden werden. Nur echter Professionalismus, die feste Einbindung des Zuschauersports in die ganz normalen Regeln der Arbeitswelt, kann die Probleme von Berufssportlern reduzieren. Dies gilt ebenso für die Ausbildung junger Sportler wie für das Drogenproblem im Kreise der Berufsathleten. Das Kapitel über den Drogenkonsum von Sportlern in Ortners Buch scheint mir außerordentlich wichtig zu sein, da Doping und Drogenkonsum von Sportlern (die ja gerne als Vorbilder für die Jugend hingestellt werden) in der Öffentlichkeit der Bundesrepublik Deutschland stark unterschätzt werden. In den Boulevard-Blättern sind es höchstens kleine Meldungen, in den Sportteilen unserer Zeitung für kluge Köpfe sind es Hintergrundberichte, wenn die US-amerikanische Profi-Sportszene wieder einmal einen Drogenskandal zu melden hat. Man stelle sich einmal vor, was passieren würde, wenn künftig eine unserer Nationalmannschaften (merke: mit „der" Nationalmannschaft muß ja nicht immer das Auswahlteam des DFB gemeint sein) zur Hälfte wegen Drogenmißbrauchs einsitzen müßte!

Solange sich die Sportbewegung nicht dazu durchringen kann, ihre Profisportabteilungen auszugliedern und den normalen Regeln der Arbeitswelt zu unterwerfen, wird man beispielsweise auch nicht übertriebenem Elternehrgeiz und der Ruhmsucht von Funktionären, Trainern und Politikern wirksam entgegentreten können. Nur innerhalb der Arbeitswelt dürften ordentliche Ausbildungen für Berufssportler möglich werden; Kindersport würde verschwinden, da Kinderarbeit ja durch das Arbeitsrecht erfolgreich verboten wurde. Macht man den Zuschauersport zu einer regulären, ökonomisch gesteuerten Branche der Unterhaltungsindustrie, kann man staatliche Rahmenbedingungen setzen. Diese werden von einem voll haftbaren professionellen Management auch nicht so ohne weiteres umgangen werden, wie dies von Vereinsfunktionären bezüglich der Verbandsregeln geschah und geschieht. Wenn Boris Becker dann erst mit 20 Jahren Wimbledon-Sieger geworden wäre, wäre dies ja keineswegs schlimm.

Boris Becker ist freilich ein schlechtes Beispiel für die Auswüchse des Profisports. Es gibt ja nach wie vor viele, die sein „unreifes" Spiel beklagen und den pädagogischen Zeigefinger erheben, daß sein früher Ruhm sich noch rächen werde. Sicherlich, bereits zu Beginn einer Karriere den Gipfel erklommen zu haben, ist für den weiteren Lebensweg nicht einfach. Ion Tiriac, der kluge „Blutsauger aus Transsylvanien", der freilich nicht seinen Schützling Boris Becker, sondern uns Sportkonsumenten ausnimmt, hat recht, wenn er zu Beckers frühem Erfolg bemerkt: „Lieber früh als gar nicht". Ernsthafte Mißerfolge, die irgendwann einmal kommen werden, muß Boris Becker ebenso verkraften, wie die meisten von uns das Scheitern hochfliegender Jugendpläne. Im Zweifel werden die Rahmenbedingungen für das Bewältigen derartiger Probleme für Boris Becker besser sein als für die Mehrheit seiner Generation. Die scheinheiligen Tennispädagogen sollten vielmehr kritisieren, daß sie aus ihrem Talent nichts machen konnten oder wollten, weil ihre Startchancen schlechter waren. Eine Angleichung von Startchancen hat jedoch nichts damit zu tun, daß niemand Erfolg haben soll.

Uns alle fasziniert an der Fußball-Bundesliga wie an Boris Bekker, daß die aktiven Sportler weniger als Sportler denn als Show-Stars betrachtet und sicherlich auch bewundert werden. Wie zum großen Kinofilm, so gehören auch zum Zuschauersport Glanz, Glamour und nicht zuletzt auch aus der Sicht der Zuschauer überbezahlte Stars. Es wäre wahrscheinlich der direkte Weg in den Bankrott, wenn man romantischen Forderungen folgen würde, den Star-Rummel um den Bundesligafußball abzubauen und wieder zum echten, ursprünglichen Sport zurückzukehren, den es ohnehin nur in den Diskussionen an Stammtischen gab und gibt.

Sicherlich sind viele Spielergehälter unter den gegenwärtigen Umständen zu hoch, da sie die Veranstalter und Vereine an den Rand des Ruins bringen und letztlich nur durch Staatszuschüsse zu finanzieren sind. Es ist aber nicht einzusehen, daß das Showbusiness Steuervorteile oder gar direkte Subventionen benötigt! Wenn Finanzbeamte Leistungssportler als „Gewerbetreibende der Kategorie Leib und Geist“ ansehen, liegen sie völlig richtig. Freilich sind nicht die Sportler die eigentlichen Top-Gewinner in diesem Geschäft, wie Helmut Ortner sehr gut herausarbeitet: Auf lange Frist angelegte Unternehmen können viel besser verdienen als die verletzungsanfälligen Sportler selbst.

Bei der Diskussion um die hohen Einkünfte von Sportlern muß man bedenken, daß in jedem Spielergehalt natürlich auch eine Risikoprämie für vorzeitige Berufsunfähigkeit enthalten ist. Man muß auch für Profisportler deren Lebenseinkommen sehen, das nur in Ausnahmefällen dramatisch über anderen Einkommen liegen wird. Zudem muß man ins Kalkül ziehen, daß in der Öffentlichkeit natürlich nur die erfolgreichen Sportler gesehen werden, jedoch nicht die Vielzahl der gescheiterten Talente. Würde man das erwartungsgemäße Lebenseinkommen der B-Mannschaft eines x-beliebigen Fußballbundesligavereins betrachten, könnte man wohl feststellen, daß das Durchschnittseinkommen dieser Gruppe keineswegs außerordentlich hoch sein wird, da vielleicht einer den Sprung in den gut bezahlten Vollprofessionalismus schafft, die meisten aus der Mannschaft jedoch Fußball allenfalls als Nebenerwerb betreiben werden. Daß in vielen Pseudo-Amateurligen „schwarz“ gearbeitet wird, ist eine andere Sache. Man kann dies aber – wiederum durch ehrlichen Professionalismus – leicht abstellen.

Wie sollte eine Profi-Liga organisiert sein?

Professioneller Sport sollte meines Erachtens ohne Staatszuschüsse auskommen und von einem voll verantwortlichen, hauptamtlichen Management geführt werden. Bevor ich auf wichtige Organisationsprinzipien einer Sport-Liga eingehe, für die besondere ökonomische Regeln gelten, seien allerdings noch einige Worte über die Quelle des Spaßes erlaubt, den Sportkonsumenten haben.

Bei allen Überlegungen über hehren Amateurismus oder weniger Verschwendung im bezahlten Sport muß festgehalten werden, daß z. B. geltungssüchtige Vereinspräsidenten mit egoistischen Zielen, die nichts oder nur wenig mit dem ökonomischen Funktionieren des Zuschauersports zu tun haben, durchaus ihren positiven Konsumwert besitzen: Wer liest nicht gerne die Skandalgeschichten in den Boulevard-Zeitungen oder hintergründige Überlegungen in den seriösen Journalen? Querelen zwischen den Vereinen und dem „rückständigen“ Deutschen Fußballbund werden von Zeitungslesern und Stammtischen geschätzt; insbesondere auch unfähige Trainer und Manager, die grundsätzlich weniger vom Fußball verstehen als Stammtischrunden. Würden wir Fans uns nicht ein bißchen langweilen, wenn Zuschauersport ökonomisch ordentlich veranstaltet würde? Wie sähe dies am Beispiel der Fußball-Bundesliga aus?

Der wichtigste Grundsatz, der für professionelle Sport-Ligen zu beachten wäre, ist der, daß eine einzelne Mannschaft innerhalb einer Zuschauersport-Liga kein eigenes Unternehmen sein darf, sondern nur so etwas wie eine Filiale der Liga, die als Ganzes das Unternehmen darstellt: Denn ohne sportlich starke Mitbewerber kann keine Zuschauersport-Mannschaft auf Dauer finanziell bestehen. Es ist deswegen notwendig, für einen Ausgleich der Spielstärke zu sorgen. Dies geschieht im seit Jahrzehnten finanziell erfolgreichen amerikanischen Zuschauersport ganz offen durch

Spielerbörsen, bei denen die sportlich schlechten Vereine zuerst auf die besten Spieler zugreifen dürfen. In der Fußball-Bundesliga wird versucht, sportliche Ausgeglichenheit zu erreichen, indem finanzstarke Vereine höhere Ablösesummen zahlen müssen als die berühmten grauen Mäuse. Beim jetzigen System der Ablöseentschädigungen werden aber Amateurvereine systematisch ausgebeutet, da sie die Kosten der Ausbildung tragen; aber von den späteren Wertsteigerungen eines Spielers so gut wie nichts abbekommen. Hier würde die konsequente Vermarktung die Ausbeutung kleiner Vereine unterbinden, die dann sogar mehr Mittel hätten, Freizeit- und Breitensport anzubieten.

Im Zusammenhang mit dem Transfersystem der Fußball-Bundesliga stoßen die offiziell zu zahlenden Ablösesummen auf einen breiten Konsens der Ablehnung. Schnell ist vom Menschenhandel die Rede, welcher in der Tat auch strikt abzulehnen ist. Aber, wie gesagt, um die Liga nicht zu einem für die Zuschauer völlig unattraktiven System von wenigen Spitzenmannschaften und vielen grauen Mäusen verkommen zu lassen, sind entsprechend gestaffelte Ablösesummen notwendig. Ein geregeltes Ablösesystem ist auch keineswegs Menschenhandel, da Arbeitslosigkeit nur dann entsteht, wenn sich Vereine und Spieler nicht darüber einig werden können, was der Spieler wert ist. Es handelt sich in vielen Fällen meist um schlicht viel zu hoch angesetzte Einkommensvorstellungen, die zur Arbeitslosigkeit führen.

An dieser Stelle sei auch noch angemerkt, daß Ablösesummen in Millionenhöhe keineswegs die Ursache für den wirtschaftlichen Ruin eines Vereins oder einer Liga sind. Beim System der Ablösesummen handelt es sich im Prinzip um ein Null-Summen-Spiel, bei dem insgesamt weder Profite noch Verluste entstehen. Was der eine zahlt, nimmt der andere ein. Man kann für einen alten Bock ohne weiteres zwei Millionen erlösen, wenn man bereit ist, zwei Hasen für je eine Million in Zahlung zu nehmen. Diese Gelder gehen der Liga insgesamt nicht verloren, ganz im Gegensatz zu überhöhten Spielergehältern.

Nun ist es aber eine wohlbekannte Tatsache, daß nicht nur die Qualität der Spieler, sondern auch ein volles Stadion zur Qualität eines Spiels beitragen. Solange die Einnahmen aus dem Zuschauergeschäft die Haupteinnahmequelle für einen Bundesligaverein darstellen, wird man auch mit dem geschicktesten Ablösesystem nicht vermeiden können, daß großstädtische Vereine, mit einem guten Einzugsgebiet, auf Dauer attraktiveren Fußball bieten werden als Vereine aus der Provinz, die – beispielsweise aufgrund des „Zonenrandgebietes“ – kein zahlungskräftiges Hinterland haben. Würde Fußball aber nur in einigen Metropolen noch angeboten werden, verlöre er wohl über kurz oder lang seinen Charakter als Nationalsport. Hier sei auch eine Prognose gewagt: Solange professionelles Tennis in der Bundesrepublik Deutschland nur von wenigen einheimischen Spielern und Spielerinnen erfolgreich praktiziert wird, hätte es auf Dauer keinen Erfolg hinsichtlich der Zuschauerresonanz. Wie kann man aber nun verhindern, daß eine bestimmte Sportart nur noch an wenigen Orten von wenigen Spezialisten angeboten wird, wenn es allein darum geht, mit Sport Geld zu verdienen, wie ich dies vorschlage?

Privatfernsehen stellt meines Erachtens die Lösung des oben skizzierten Dilemmas dar. Es zeichnet sich jetzt schon ab, daß über kurz oder lang private Fernsehstationen die Fußball-Bundesliga finanzieren werden. Das Fernsehen würde die Zuschauer nun keineswegs aus den Stadien treiben, sondern hineinlocken, da aufgrund entsprechend hoher Fernsehhonorare die Eintrittspreise drastisch gesenkt werden könnten. Eine wichtige Voraussetzung ist dabei wiederum, daß die Liga als Ganzes das Unternehmen darstellt, nicht jedoch der Verein. Nur so kann man verhindern, daß die Fernsehhonorare für die Übertragung von Spitzenspielen schlicht als Zusatzeinnahme in die Kasse des gastgebenden Vereins wandern. Auch Mannschaften, die in Städten antreten, deren Bevölkerungsstruktur für große Sportereignisse nicht besonders günstig ist, würden so vor relativ großen Kulissen spielen können, wenn man nicht bereits 25,– DM Eintritt bezahlen muß, sondern beim Besuch des Stadions mit 10,– DM auskommen könnte, die zum Großteil noch in preiswerte Würstchen und Getränke umgesetzt werden könnten.

In den Vereinigten Staaten kann man bereits seit Jahren beobachten, daß die verschiedenen professionellen Sportligen von Fernsehanstalten finanziert werden. Nun gibt es viele, die glauben, ein derartiges System sei nur in den USA möglich, wo es ja keine Vereinsstruktur in unserem Sinne gibt. Deswegen möchte ich auf

England verweisen, wo alte Vereine zunehmend auch in normale Unternehmen übergehen. Was noch interessanter ist: In England werden seit 1983 alle vier Divisionen der Profi-Fußball-Liga von einem einzigen Unternehmen gesponsert. Hier wird deutlich: Die Liga ist eine einzige Firma, die sich gut verkaufen muß, um eines ihrer wichtigsten Produktionsmittel – begeisterte Zuschauer – ins Stadion locken zu können. Im Grunde ist es sogar zunehmend widersinniger, wenn der Produzent auch noch Eintrittsgeld für seine Zuschauer-Leistung zahlen muß.

Nun gibt es sicherlich viele, die von alledem nichts halten, weil sie vermuten, daß bei einer derartigen Fernseh-Liga Ergebnisse manipuliert würden und damit der eigentliche Reiz des Sports verloren ginge, der beispielsweise gegenüber dem Theater darin besteht, daß man im Textbuch nicht nachlesen kann, wie es ausgeht. Oft gewinnt im Sport sogar der Böse! Ich stimme der These zu, daß nicht-manipulierte Spiele, deren Ausgang ungewiß ist, tatsächlich den eigentlichen Reiz des Zuschauens bei Sportereignissen ausmachen. Freilich frage ich mich, wer auf Dauer besser garantieren wird, daß nicht manipuliert wird: überforderte Amateur-Funktionäre, die „Meister“ werden wollen und ja bekanntermaßen den Fußball-Bundesligaskandal zumindest mitverursacht haben, oder voll verantwortliche Manager, die nichts anderes als eine ordentliche Rendite haben wollen, die auf Dauer nur garantiert ist, wenn das Spiel selbst unverfälscht läuft?

Was ist eigentlich so schlimm an den vom Fernsehen verursachten „Manipulationen“, die auch Helmut Ortner in seinem Buch beschreibt? Wenn der Start eines Formel-1-Autorennens verschoben wird, weil die Fernsehübertragung sonst nicht zustande kommen kann, stört das wirklich die am Ort anwesenden Zuschauer? Ohne Fernsehübertragung hätten sie mehr Eintrittsgeld bezahlen müssen! Wenn schließlich in bundesdeutschen Gazetten darüber geklagt wird, daß der Terminplan der nächsten Olympischen Sommerspiele in Seoul 1988 von den Planern der US-Fernsehgesellschaft NBC bestimmt wird und wir Mitteleuropäer deswegen wieder einmal Nachtschichten einlegen müssen, wenn wir bei den Entscheidungen der nächsten Olympiade vorm Fernsehschirm live dabei sein wollen –, soll sich die ganze Welt nach Westeuropa richten? Da die alte direkte Kolonialmacht ja glücklicherweise vorbei ist, müßten die Westeuropäer sich schon bequemen, mehr Geld als die US-Amerikaner aufzubringen, um die Termine in Seoul zu diktieren.

Sicherlich wäre es rein sportlich am günstigsten, die Wettkämpfe zu „zivilen" Zeiten stattfinden zu lassen. Freilich muß ich auch hier fragen: Was ist so schlimm daran, wenn Athleten so früh aufstehen müssen wie Millionen von Schichtarbeitern, bei denen auch um 5 Uhr früh der Wecker klingelt? Eine professionelle Einstellung ist hier angebracht. Hat man Boris Becker je klagen hören, daß er mit knappen Terminen und Zeitverschiebungen zu kämpfen hat? Damit haben im Zweifel Journalisten mehr Probleme als junge Sportler, die ihren Beruf ganz nüchtern einschätzen.

Sport und Journalismus

Helmut Ortner kritisiert in einem eigenen Kapitel, daß die bundesdeutschen TV-Sportberichterstatter sich zu wenig als Journalisten verstehen und eher zur Kategorie der Hofberichterstatter zu zählen sind. Mich erinnert dies wieder an die Olympischen Spiele 1972. In den Anweisungen für die Mitarbeiter des Fernsehzentrums (DOZ) hieß es damals: „Die Olympischen Spiele in München und Kiel sind im Grunde genommen ein einziges riesiges Public-Relations-Unternehmen für die Bundesrepublik. München hat der Welt heitere Spiele versprochen. Ich bitte um loyale Mitarbeit bei dieser Aufgabe. Unser Rundfunk ist halt kein Job, er ist eine Aufgabe". Übrigens: Diese Zeilen wurden von Robert Lembke, dem damaligen DOZ-Chef, verfaßt, seit Jahrzehnten – zu Recht – als unterhaltsamer TV-Rate-Onkel beliebt.

Meines Erachtens sollte man auch in der Sportberichterstattung einen konsequenten Weg gehen: Einerseits kritischen Journalismus pflegen, wohl vorwiegend in den Print-Medien (die *FAZ,* die *FR* und *Süddeutsche Zeitung* sind hier sicherlich beispielhaft, auch Magazine, wie die *„Olympische Jugend";* freilich möchte ich die werktägliche Eintracht-Seite in *"Bild"* nicht missen); andererseits jedoch dem Unterhaltungsbedürfnis im Fernsehen ungehemmten Lauf lassen. Helmut Ortner beklagt ja letztendlich auch nur, daß unsere Sportmoderatoren Langeweile verbreiten. Hier setze ich meine ganze Hoffnung auf das Privatfernsehen, das es schließlich nicht nötig hat, über ein Fußballspiel ausgewogen zu berichten.

Wenn in einer privatwirtschaftlich ausgestrahlten Sportsendung ganz offen Werbung betrieben wird, ist mir diese Ehrlichkeit lieber als die von Ortner beschriebene Scheinheiligkeit von öffentlich-rechtlichen Moderatoren, die ein verdecktes Zubrot von Sportartikelherstellern verdienen.

Kommerziell übertragene Sportveranstaltungen haben freilich auch ihre Nachteile, wie man in den Vereinigten Staaten sehen kann. Als Muhammad Ali geboxt hatte, gehörten während der Rundenpausen die Zeitlupeneinblendungen und Eindrücke aus den Ringecken zu den interessantesten Teilen der nächtlichen Übertragung. Auf diese Schmankerl muß man in den USA verzichten, da in den einminütigen Ringpausen Werbung läuft.

Es ist keineswegs notwendig, daß man alle Sportberichterstatter des Fernsehens als Journalisten bezeichnet. Dies würde man ja auch von keinem Moderator der „großen Fernsehunterhaltung" behaupten. Folgerichtig gibt es im öffentlich-rechtlichen Fernsehbereich inzwischen Überlegungen, große Sportereignisse von Unterhaltungsmoderatoren kommentieren zu lassen. Nur zu! Ich würde mir nur wünschen, daß man wirklich gute Fernsehunterhalter wie Hans-Joachim Kulenkampff ein Länderspiel kommentieren läßt, und nicht Leute wie Joachim Fuchsberger.

Wenn Sportjournalisten und -funktionäre den Zuschauersport so ernst nehmen, daß sie sogar eine „veränderte Einstellung der Gesellschaft zum Leistungssport" fordern, um „unseren" Athleten bessere Trainingsmöglichkeiten zu geben, die schließlich zu mehr Medaillen führen, kann ich nur den Kopf schütteln. So wichtig kann man Sport wohl nur in einer Gesellschaft nehmen, die sich in direkter Konkurrenz zur DDR fühlt, wo aber ein unmenschliches Leistungssportmodell verwirklicht ist, das sich im Ernst doch niemand für die Bundesrepublik wünschen kann. Schließlich übersehen Kommentatoren, die den Sport zu einer nationalen Angelegenheit machen, daß der dadurch verursachte Druck für die deutschen Spitzensportler wohl zu den wesentlich negativen Rahmenbedingungen des Leistungssports hierzulande gehört. Es ist zwar völlig richtig, daß in den USA der Wettkampf und noch viel mehr das Siegen einen im allgemeinen extrem hohen Stellenwert in der Gesellschaft haben. Die Anforderungen, die an Sportler in den USA herangetragen werden, sind jedoch in einer spezifischen Art und Weise weit niedriger als in der BRD. Nur die Profi-Sportarten haben in den USA einen hohen Stellenwert. In diesen Sportarten verzichtet man allerdings – klug und weise, wie Geschäftsleute sind – weitgehend auf internationale Vergleiche. Die Olympischen Spiele oder Leichtathletikweltmeisterschaften werden in den USA weit weniger wichtig genommen, als man sich dies bei uns vorstellen kann. Die amerikanische Nation freut sich zwar, wenn ein Radfahrer eine Goldmedaille gewinnt; hätte er jedoch verloren, würde das niemanden bekümmern. Es wäre keine Meldung wert gewesen; keiner hätte nachgerechnet, ob dadurch die von sachverständigen Sportjournalisten vor Beginn der Oylmpischen Spiele aufgemachte Medaillenprognose gefährdet würde.

Schließlich sollte man bei der Beurteilung und den Anforderungen an den Sport-Journalismus daran denken, daß der große Dramatiker und Sportfan Friedrich Dürrenmatt eine eigene Komödie von sportlicher Thematik mit der Begründung ablehnte, dazu sei Sport nicht wichtig genug. Wie man Sport und Alltagsliteratur eine unverkrampfte und zukunftsweisende Synthese eingehen lassen kann, das beweist freilich der Sportteil der *TAZ* (Die Tageszeitung, werktäglich aus Berlin). „Leibesübungen" ist die „alternative" Sportrubrik der *TAZ* überschrieben; die Kolumne „Press-Schlag" signalisiert allerdings bereits mit ihrer Überschrift, daß es in der *TAZ* erfreulich oft um Fußball geht. Kommentare und Berichte sind freilich völlig anders als die gut informierten Bundesligakommentare der etablierten Weltblätter. „Dialektik der Vollkommenheit – die Wahrheit über den 1. FC Köln" war ein denkwürdiger Press-Schlag betitelt: Der FC Köln bringe offensichtlich seit Jahren das voll professionelle Kunststück fertig, sportlich zu verlieren, ohne als Mittelmaß zu gelten. Es kommen zwar nicht mehr so viele zahlende Zuschauer wie zu den sportlich erfolgreicheren Zeiten, aber immerhin genügend für ein auskömmliches und vielbestauntes Vorstands- und Spielerleben. Für das Kabelfernsehen wird der Skandal- und Chaosclub im Zweifel künftig ohnehin interessanter sein als langweilige und schlecht zu vermarktende, aber sportlich erfolgreiche Vereine.

Nur im Press-Schlag der *TAZ* wird ein „Abschiedsspiel für Baresel – eine Institution an der Lostrommel" gefordert. „Das Match muß natürlich in der Stadt stattfinden, deren Namen Baresel einzigartig und wie niemand anderer auszusprechen wußte – in Duisburg". Jetzt erinnern Sie sich sicherlich: Walter Baresel leitete jahrelang (oder waren es Jahrzehnte?) die öffentlich-rechtliche Auslosung der Fußball-Pokalbegegnungen.

Nur die *TAZ* hat Baresel ein Denkmal gesetzt, das ebenso außergewöhnlich ist wie die soziologische Analyse des Zuschauerverhaltens, die zu ganz anderen Ergebnissen kommt als die der staatstragenden Blätter: „Die nächtlichen Aktivitäten Muhammad Alis wurden einst mit Bademantel und schläfrigen Triefaugen verfolgt, der verkabelte TV-Sport von heute ist ein gesellschaftliches Ereignis, das sorgfältig gekleidet und frisch gewaschen zelebriert wird. Die Nachbarn rücken wieder zusammen, die fernsehende Kleinfamilie hat ausgespielt, verlorene Fußballspiele führen nicht mehr zu einem Ehekrach, sondern zu einer Massenschlägerei, der vereinzelte Siegesschrei wird zum brausenden Freudenchoral, das Prosit des Triumphs zum Donnerhall". All dies verdanken wir dem Privatfernsehen, das bislang nur von wenigen empfangen werden kann. Entsprechend werden die Absichten Schwarz-Schillings von der links-alternativen *TAZ* eingeschätzt: Durch die bis Ende 1987 geplante Verkabelung von fast 9 Mio. bundesdeutschen Haushalten werden nicht zufällig „obsolete Fernsehstrukturen" des einsamen Glotzens wieder aufleben, sondern offensichtlich ganz gezielt gesellschaftskritische Diskussionen verhindert.

Nun gibt es viele, die von einer Kommerzialisierung und Feuilletonisierung der Sportberichterstattung befürchten, daß sie „Randsportarten" vernachlässigen wird und mangels Zuschauerinteresse die sportliche Entwicklung dieser „Randgruppen" behindert. Ich halte diese Prognose für richtig, aber keineswegs für beunruhigend. Wo steht denn geschrieben, daß es neben einer Reihe von großen Zuschauersportarten noch eine Vielzahl von Exoten geben muß, für die sich im Grunde außer den Aktiven und Funktionären selbst keiner so recht interessiert? Ich kann ohne Sportkegeln ebenso auskommen wie ohne Sportschießen. Sicherlich gehört die Fernsehübertragung vom Neujahrs-Skispringen in Garmisch-Partenkirchen zur unverzichtbaren Entspannung nach einer langen Silvesterfeier. Wir alle sind mit diesen Übertragungen wach geworden und aufgewachsen (deswegen drehe ich heutzutage konsequent die Farbe weg, um mich ganz in alte Zeiten zurückfühlen zu können). Aber muß der Steuerzahler ausgerechnet dieses langatmige Skispringen (mit seinen aufwendigen Schanzen) finanzieren, nur um am Nachmittag des Neujahrstages entspannt zu werden? Man könnte doch genauso gut immer wieder ein und denselben Cary-Grant-Film wiederholen, um am Jahresbeginn relaxen zu können.

Sportarten wie Fingerhakeln und Kegeln gehören ganz gewiß zum Kulturgut in Deutschland; diese Sportarten können aber nur in ihrer kulturellen Bedeutung überdauern, wenn sie weiterhin kleinräumig bezogen bleiben und sich nicht den ökonomischen Zwängen des Zuschauersports unterwerfen. Wer mit aller Gewalt eine Fernseh-Live-Übertragung aus der Kegel-Bundesliga haben will, den will ich nicht aufhalten – solange er keine öffentlichen Mittel dafür beansprucht. Der Freizeitsportler auf der Kegelbahn ist mir aber allemal wichtiger als Pseudo-Leistungssportler, die jeden Wadenkrampf mit Hochleistung verwechseln.

Für viele lokale Sportereignisse gibt es auch die angemessenen „Massen"-Medien; selbst bis hin zum Fernsehen. In den Vereinigten Staaten kann man beobachten, daß Freizeitmannschaften ihre Spiele von einem örtlichen Video-Händler aufzeichnen lassen und sich das Spiel anschließend gemeinsam in einer Pizzeria angucken. Es kann also keine Rede davon sein, daß kommerzielle Fernsehsender der Tod der sportlichen Vielfalt sind. Die Sportfunktionäre müssen sich nur daran gewöhnen, daß nicht jedes langweilige Match zum Nulltarif übertragen werden kann.

Breiten- und Freizeitsport

Helmut Ortner hat nur am Rande davon berichtet: Auch der Breiten- und Freizeitsport ist „gekauft". Wenn die bekannten Firmen aus Herzogenaurach – für die auch Helmut Ortner unfreiwilig Reklame machen muß – zusammen gegenwärtig weltweit einen Umsatz von 6 Mrd. DM im Jahr haben, so geht der geringste Anteil auf den Leistungs- und Zuschauersport zurück. Das meiste Geld wird mit Breiten- und Freizeitsportlern verdient. In der „Sportbewegung" wird diese Tatsache gerne beklagt, da viele der im öffentlichen Dienst beschäftigten Sportlehrer und -funktionäre alles „Geschäftliche" grundsätzlich für schlecht halten. Wenn Sportfunktionäre gegen das Geschäft mit der Fitneßwelle wettern, geschieht dies letztlich vom Standpunkt des bevormundenden Pädagogen aus.

Was aber ist – gemessen an anderen Konsumgewohnheiten – so schlimm daran, wenn Millionen von Frauen und Männern außerhalb von Sportvereinen joggen oder versuchen, an Kraftmaschinen ihren Körper dem herrschenden Schönheitsideal anzupassen? Auch hier sei wieder an Friedrich Dürrenmatt erinnert, der Sport für nicht so wichtig hält. Wenn Sportfunktionäre sich gerne damit schmücken, daß der Deutsche Sportbund die größte Personenvereinigung in der Bundesrepublik Deutschland sei, ist das ihre Sache, von der ich auch verstehen kann, daß sie diesen Zustand gerne verewigen möchten, indem sie uns alle in Sportvereine locken wollen. Aber für erwachsene Menschen ist Vereinssport ja nicht derart wichtig, daß man diesen Anspruch des DSB allzu ernst nehmen sollte oder ihn gar staatlich stützen müßte. Auf zwei – in der Öffentlichkeit meist völlig übersehene – Tatsachen sei hier hingewiesen, die ohnehin die ‚Sport für alle'-Ideologie des DSB relativieren:

Erstens: Sport ist keineswegs eine Freizeitbeschäftigung, die von allen Schichten unseres Volkes gleichermaßen betrieben wird. Nach wie vor ist für Erwachsene Sport weitgehend eine Veranstaltung der Mittel- und Oberschicht, wobei Frauen jeweils weniger Sport treiben als die Männer. Man darf sich ja nicht von den vielzitierten Fußballspielern verwirren lassen, die aus der Unterschicht kommen. Im großen und ganzen treiben im Erwachsenenalter nur noch Leute mit guter Ausbildung und besserem Einkommen in Vereinen aktiv Sport. Insbesondere Mädchen und Frauen, die schon in jungen Jahren erwerbstätig werden müssen, haben kaum eine Chance, aktiven Sport auszuüben.

Zweitens: Nach meinen Eindrücken trägt die Fitneßwelle sogar dazu bei, daß breitere Schichten und vor allem Frauen beginnen, mehr Sport zu treiben als bislang. Freilich verstehen sich viele der Jogger oder Body-Builder nicht als Sportler im traditionellen, vereinsgebundenen Sinne, sondern schlicht als moderne, körperbezogene Menschen. Sie treiben Sport, ohne sportlich zu sein, wie der bekannte Sportsoziologe Volker Rittner festgestellt hat.

Ehrenamtliche Führung ist also nicht nur mit der Produktion von ordentlichem Zuschauersport überfordert, sondern wahrscheinlich auch mit dem hehren Anspruch „Sport für alle“. Ehrenamtlich geführte Vereine können auch nicht viele der sozialen Aufgaben übernehmen, die gegenwärtig vom Staat in den privaten Bereich abgeschoben werden, sei es Rehabilitation in Form von Gesundheitssport oder Jugend- und Altenpflege. Der selbstverwaltete Sport ist bereits damit überfordert, aus dem Mittel- und Oberschicht-Ghetto herauszukommen.

Letztlich kann nur durch geeigneten Schulsport dafür gesorgt werden, daß langfristig jeder die Kompetenz und Chance erhält, sich einen geeigneten Sport auszusuchen und ihn auszuüben, oder dies auch bleiben zu lassen. Nur die Schule kann im übrigen auch die Grundlage dafür legen, daß der Sportfan nicht nur Boulevard-Blätter liest oder gar nur Fernsehen anschaut. Umgekehrt wäre es zwecklos zu versuchen, eine bestimmte Sportart, Fitneß-Studios oder eine „schlechte“ Berichterstattung zu verbieten.

Reiner Freizeitsport kann sicherlich außerhalb von Vereinen organisiert werden. In den Vereinigten Staaten, die keine Sportvereine im deutschen Sinne kennen, gibt es neben dem Schul- und Universitätssport (der praktisch reinen Leistungssport darstellt) Freizeitsport, der z. B. von Gemeinden oder Versicherungsgesellschaften (die entsprechende Sportversicherungen verkaufen wollen) organisiert wird. Ansatzweise kann man derartiges in Form von Volkshochschulkursen auch in der BRD beobachten. So etwas funktioniert. Aber ich meine, im Gegensatz zum Zuschauersport sollte „Professionalisierung“ im Breiten- und Freizeitsport nicht generell angestrebt und staatlich unterstützt werden, weil ich davon überzeugt bin, daß in Vereinen eine unverzichtbare Einübung in Demokratie erfolgt.

Die freie bürgerschaftliche Selbstorganisation des Breiten- und Freizeitsports stellt ein wesentliches „öffentliches Gut“ dar, das auch eine gewisse Verschwendung und entsprechende öffentliche Zuschüsse rechtfertigt. Sportvereine haben demokratische Satzungen, wobei die praktizierte Demokratie im Alltag des Vereins oft zur Karikatur verkommt. Aber genau darin sehe ich eine wichtige öffentliche Funktion von Sportvereinen: Hier kann man im Gegensatz zu Lehrbüchern lernen, wie Demokratie im wirklichen Leben funktioniert und wie man sich daran beteiligen kann. Man sollte diese gesellschaftliche Funktion nicht gering schätzen. Solange nicht sehr viel Geld für schlechten Zuschauersport in niedrigen Amateurklassen von der öffentlichen Hand gefordert und gezahlt wird, ist gegen eine gewisse Ineffektivität im traditionellen deutschen Sportverein aus der Sicht der Öffentlichkeit nichts einzuwenden.

Bei aller Kritik an der gegenwärtigen ökonomischen Verschwendung, die in Sportvereinen und Sportorganisationen zu beobachten ist, muß man betonen: Der Sport sollte offensiv reklamieren, daß er einen wichtigen Teilbereich unserer Kultur darstellt. Ich vermag nicht einzusehen, daß Theater heftig subventioniert, aber weitgehend nur von einer kleinen Bildungsbürgerschicht besucht werden, und gleichzeitig dem Sport vorgeworfen wird, daß er zu stark von der öffentlichen Hand lebe. Insgesamt werden vom Sport sicherlich bereits gegenwärtig breitere Bevölkerungskreise erfaßt als etwa durch das traditionelle Theater.

Eine eigenständige Sportkultur kann nur über die stärkere Verbreitung von Freizeit- und Breitensport kommen, die nicht schon auf der untersten Leistungsebene in schlechte Verbandswettkämpfe eingezwängt werden. Hier verhalten sich kommerzielle Sportanbieter im Zweifel wieder vernünftiger als traditionelle Sportfunktionäre. Wenn Sport Spaß machen soll, braucht er Vielfalt, und nicht den pädagogischen Zeigefinger von Funktionären. Hier schließt sich der Kreis in diesem Nachwort, und der eingangs zitierte Widerspruch zwischen Freizeitsport und Sportkonsum löst sich auf: Wenn es mehr aktive Freizeitsportler gibt, vergrößert sich auch deren Kompetenz als Zuschauer. Sie werden besseren Zuschauersport fordern, der von gewinnorientierten Sportveranstaltern dann auch angeboten werden wird. Freizeitsportler, die eine gewisse Ahnung von den Leistungen haben, die von Berufssportlern erbracht werden, werden den Zuschauersport schließlich auch mehr genießen können als biertrinkende Sesselathleten.

Zum Nachwort

Dr. Gert Wagner, Jahrgang 1953, Dr.rer.oec., ist Geschäftsführer des Sonderforschungsbereichs „Mikroanalytische Grundlagen der Gesellschaftspolitik" an der Johann-Wolfgang-Goethe-Universität in Frankfurt am Main und Lehrbeauftragter für Sozialpolitik an der Technischen Universität Berlin. Er hat eine Vielzahl von Aufsätzen zur Ökonomie des Sports veröffentlicht.